初创团队不可不知的100个管理心理学效应

李志国 编著

化学工业出版社

·北京·

《初创团队不可不知的100个管理心理学效应》一书从管理学和心理学入手，精选了100条与创业有关的管理法则，涉及人才招募、员工激励、团队建设等多个方面，包括如何建立高效的团队、构建组织的合作文化，如何制定正确的公司战略并推动高效领导，如何建立合理的激励制度并做到知人善任，如何建立完善的管理制度和进行有效控制，如何预防和控制组织可能发生的管理危机，如何以绩效为目标进行有效的管理决策等。

本书每节都分为"知识小提示""案例""精透解析"三个部分。深入浅出，简洁实用，能够让读者在很短的时间内掌握管理知识和管理思想的精髓。

本书适合正在创业或准备创业者阅读，还可作为高校相关管理专业、管理培训机构的参考读物。

图书在版编目（CIP）数据

初创团队不可不知的100个管理心理学效应/李志国编著． —北京：化学工业出版社，2019.1
ISBN 978-7-122-33332-2

Ⅰ．①初… Ⅱ．①李… Ⅲ．①企业管理-创业-管理-心理学 Ⅳ．①F272.2-05

中国版本图书馆CIP数据核字（2018）第262728号

责任编辑：刘　丹　　　　　　　　　　装帧设计：王晓宇
责任校对：边　涛

出版发行：化学工业出版社（北京市东城区青年湖南街13号　邮政编码100011）
印　　刷：北京京华铭诚工贸有限公司
装　　订：三河市振勇印装有限公司
710mm×1000mm　1/16　印张15　字数258千字　2019年3月北京第1版第1次印刷

购书咨询：010-64518888　　　　　　　售后服务：010-64518899
网　　址：http://www.cip.com.cn
凡购买本书，如有缺损质量问题，本社销售中心负责调换。

定　　价：49.80元　　　　　　　　　　　　　　　　　　版权所有　违者必究

前言

管理，是决定一个企业、一个团队生死的"命门"。一个企业队伍的优劣、工作成效的高低，主要取决于领导者的决策能力、组织水平、领导方法、控制能力等。如今的管理学已经是一个非常完善的学科，理论基础之深、细分领域之精、成败案例之多都达到了前所未有的高度。这些虽然为创业者提供了理论基础和实践经验，但也使他们感到困惑，理论庞杂繁多，资料汗牛充栋，很多新人无所适从。

对于新人而言，他们需要的是简单、高效、实用的管理知识，需要的是富有智慧而又浅显易懂的管理经验总结。

本书的出版，正好满足了管理者的这些需求。本书从管理学和心理学入手，精选了100条与创业有关的管理法则，涉及人才招募、员工激励、团队建设等多个方面，包括如何建立高效的团队、构建组织的合作文化，如何制定正确的公司战略并推动高效领导，如何建立合理的激励制度并做到知人善任，如何建立完善的管理制度和进行有效控制，如何预防和控制组织可能发生的管理危机，如何以绩效为目标进行有效的管理决策等。

全书分为人才招募、制度完善、员工管理、员工激励、团队建设、团队沟通、运营管理、积极创新、关注细节、倡导竞争10章，共100个与管理有关的法则、效应、现象，每个知识点都分别用事例和论述进行论证，释义精准，事例鲜活，解析透彻，体例新颖。在具体行文上分为"知识小提示""案例""精透解析"三个部分。

本书所遴选的法则、效应、现象全部都是立足于实用原则，被实践反复验证过的管理法则，具有极强的实用性、可操作性。所精选的事例，全部来源于工作管理实践一线，真实可信，可借鉴，可复制。阐述深入浅出，简洁实用，能够让读者在很短的时间内掌握管理知识和管理思想的精髓。

精读通晓这些管理法则，并在管理活动中灵活运用，能使您一跃成为管理达人，从容处理管理工作中出现的问题和难题，大幅提升管理效益。本书是初创团队管理者、经理人以及其他管理岗位人员的枕边书，阅读本书不但可以学到实战知识，还可以了解很多经典的管理理论、管理心理学知识，一册在手，管理无忧。

　　本书在创作过程中，笔者参考了大量报刊、书籍，也咨询了有关专家、学者、教授和部分一线管理人员，借鉴了其部分理论、事例和观点，在此表示感谢。同时，也对为本书编辑、出版付出艰辛劳动的老师们，一并表示感谢。

　　由于笔者水平所限，书中难免有错误和疏漏之处，恳请读者批评指正。

笔者

目录

第1章 人才招募：
要创业先招募人才，人才是成大业之本 / 001

1. 海潮效应：待遇是吸引人才的最大"引力" / 002
2. 木桶理论：多补充短板而非一味盯着特长 / 004
3. 奥格尔维法则：要敢于引进比自己强的人 / 007
4. 雷尼尔效应：为人才创造良好的工作氛围 / 009
5. 乔布斯法则：宁要一个诸葛亮，不要三个臭皮匠 / 011

第2章 制度完善：
规范管理制度先行，为团队保驾护航 / 013

6. 坠机理论：如何走出"老总坠机企业亡"怪圈 / 014
7. 赫勒法则：有制度才有监督，有监督才有更努力 / 016
8. 热炉法则：谁碰热炉谁挨烫，又唬又罚守规章 / 019
9. 儒佛尔定律：有效预测是正确制定制度的前提 / 021
10. 布利斯定理：事前多思考，事中用时少 / 023
11. 手表定律：一块手表报清时间，多块手表时间混乱 / 025
12. 普希尔定律：当机要立断，决策莫拖延 / 027
13. 洛克忠告：规定宜少，执行应严 / 030

第3章 员工管理：
企业管理归根结底是对员工的管理 / 032

14. 弗里施定理：员工先满意，客户才满意 / 033
15. 坎特法则：请放下权力的鞭子，柔性管理 / 035
16. 南风法则：温暖胜于严寒，关爱产生效益 / 037
17. 皮格马利翁效应：言行激励，给员工以积极期待 / 040
18. 波特定律：对员工批评要注意分寸，过多白费心 / 042
19. 蘑菇管理定律：帮助新员工度过蘑菇期 / 044
20. 杜利奥定律：善于点燃员工的工作热情 / 046
21. 玉山法则：尊重员工，平衡个人与集体的利益 / 048
22. 雷鲍夫法则：信任员工，无论何时都要相信他们 / 050
23. 蓝斯登定律：营造轻松的工作氛围，心情快乐效率高 / 052
24. 托利得定理：博大宽容，容纳不同意见的存在 / 054
25. 鱼缸定律：小缸养小鱼，大池养大鱼 / 056
26. 帕金森定律：为机构"瘦身"，为员工减压 / 058

第4章 员工激励：
善于激励，将员工潜能发挥到最大 / 062

27. 激励倍增法则：激励员工，一本万利 / 063
28. 马蝇效应：不但要懂得激励，更要善于激励 / 065
29. 跳蚤效应：目标激励，目标越高成就越大 / 067

30. 吉格勒定律：积极协助员工设定长远目标 / 069

31. 特雷默定律：人岗匹配，对的人要放在对的岗位上 / 072

32. 拉伯福法则：奖励出效益，重奖之下必能留人 / 074

33. 末位淘汰法则：巧用末位淘汰制，激发活力 / 077

34. 洛伯定理：敢于授权，激励员工主动工作 / 079

35. 古狄逊定理：懂得分权，让员工为你分担 / 082

36. 倒金字塔管理法：授权管理最有效的一种机制 / 085

37. 蓝柏格定理：制造危机感，让压力转变为动力 / 088

38. 横山法则：控制强制非好招，自觉自发最为高 / 090

39. 酒与污水定律：匙水污桶酒，烂果早清除 / 091

40. 互惠关系定律：爱你的员工，他会百倍地爱你 / 093

41. 特里法则：在承认中改正，从错误中收获 / 095

42. 彼得原理：晋升很重要，但不要盲目满足 / 097

43. 乔治原则：惩罚也是激励，但只是手段并非目的 / 099

第 5 章 团队建设：
建立高效的合作机制，上司下属一条心 / 101

44. 凝聚效应：人心聚，效率高 / 102

45. 参与效应：同心方能同力，参与激发热情 / 104

46. 乔治定理：提高沟通之效，铸就铁血团队 / 106

47. 史密斯原则：与其竞争，不如合作 / 107

48. 踢猫效应：多沟通，避免团队中坏情绪肆意传染 / 110

49. 华盛顿合作定律：合作不是人与人简单的相加 / 112

50. 皮尔·卡丹定理：搭配务求有效，力避1+1=0 / 114

51. 苛希纳定律：团队规模盲目求大，工作效率低下 / 116

52. 刺猬法则：距离产生美，既要合作又要保持距离 / 118

第6章 团队沟通：
积极、及时的沟通是解决所有问题的法宝 / 120

53. 金鱼缸法则：管理要像玻璃缸里养鱼一样公开透明 / 121

54. 戴伯尔法则：多沟通，才能实现民主决策 / 123

55. 杰亨利法则：亮出真诚，坦率沟通 / 125

56. 斯坦纳定理：先多听，再少说 / 127

57. 卢维斯定理：放低姿态，多与一线员工沟通 / 129

58. 肥皂水效应：批评夹在赞美中，接受批评变轻松 / 131

59. 马斯洛理论：需求分五层，得陇方望蜀 / 133

60. 波克定理：无摩擦便无磨合，有争论才有高论 / 136

第7章 运营管理：
以最好的企业形象、产品质量征服消费者 / 138

61. 飞轮效应：起始时困难，转起来省力 / 139

62. 二八定律：控20%少数，定80%局面 / 141

63. 摩斯科定理：重视对市场的调研 / 144

64. 威尔逊法则：走动管理的"魔力" / 146

65. 水库经营法则：留好备用，调节亏盈 / 147

66. 艾奇布恩定理：不可盲目追求团队规模 / 149

67. 自来水哲学：做产品的哲学 / 152

68. 哈默定律：买卖好和差，全靠人当家 / 154

69. 凡勃伦效应：价格越高越好卖，炫耀消费爱搞怪 / 157

70. 布里特定理：欲推而广之，先广而告之 / 159

第 8 章 积极创新：
无创新不发展，创新是创业团队的生命线 / 161

71. 巴菲特定律：想发财，开新路 / 162

72. 米格-25效应：用落后的零件，造一流的飞机 / 164

73. 不值得定律：想法决定做法，做法决定成败 / 166

74. 柯美雅定律：世上无完物，创新是常态 / 168

75. 达维多夫定律：敢为人先，做真正的先驱者 / 169

76. 本田定理：不断充电，加强自我学习 / 172

77. 达维多定律：自我否定，推陈出新 / 174

78. 卡贝定律：先放弃，再争取 / 176

79. 比伦定律：失败是机会，鼓励勇尝试 / 179

80. 海尔格言：让实践来检验，一切服从于效果 / 181

81. 吉德林法则：先找症结，再解难题 / 183

82. 路径依赖定律：一旦选择，不愿回头 / 185

第 9 章 关注细节：
以工匠精神，认真做好团队中的每一件小事 / 189

83. 破窗效应：窗户一旦有了洞，你扔我扔大家扔 / 190
84. 墨菲定律：坏事可能出现，它就必然出现 / 192
85. 首因效应：第一印象难改变，做事慎行第一次 / 194
86. 250 定律：重视每个客户，一个影响一大片 / 196
87. 奥卡姆剃刀定律：剃除一切累赘，简单最为有效 / 198
88. 特伯定律：死数字不可靠，活情况才重要 / 201
89. 100-1=0 定律：纵有千般好，一错全归零 / 203
90. 沃尔森法则：情报透，赚钱多 / 205
91. 王永庆法则：节省等于净赚，吝啬创造财富 / 207
92. 格雷欣法则：用人千万不可"喜新厌旧" / 209

第 10 章 倡导竞争：
唯有竞争，才能避免团队陷入一潭死水 / 211

93. 犬獒效应：撕咬产生藏獒，竞争成就强者 / 212
94. 鲶鱼效应：鲶鱼激活沙丁鱼，引入竞争振士气 / 214
95. 生态位法则：选准位置，不战而胜 / 217
96. 吉尔伯特法则：危险没人管，才是真危险 / 220
97. 温水煮蛙效应：沸水逃生温水死，安逸环境须警惕 / 222
98. 零和游戏定律：竞争不是争你高我低，而是共赢 / 224
99. 快鱼法则：迅速反应快起步，致胜关键在速度 / 226
100. 猴子大象法则：竞争的优劣势是相互转化的 / 228

第 1 章
人才招募：要创业先招募人才，人才是成大业之本

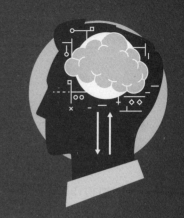

　　人才是兴业之本、发展之基、活力之源，人才是企业生存与发展的核心竞争力。对于初创团队而言，最关键的就是人才招募，并努力留住、用好招募而来的人才。而通晓引才留才之道，熟稔管人用人之术，是一个管理新人必备的素质和技能。

1. 海潮效应：待遇是吸引人才的最大"引力"

知识小提示

海潮效应是海水因天体引力而引发的海水涨潮现象，潮的大小与天体引力大小有关，引力大则出现大潮，引力小则出现小潮，引力过弱则无潮。

后来，人们把这一自然现象引用到企业管理中，常用来比作薪资、福利、待遇对人才的吸引力大小。薪资待遇是留人的主要手段，无论是国家，还是一个企业，都可通过调节薪资待遇，来实现对人才的合理配置，从而加大对人才的吸引力。

案例

郭老板高薪招聘，食品厂扭亏为盈

郭老板从做烧鸡卖零食起家，靠着吃苦耐劳和精明能干，稳扎稳打，步步为营，拥有了资产过亿的大型超市和食品加工厂。随着公司规模的日益壮大，初中毕业的郭老板管理起来越来越吃力，虽然郭老板不停地学习恶补经营管理知识，但工作漏洞和决策失误还是不断涌现。而作为"富二代"的儿子，吃喝玩乐样样在行，经营管理却一窍不通。看着企业一天天走下坡路，郭老板心急如焚。

管理专家忠告郭老板，他的知识和能力已不足以管理这么大的企业，需要马上招聘高能力高层次的职业经理人。郭老板吃苦节约惯了，舍不得高薪聘请职业经理人，以年薪20万元从其他公司挖来了一名生产主管，出任生产和销售副总经理。郭老板对人家又不放心，处处指手画脚。

结果，超市和食品加工公司业绩下滑的局面没有改观，半年后，生产和销售副总经理饮恨辞职。在管理专家的点拨下，郭老板痛下决心，以年薪200万元在全国招聘总经理，让总经理在公司占股份，放手授权，严格奖惩。

一名博士职业经理人前来应聘，郭老板处处尊重博士职业经理人的意见，博士职业经理人大刀阔斧进行管理整顿,迅速扭转了公司效益下滑的被动局面,当年实现利税2000多万元。

精透解析:健全内部激励机制

现在,很多企业都有完善的人力资源管理体系,提出以薪资吸引人,以感情凝聚人,以事业激励人。作为一个初创团队,创始人必须懂得如何通过调节待遇来吸引人才,留住人才,最终形成尊重知识、尊重人才的团队文化。

完善引人、留人机制,需要建立以薪酬激励为主、其他激励手段为辅的综合激励机制。激励机制的科学与否,很大程度上决定团队的兴衰。

1.将物质激励作为主要模式

由于物质需要是人类的第一需要,也是基本需求,所以物质激励是激励的主要模式,是我国企业内部使用得非常普遍的一种激励模式。物质激励主要是改善薪酬福利分配制度使其具有激励功能。

2.要重视非物质激励

非物质激励包括职位的迁升、权力的扩大、地位的提高,这些使他们在精神上产生满足感,同时也包括如进修、学习等提高其自身素质和生存能力的培训。每个人都有对职位、权力、地位等的追求,这是由人具有的社会属性决定的。

当一个人的工作业绩很好,虽然得到了物质激励,但仍然有职位迁升、权力扩大、地位提高的需求,如果这种需求长期不能得到满足,必然会严重挫伤其工作积极性。所以必须对员工的这种需求有所考虑,并通过适时的激励,提高其工作绩效。

初创团队不可不知的100个管理心理学效应

2. 木桶理论：多补充短板而非一味盯着特长

知识小提示

木桶理论又叫水桶原理、水桶定律、木桶效应、短板理论，由美国管理学家劳伦斯·彼得（Laurence J.Peter）提出。其核心内容为一只水桶盛水的多少，并不取决于桶壁上最高的那块木块，而取决于最短的那块。

根据木桶理论可以推导出三个结论：第一，只有当木桶上的所有木板达到同样高度时，木桶才能装满水；只要木桶有一块木板不够高度，木桶就不可能装满水；第二，高出最短木板高度的其他部分都没有用处，高出越多，浪费就越大；第三，想要提高木桶的盛水量，唯一的途径，就是设法加高最短木板的高度。

这一理论运用到现实管理中，是说任何一个团队在组建过程中都会面临一个共同问题，即构成团队的各个部分往往是优劣不均的，而劣势往往决定整个组织的水平。

 案例

巧激励员工奋进，不护短亨利成功

某通信公司有一名员工，由于与主管的关系不太好，工作消极，成了工作中的"短板"。刚巧，摩托罗拉公司需要从该公司借调一名技术人员去协助他们搞市场服务。于是，该公司的总经理在经过深思熟虑后，决定派这位员工去，通过这种形式把他转化为"长板"。这位员工很高兴，觉得有了一个施展自己拳脚的机会。去之前，总经理只对那位员工简单交代了几句："出去工作，既代表公司，也代表我们个人。怎样做，不用我教。如果觉得顶不住了，打个电话回来。"

一个月后，摩托罗拉公司打来电话："你派出的兵还真棒！""我还有更好的呢！"该公司总经理在不忘推销公司的同时，着实松了一口气。这位员工回来后，部门主管也对他另眼相看，他自己也增添了自信。后来，这位员工为该企业做出了很大的贡献。

我们再来看另一个案例。美国亨利食品公司的总裁亨利·霍金士，有一天突然从化验单上发现，他们的食品配方中起保鲜作用的添加剂有毒，虽然毒性不大，但是长期食用会对人体有害，如果将其从配方中删除，食品的鲜度就会受到很大影响；倘若将其公之于众，势必会引起同行的强烈反对。经过仔细斟酌，他下定决心，将此事向社会公布：防腐剂有毒，对人体有害。

亨利·霍金士向社会公布防腐剂有毒这一举动，引起食品加工企业老板的强烈不满，他们聚到一起，用尽一切手段对亨利·霍金士进行打击报复，并强烈指责他另有居心，通过打击别人来抬高自己的身价。同行的打击报复让亨利公司面临破产的危险。

这场战争持续了4年，亨利公司即将破产时，却依靠家喻户晓的名声获得政府的大力支持，其公司产品也成了人们放心食用的热门货。一切为顾客着想，坦诚地将公司的"短处"公之于众的做法，让亨利公司得到了社会的理解和广大顾客的认可。

之后，亨利公司在短时间内恢复了元气，公司规模也得到迅速扩大，成功坐上了美国食品加工行业的第一把交椅。

 精透解析：加强弱项，克服缺点

一个团队由很多个体组成，而各个组成部分是参差不齐的，其薄弱环节往往决定了团队的整体水平。"最短的木板"与"最弱的环节"都是组织中有用的一部分，无法剔除扔掉，管理的要义之一就是修补最短的那块木板。

以木桶作喻，提高一个组织和团队的管理水平，需要从下面五点努力。

1. 补短板

首要的不是增加那些较长的木板的长度，而是要先下工夫补齐最短的那块木板，消除这块短板形成的"制约因素"，通过激励让"短木板"变长，实现整体功能的最大限度发挥。

2. 消缝隙

每一名成员都要善于包容别人的缺点，发挥自己的优点，搞好团结，做到协调同步,做好补位衔接。

3. 紧铁箍

只有用严格的法规制度来约束集体成员,才能形成整体合力,增强凝聚力、战斗力。

4. 强"拎手"

"拎手"好比一个组织的带路人。团队好不好,关键在领导;班子行不行,就看前两名。一定要选好领头羊。

5. 固根基

必须做好抓经常、打基础的工作,注重从源头抓起,把团队建设的基础打牢,掌握工作的主动权。

如果把木桶比作人生,缺点和毛病就是人的"短板",因为它们的存在,制约了一个人才能的发挥。有时候,一些不良的习惯甚至可能葬送一个人的事业。所以,我们不能被缺点牵着鼻子走,而要主动将"短板"加长,将缺点纠正过来。

一个企业要想成为一个结实耐用的"水桶",首先要想方设法提高所有板子的长度。只有让所有的板子都维持足够的高度,才能充分体现团队精神,完全发挥团队作用。在这个充满竞争的年代,越来越多的管理者意识到,只要组织里有一个员工的能力弱,就足以影响整个组织达成预期的目标。

木桶理论后来又演变出了很多"新说",如"木柄斜放"理论、"木桶盛沙"理论、"木板密合"理论、"铁桶"理论、"木板互补"理论、"木盆"理论等,对管理和人生同样具有启迪和借鉴意义。

3. 奥格尔维法则：要敢于引进比自己强的人

> **知识小提示**
>
> 奥格尔维法则，也称奥格尔维定律，因提出者为美国奥格尔维·马瑟公司总裁奥格尔维而得名。具体是指，当我们用比自己更强的人时，我们也容易取得进步；当用比自己差的人时，那么我们也只能做出比预期更差的事情。

关于奥格尔维法则有一个小故事。据说，有一次，奥格尔维·马瑟公司总裁奥格尔维召开公司董事会，每位与会的董事却发现自己面前摆了一个相同的玩具娃娃。董事们不知何故，面面相觑。

这时，奥格尔维说："大家打开看看吧，那就是你们自己！"董事们一一打开娃娃来看，结果发现大娃娃里套着一个中娃娃，中娃娃里套个小娃娃，他们继续打开，里面的娃娃一个比一个小。当打开到最后时，看到了一张奥格尔维题字的小纸条。

纸条上写着："如果你经常雇用比你弱小的人，将来我们就会变成矮人国，变成一家侏儒公司。相反，如果都雇用比你高大的人，我们必定成为一家巨人公司。"聪明的董事们一看就明白了其中的含义。经过这件事后，每位董事都尽力任用比自己强的人。

奥格尔维法则反映出一个重要的用人原则，唯能力选才。人外有人，山外有山，作为创业者需要有宽广的胸襟，敢于且善于使用比自己强的人，重用比自己更优秀的人才，这样才能让团队变得越来越有活力，越来越有竞争力。而那些生怕下级比自己强，怕别人超过自己，威胁到自己的地位，并采取一切手段压制别人、抬高自己的创业者，永远不会成为有效的领导者。

案例

卡耐基大胆用才，齐瓦勃尽心履职

卡耐基的墓碑上刻着："一位知道选用比他本人能力更强的人来为他工作

初创团队不可不知的100个管理心理学效应

的人安息在这里。"这也说明,美国钢铁大王卡耐基之所以称为钢铁大王,并非他本人有什么超人的能力,而是因为他敢用比自己强的人,并能发挥他们的长处。

卡耐基虽然被称为"钢铁大王",但却是一个对冶金技术一窍不通的门外汉,他的成功完全是因为卓越的识人和用人才能——总能找到精通冶金工业技术、擅长发明创造的人才为他服务。

比如,世界知名的炼钢工程专家之一比利·琼斯就特别忠于卡耐基。齐瓦勃最初是卡耐基钢铁公司旗下布拉德钢铁厂的一名工程师,有超人的工作热情和杰出的管理才能,在被卡耐基发现后,马上提拔他当上了布拉德钢铁厂的厂长。

几年后,齐瓦勃不负众望,表现出众,又被任命为卡耐基钢铁公司的董事长,齐瓦勃思维活跃,尽心竭力,大胆管理,勇于创新,成了卡耐基钢铁公司的灵魂人物。

 精透解析:敢用强人,奖掖能者

一个强大的公司固然是源于好的产品、好的硬件设施、雄厚的财力支撑,但真正起决定作用的还是优秀的人才。光有财、物,并不一定能让企业发展壮大,只有引进大批的优秀人才才是最重要、最根本的。

对于初创团队而言,尤其要注重引进高素质人才,只有重用比自己更优秀的人才,才能让一个团队变得有活力和竞争力。善用比自己强的人,这既是领导者的胸怀和境界,也是管理者的高超智慧,更是一个初创团队事业取得不断进步的核心所在。

4. 雷尼尔效应：为人才创造良好的工作氛围

> **知识小提示**
>
> 雷尼尔效应来源于美国西雅图华盛顿大学的一次风波。华盛顿大学校方准备在华盛顿湖畔修建一座体育馆。消息一传出，立即遭到了教授们的强烈反对。教授们之所以抵制校方的计划，是因为场馆建成后，会挡住教师从教职工餐厅欣赏窗外美丽的湖光山色。另外，与当时美国的教授工资水平相比，华盛顿大学教授们的工资要低20%左右。

华盛顿大学的教授们在没有流动障碍的前提下，为什么自愿接受较低的工资呢？这完全是出于留恋西雅图的湖光山色。西雅图天气晴朗时可以看到美洲最高的雪山之一——雷尼尔山峰，开车出去还可以看到一息尚存的圣海伦火山。为了享受这些美景，很多教授愿意牺牲更高收入的机会。他们的这种偏好，被华盛顿大学的经济学教授们戏称为"雷尼尔效应"。

由此可见，华盛顿大学教授的工资，80%是以货币形式支付的，20%是由美好的环境来支付的。

案例

出井伸之慧眼保产品，研究院爱才引江荣

PS（playstation）是索尼家用游戏主机的简称，营业额虽然只占索尼集团的10%，但纯利润却占全集团的三分之一。他们推出的升级版PS2游戏机，更被市场人士誉为是继"Windows95"后，最受全球瞩目的消费类信息产品。PS系列现在如此风光，但刚上市时，索尼公司内部很少有人看好这个产品。原因之一是，PS的发明工程师久多良木健行事怪异，平常开会时常常自言自语，很少有人知道他在讲什么，重要的公关场合，他又不在乎礼仪，这与注重"人和"的日本企业文化背道而驰。

幸亏索尼公司社长出井伸之慧眼识英雄，独排众议，全力支持久多良木健的创意，PS系列游戏机才得以绽放光芒。而索尼公司也靠PS系列撑住了

初创团队不可不知的100个管理心理学效应

场面,加快了向家电王国的转型,避免了成为IT革命下的待宰羔羊。这说明了在新的时代,对主管而言,只有为员工提供发展的足够空间,才能吸引并将其留住。

还有一个例子,江荣以优异成绩从某著名高校毕业时,摆在他面前有三条路:第一是免试保送读博士,第二是去国外留学,第三是到一家年薪15万元的某外企任职。而他却选择了第四条路:参军入伍来到我军某装备研究院。已是研究院工程师的江荣告诉记者,选择来部队研究机构发展是因为这里的"小环境"很好——领导很爱才、办事很公正、有"人情味"。到这里工作一年多,江荣对研究院的工作生活环境感到十分满意:领导为自己搭起科研平台,科研上出了不少"活"。

精透解析:为员工创造良好的环境

通过上述例子,我们可以看到,一个初创团队要想留住人才,必须要做到这样两点。

一是人才在追求一定物质利益的同时,更希望被尊重与关怀,向往有一个能使人心情愉快的人际关系环境,渴望有一个能使人精神上得到满足的工作环境。

二是作为初创团队领导,应该意识到"精神薪资"良好的激励效果——要想留住人才,就要多给员工一些人文关怀,创造一个和谐、温暖、舒心的"小环境",从而形成"雷尼尔效应"。

靠这种精心营造良好"小环境"的方法,可以有效地引进和保留大批高学历人才。越来越多的管理者认识到优秀的企业文化是公司生存的基石,是能否留住人才的关键。

企业只要能始终爱护人、尊重人,承认人们的劳动和做出的成绩,构建良好的沟通系统,并让人才了解和参与决策与管理,切实为他们提供各种必要的保障,营造一个好的软环境,就能很好地将人才凝聚在一起。只有这样,才能让员工们毫无怨言地努力与奉献,才能从根本上稳定人心,留住人才。

第1章 人才招募：要创业先招募人才，人才是成大业之本

5. 乔布斯法则：宁要一个诸葛亮，不要三个臭皮匠

> **知识小提示**
>
> "一个出色人才能顶50个平庸员工"，这是美国苹果公司CEO、管理奇才史蒂夫·乔布斯的一句名言。后来被业界广泛引用，风靡西方管理界，逐步发展为"乔布斯法则"。"乔布斯法则"的核心理念是要网罗一流人才，宁要一个诸葛亮，不要三个臭皮匠。

乔布斯法则归根结底体现的是乔布斯本人的选人、用人、留人原则。其实，这也是广大初创企业必须树立的一个人才观：重视核心人才。企业要发展，关键在于选对人、留住人，尤其是核心人才，是企业非常宝贵的财富，不可轻易放弃。因此，对于初创团队的管理者来讲，要重视起核心人才的招募和留存。

案例

IBM创新用"野鸭"

美国国际商业机器公司（IBM）是世界首屈一指的高科技公司。在这个公司里，具备"野鸭精神"的人才受到青睐和重用。这是因为公司总经理沃森，始终将丹麦哲学家歌尔科加德的一段名言作为自己的座右铭："野鸭或许能被人驯服，但是一旦被驯服，野鸭就失去了它的野性，再无法海阔天空地自由飞翔了。"

在实际工作中，沃森也经常强调："对于那些我并不喜欢、却有真才的人的提升，我从不犹豫。我所寻找的就是那些个性强烈、不拘小节、有点野性，以及直言不讳的人。如果你能在你的周围发掘许多这样的人，并能耐心地听取他们的意见，那你的工作就会处处顺利。"沃森把创新作为"野鸭精神"的化身，他采取种种措施激励员工创造发明，不断地发展新技术产品，取得了国内外市场的制胜权。"野鸭精神"是IBM公司迅猛发展的基石和动力。

精透解析：大胆擢拔，用长容短

"一个出色人才能顶50个平庸员工"，这是非常正确的。从人才角度来说，一千个普通员工也抵不了一个核心员工。很多知名企业家对核心人才都非常重视，把大量时间用在人才的寻找和招聘上，经常亲临招聘现场，参与招聘工作。例如，雷军经常亲自面试前来应聘的人，他的几个合伙人都是他亲自说服的，这也是小米公司在他的带领下实现历史性的逆转，扭亏为盈的原因。重视人才，使他创造了国内的"苹果"神话，掀起了智能手机的风潮，改变了一个时代。

留住人才是一个"系统工程"，需要愿景留人、待遇留人、情感留人、福利留人、事业留人，"一把手"必须重点做好。要拿出IBM创新用"野鸭"的精神和勇气。同时管理者必须认识到，金无足赤，人无完人，往往优点突出的人，其缺点也很突出。在用人中要发挥他的长处，放大他的优点，规避他的缺点，容忍他的短处。只要对初创团队和事业有利，或利大于弊，无论什么样的仇人、亲属都可以重用。但要建立防范机制，要事先做好员工工作。切记，用人之长方可胜，不能求全责备。

不过，在应用乔布斯法则时应注意以下几个原则：企业所需和岗位适合相结合，外部招聘和内部选拔相结合，企业发展和当前使用相结合，领导招聘和后续服务相结合，长处突出和允许缺点相结合，外不避仇和内不避亲相结合。

第2章
制度完善：规范管理制度先行，为团队保驾护航

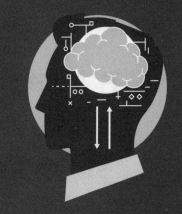

　　对一个国家进行管理靠的是法律法规，对一个企业进行管理靠的是规章制度，制度是企业的行为规范，初创团队在制度建设方面往往比较欠缺，要想取得长足发展首先必须建立完善的规章制度，用制度来约束每个人的言行、举止、行为，以让管理工作有法可依，有据可依。

6. 坠机理论：如何走出"老总坠机企业亡"怪圈

知识小提示

坠机理论讲的是，由于企业对老总过度依赖，老总坠机发生意外，这个企业也会跟着一同坠落，再也发展不起来。因此，这个理论提出"依赖英雄不如依赖机制"的观点。企业需要在平日的经营管理中形成一套完善的制度，以避免因企业的领导突然"坠机"而导致企业沉沦。

企业的经营管理、良好运转，离不开素养高、能力强的个人，但也不能完全按照某个人的意愿行事，一个企业或团队，向前走的每一步依靠的应该是完善的制度，而不是个人。

一个企业或团队的核心人物，如创始人、高层管理人员等，往往就是该企业或团队的"舵手"，对企业未来的发展起着重要的把控作用。核心人物的重要性无须赘言，然而过于依赖他们，也为企业或团队的未来埋下了隐患。有很多企业往往会因为某个重要人物的辞职、调离、退休或其他意外，而变得一蹶不振。

坠机理论告诉我们：依赖英雄不如依赖机制，将企业或团队的命运依托在某个人身上是一种失败。相反，要建立完善的制度，即使个人能力超强的个别人某一天离开，企业也可安然无恙地运转。

案例

王石逐步远离万科，琼斯机舱面试继任

万科集团是目前中国较大的专业住宅开发企业。在创建万科20年时，时任董事长王石做了一个总结："我选择了一个行业，选择了房地产；创造了一个品牌，万科地产品牌；建立了一个制度，培养了一个团队。已经20年了，如果20年了还不能离开这个公司，那是我的失败。如果一旦王石离开万科，万科就稀里哗啦，那这就是一个病态的企业。"

万科的成功，并不是表现在王石在的时候，而是表现在王石不在的时候。

王石说这些年自己一直在远离万科。可以这么说，如果选三个上市公司的董事长，然后把他们全灭了，受影响最小的就是万科。

一个公司如何做到制度化才是至关重要的。王石认为，一家公司的成长，尽管掌舵人具有相当大的作用，但公司要获得长期发展，关键则要看它是否建立起了比较完备，又切合该公司成长的制度及运作方式。换句话说，现代企业制度才是保证一个成熟企业持续并长远发展的关键。

万科在制度和流程管理上有不少创新，把很多具体事务性的工作上升到了制度和流程层面，这标志着企业系统的健全和成熟。譬如，企业如何对待媒体采访，如何对待媒体的负面报道，就各有一款专门的制度来指引、来规范，制度内容中涉及了负面报道的定义、适用范围和接待负面报道的流程等条款，还有"要避免沟通内容成为采访内容"的字句。在国内很多企业还不太会接待媒体采访时，万科已经把应对媒体不同种类的问题都制度化了。万科制度之规范、条款之专业、逻辑之严密见于字里行间。

也正是有了完备制度与合理的运作方式做后盾，掌舵人王石才敢去爬喜马拉雅山，玩滑翔伞，甚至驾船远航、赴美留学。作为一家上市公司的董事长，王石一年中有近1/3的时间在外登山、跳伞、玩极限运动等，由此有股民批评他"不务正业"。1999年王石辞去公司总经理一职，任公司董事长。2017年6月，王石宣布退位，郁亮当选董事长。万科集团发展的事实证明，王石倡导的企业发展管理要靠制度而不要靠某个人是成功的。

1974年，刚在通用电气公司任首席执行官三年的雷吉·琼斯已经开始考虑继任人选。1978年初，雷吉·琼斯打算使继任人的竞争变得激烈起来。他针对候选人搞了一系列活动，称之为"机舱面试"。"我把一个人叫进来，对他说：你和我现在乘着公司的飞机旅行，这架飞机坠毁了。谁该继任通用电气公司的董事长呢？好家伙！这个问题真像朝他们浇了一身冷水，他们迟疑了一会，转过身来。会谈持续了两个小时。"

三个月后，琼斯将所有候选人召集来搞了另一轮机舱面试。琼斯告诉他们自己坠机死了，特别要求他们提出三个候选人的名字，并就通用电气公司的战略目标作出判断。提自己名字的人就要回答这样的问题：通用电气公司面临的主要挑战是什么？他准备怎样应付这些挑战？两次机舱面试之后，1978年春天，琼斯选择韦尔奇为通用电气公司的下一任董事长兼首席执行官。因此员工们确信，即使坠机事件真的在通用电气公司发生，公司也能保证管理稳定。

精透解析：基业常青靠制度，好宝不押一人身

基业常青不靠教父，基业常青要靠制度。一直以来，在企业管理领域，人们经常担心一个企业的命运过于依赖某一个管理者。美国哈佛商学院教授拉凯什·库拉纳在《寻找企业拯救者：无理性地追求有魅力的首席执行官》一书中认为，将有感召力的救星式的首席执行官看作包治百病的灵丹妙药当前已经成了企业的流行病。

要避开一人亡而企业衰这一可怕的死亡定律，企业就需要在平日的经营管理中采取适当的措施，形成一套完整的制度，以避免因企业的领导者突然"坠机"，从而导致企业"坠机"。依赖英雄不如信赖机制，坐飞机之前别忘记买"保险"。与其费尽心思打造某一个人的魅力，不如去建立健全制度。万科集团和王石在这方面做出了榜样。

现代企业需要制度化，需要有个团队去管理，一把手在与不在，应该都能够照常运转。一个企业拥有清晰的流程、完善的制度，也是规避人情、减少冲突、建立良好人际关系的最佳办法。

一个团队、一个部门、一个企业都要树立避免坠机的理念，不要把宝押到一个人身上，离开了这个人工作就会停摆，有时还成了这个人要挟的砝码，这是不科学的，也是非常危险的。

7. 赫勒法则：有制度才有监督，有监督才有更努力

知识小提示

赫勒法则由英国管理学家H.赫勒提出，它从反面阐述人都是有惰性的，没有制度的约束很难主动自觉地去做事。反过来讲，人的行为只有在制度的监督下才可能更规范、更符合要求。

由赫勒法则得知，人人有惰性，需要监督才有做事的激情和动力，那么，

如何来对人的惰性进行监督呢？管理就是要督促人对抗自身的惰性，同时，也能真正调动人的工作、生活、学习的热情，提高做事的积极性。

就管理而言，无疑是规章制度。于是，我们看到在很多大企业、著名企业中都有完善的、严格的规章制度，规章制度成了管理者管理被管理者的"指挥棒"。

案例

肯德基搞秘密检查，肯·蓝高抓向上管理

美国著名快餐大王肯德基国际公司的连锁店遍布全球60多个国家和地区，总数多达9900多个。

然而，肯德基国际公司在万里之外，又是怎么让每个员工都按照要求去工作的呢？

有一次，上海肯德基有限公司收到3份国际公司寄来的鉴定书，对他们外滩快餐厅的工作质量分三次进行了鉴定评分，分别为83分、85分、88分。公司中外方经理都为之瞠目结舌：这三个分数是怎么评定的？原来，肯德基国际公司有严格的考核制度，并适时派人进行实地监督。这些负责监督的人有个特别的方式，他们往往是佯装顾客秘密入店进行检查。这些"神秘顾客"来无影、去无踪，没有时间规律，这就使快餐厅的经理、雇员时时感受到某种压力，丝毫不敢懈怠。

正是通过制度＋实地监督这种方式，肯德基可对各分店、各个员工的工作进行监督，从而大大提高了他们的工作效率。

家得宝公司（The Home Depot）最为人称道的就是领导者运用走动式管理到各店去巡察，并适时地对主管进行机会教育，以提高主管的管理能力。

一次，公司创办人肯·蓝高到一家分店巡点时，召集了十多位卖场员工闲聊，其中有一位员工提到最近绩效考评的结果，感到很不开心。蓝高对他说："公司对此类考评设计了公开且透明的申诉渠道。首先，你可以先找所属部门的主管，若不能合理解决，再找副总经理，再上去才是找店长。透过此渠道你便能发现他们对你是如何评比的。"这位同仁听了回答："好的，我可以找部门主管谈谈，找副总经理谈谈，但我不能找店长谈。"蓝高听了大吃一惊，立即追问其原因，这位同仁回答说："在我们这家店，有个规定，有问题时，不准找店长谈。"

蓝高感到非常不解："真是遗憾，我想店长八成是忙坏了。希望各位将我的电话记下，并且告知所有的同仁，若是大家有了问题但是因为店长忙碌而无法解决，请打电话给我，我会和各位一起来想办法解决问题。"

接着蓝高又适时进行了机会教育，希望员工们能向上管理，变领导监督主管为员工向上管理主管，形成员工、主管、领导三方的良性互动，从而增加整个团队的工作效率和业绩。

精透解析：用好监督指挥棒，激发工作正能量

没有有效的监督，就没有工作的动力。失去监督的权力，必然导致腐败。管理的主体是人，客体也是人，要真正达到调动员工的工作热情，提高员工的工作积极性，管理者就要良好地运用手中的激励和监督机制，调动好指挥棒，克服官僚主义和形式主义，深入一线监督，接地气，访民情，而不是高高在上，指手画脚。有效的监督能从积极的方面促进员工更加努力地工作，这在前面提到的全美第一大DIY店家得宝和著名快餐大王肯德基的管理中表现尤为明显。

然而，要想真正发挥监督的作用，还要注意满足下面几个事项。

（1）监督必须建立在有完善制度保障的基础上。

（2）监督必须要客观、公正。

（3）监督要有计划性、针对性。

（4）监督机制公开化，监督人性化。

（5）监督的结果要总结、要分析、要反馈，并要积极采取改进办法。

8. 热炉法则：谁碰热炉谁挨烫，又唬又罚守规章

知识小提示

热炉法则，又称热炉效应（hot stove rule），因触摸热炉与实行惩罚之间有许多相似之处而得名。这是西方管理学家提出的惩罚原则，核心就是规章制度具有惩罚性，被执行者一旦触犯就必须承受惩罚。

热炉法则的意义在于指出了制度的惩罚性，制度一旦制定就具备了惩罚的作用。任何人违反，就像碰触到烧红的火炉，一定会受到"烫"的惩罚。

案例

只要执行能到位，宫女训成仪仗队

孙武是春秋时期著名的军事家，有军事著作《孙子兵法》。孙子带着自己所著的兵法觐见吴国国王阖闾。阖闾从宫中选出180名美女，要孙子用妇女来检验他的兵法。孙子将其分成两队，并用吴王宠爱的两个妃子担任两队的队长，命令每个人都拿着戟。孙子讲清楚了训练的动作要领，三番五次地宣布了纪律，并把用来行刑的斧钺摆好。于是击鼓命令向右，妇女们却哈哈大笑起来。

孙子说："纪律不明确，交代不清楚，这是将帅的罪过。"又三番五次地讲纪律，然后命令击鼓向左，妇女们又哈哈大笑起来。孙子说："纪律不明确，交代不清楚，这是将帅的罪过；既然已经再三说明了而不执行命令，那就是下级士官的罪过了。"于是孙子不顾吴王的反对，杀了他的两个宠妃示众。在孙子接下来的训练中，无人敢再笑，所有的动作都符合规定的要求，队伍训练得整整齐齐。阖闾知道孙子善于用兵，终于用他为将，孙子的威信也从此建立。

初创团队不可不知的100个管理心理学效应

精透解析：快速制止，公平处罚

"热炉"法则是管理中重要的处罚原则，在管理活动中，要想运用好这一原则，保持制度和纪律的钢性与权威，就要坚持做到以下两点。

第一，进行事先警告。热炉火红，不用手去摸也知道炉子是热的，是会灼伤人的。初创团队领导要经常对下属进行规章制度教育，以起到警告震慑作用。作为管理者，在进行正式的训导活动之前有义务事先给予警告，必须首先让下属了解组织的规章制度并接受组织的行为准则。如果下属得到了明确的警告，知道哪些行为会招致惩罚，并且知道会有什么样的惩罚，他们更有可能认为训导活动是公正的。

第二，坚持一致性原则。无论谁碰到热炉，肯定都会被火灼伤。说和做是一致的，说到就会做到。也就是说，只要触犯规章制度，就一定会受到惩处。平等对待下属，要求训导活动具有一致性。如果以不一致的方式处理违规，则会丧失规章制度的效力，降低下属的工作士气，下属的不安全感也会使生产力受到影响。烫火炉是不讲情面的，谁碰它，就烫谁，一视同仁，对谁都一样，和谁都没有私交，对谁都不讲私人感情，所以它能真正做到对事不对人。当然，人毕竟不是火炉，不可能在感情上和所有人都等距离。

不过，作为管理者要公正，就必须做到根据规章制度而不是根据个人感情、个人意识和人情关系来行使手中的奖罚大权。当然，由于具体情况不同，一致性并不是说对待每一个人完全相同，但是，当训导活动对不同下属显得不一致时，管理者有责任提供清晰的解释。

1.做到即时反应，快速制止

碰到热炉时，立即就被灼伤。惩处必须在错误行为发生后立即进行，决不能拖泥带水，以便达到及时改正错误行为的目的。如果违规与训导之间的时间间隔延长，则会减弱训导活动的效果。在过失之后越迅速地进行训导，下属越容易将训导与自己的错误联系在一起，而不是将训导与你——训导的实施者联系在一起。因此，一旦发现违规，应尽可能迅速地开展训导工作。

2.坚持公平公正性

不管是谁碰到热炉，都会被灼伤。不论是初创团队领导还是一般员工，只要触犯初创团队的规章制度，都要受到惩处，在规章制度面前人人平等。在日常的管理中，管理者一定要运用好"热炉"法则，对不良现象要公平、公正、快速制止惩处，才能以儆效尤，将工作运行和队伍管理导入良性循环的轨道。

3.坚持对事不对人

美国著名管理学家斯蒂芬·P·罗宾斯一再强调,训导应对事不对人。处罚应该与特定的过错相联系,而不应与违犯者的人格特征联系在一起。也就是说,训导应该指向下属所做的行为而不是下属自身。比如,一名下属多次上班迟到,应指出这一行为如何增加了其他人的工作负担,或影响了整个部门的工作士气,而不应该责怪此人自私自利或不负责任。批评下属"笨""不够资格"等只能起反作用,这样的训导会刺伤下属的感情,以至于下属忽略了绩效的问题。管理者也许会忍不住责骂下属"粗鲁""迟钝"(也许这是事实),但这非常接近人身攻击,这是要完全避免的,管理者所处罚的是违反规章制度的行为而不是个体。一旦实施了处罚,管理者必须尽一切努力忘记这次事件,并像违规之前那样对待该下属。

还有,如果管理者训导下属,要确保这种行为是下属可以控制的。如果下属无能为力,训导就起不到什么作用,因此,训导要针对下属可以改善的行为。如果一个下属忘了上闹钟,所以迟到了,你就可以批评他;但迟到的原因若是因为上班坐的地铁突然停电,他在地下被困了半个小时,这时批评他是没有意义的,因为下属无法控制这类事情的发生。

9. 儒佛尔定律:有效预测是正确制定制度的前提

知识小提示

法国未来学家H.儒佛尔提出:没有预测活动,就没有决策的自由,有效预测是英明决策的前提。

儒佛尔定律告诉我们,对企业发展方向、整体环境、市场变化等进行正确预测,是正确决策(制定制度)的前提,也是保证企业决策(制度)有效性,经受得起瞬息万变的市场考验的重要条件。

预测能力是衡量创业者是否合格的重要标准,那些取得非凡成就的创业者都有一个显著的特征：那就是具有独特视角，总能看到别人看不见的市场空白点，想到别人想不到的办法，抓住别人认为不可能的机会。

抓机遇嘉诚卖塑花

香港的李嘉诚先生就是因为善于预测，才成就了自己现在的事业。20世纪50年代中期，李嘉诚创办了长江塑胶厂，生产塑料玩具，结果由于玩具市场饱和，工厂面临倒闭。一次偶然的机会，他翻阅一份报纸，发现一则信息，说是当地一家小塑料厂将制作的塑料花向欧洲销售。

李嘉诚眼前一亮，马上想到了"二战"以来，欧美生活水平虽有所提高，在经济上却还没有实力种植草皮和鲜花，因此，在一段时期里面，塑料花必将被大量使用，成为他们用于各种装饰场合的必需品。有需求就有市场。李嘉诚认为这是一个难得的机会，于是马上决定企业转产生产塑料花。正是靠着这些塑料花，几年后的李嘉诚成为了香港大富翁之一。

 精透解析：信息也是生产力，预测要下真功夫

随着互联网、移动互联网的发展，商业社会进入一个信息爆炸的年代，市场上的信息呈现出爆发式发展。这些信息资源被称之为第四类战略资源，它与物质资源、经济资源、人力资源统称现代企业发展的四大资源。

一个企业要发展，要提高经济效益，管理者必须广泛、及时、准确地掌握有利于企业发展的各种信息，了解国内外经济态势，熟悉市场要求和摸清与生产流通有关的各个环节。然而，信息越来越多，鱼目混杂，该如何分辨这些信息的有效性呢？只有科学预测！一个成功的管理者能从繁复的信息中抓取最核心信息，根据信息预测出市场的未来走向，并马上将其转化为决策和行动。

没有预测，就没有决策，正确的预测能为企业决策提供足够的依据，确保决策的精准性。优秀的管理者要善于培养自己的预测能力，以独到的眼光观察问题，思考问题，看见别人不能看见的，考虑到别人不能考虑的，以推测出别人不能推测的，从而作出正确的预测。上面案例中香港的李嘉诚先生就是因为善于预测，才成就了自己的事业。

另外，除了预测，管理者还要善于分析，即使得到"可靠"的信息，也不能盲目跟风，还需要进一步归纳、总结、分析。

10. 布利斯定理：事前多思考，事中用时少

> **知识小提示**
>
> 布利斯定理的内容是：用较多的时间为一次工作事前计划，做这项工作所用的总时间就会减少。这一定理来源于美国心理学家布利斯所做的一个实验。

该实验把学生分成三组进行不同方式的投篮技巧训练。第一组学生在20天内每天练习实际投篮，把第一天和最后一天的成绩记录下来。第二组学生也记录下第一天和最后一天的成绩，但在此期间不做任何练习。第三组学生记录下第一天的成绩，然后每天花20分钟做想象中的投篮，如果投篮不中，他们便在想象中做出相应的纠正。实验结果表明：第二组没有丝毫长进；第一组进球增加了24%；第三组进球增加了26%。由此，他们得出结论：行动前进行头脑热身，构想要做之事的每个细节，梳理心路，然后把它深深铭刻在脑海中，当你行动的时候，你就会得心应手。

制度对一个团队的重要性毋庸赘述，关键是如何制定出符合团队发展需求的规章制度，其中一个重要的原则就是利用布利斯定理，事前多思考，做足充分准备，为后期的制度制定奠定基础。

案例

赫伯特繁复论证，计划案严密可行

苟罗尼雅公司是澳洲一家颇具规模的制造公司。在公司的三个事业部中，以赫伯特领导的矿业与化学品部的计划工作最为成功。计划工作的程序是自

下而上。参与制订计划的人员包括该部所属的10家公司的经理,某些情况下这些分公司的厂长和业务经理也会参加。

为了使各个分公司的步调能够一致起来,赫伯特总是把总公司对通货膨胀及其他各种经济因素的看法,及时告诉各分公司的经理,让他们把这些因素作为制订计划时的参考资料。各个分公司从每年的4月份(该公司会计年度开始的月份)开始制订自己的战略计划,在8月份之前制订完毕,并交给大部的经理。按公司规定,战略计划所包括的时间为5年,其内容包括生产目标、投资计划等。大部经理在收到这些计划之后,先进行挑选,再安排先后次序,最后是在这些计划的基础上制订出部一级的战略计划。部级的计划包括对各分公司未来5年的展望、主要的问题、所采用的战略以及各种投资计划等内容。

接着,各事业部要把自己的计划送到总公司的财务部,财务部于9月份将部级的计划送往公司总经理办公室。在此后的1个月中,总管理处与各部的经理会仔细研究和讨论他们的计划。

在每年的11月份之前,总公司会把各种指导性文件发到各大部,该文件详细地说明了哪些计划已被批准,以及总公司对各部有什么希望。在这个会计年度的最后几个月里,各部根据总公司发给的指导性文件,重新制订自己的战略计划并编制预算。随后,总公司再根据这些计划制订出整个公司的总计划。总计划应对整个公司的目标和战略做出详细的说明,并附有必要的统计资料。

通过这一道道繁复的程序,最后制订出来的计划就是确实可行的。为进一步确保战略计划的顺利完成,该公司还建立了一套"追踪审核"制度。该制度规定,在每一个会计年度结束之前,各分公司都应指派专门的稽核人员,对计划执行的情况进行检查,并写出"追踪审核"报告,从而做到能使一年的预测更为准确。正是这样一个严密的计划制订过程和监督执行过程,保证了苟罗尼雅公司在经营中很少发生失误,从而保持了公司蒸蒸日上的发展势头。

 精透解析:预先谋划,三思后行

布利斯定理告诉我们计划的重要性。做事没有计划,行动起来就必然会是一盘散沙。只有事前拟订好了行动的计划,梳理通畅了做事的步骤,做起事来才会应对自如。好的规划是成功的开始。

事前先思考，事后少烦恼。凡事三思而后行，事前多想一步，事中会少一点折腾，事后会少一点悔意。

事先做计划，成功概率大。磨刀不误砍柴工。要把一件事做好，不一定要立即着手，而是先要进行一些筹划，进行可行性论证和步骤安排，做好充分准备，这样才能提高办事效率。

拆分大目标，再各个击破。一个制订计划的人目标是明确的，计划也是详细的。如果说目标像是灯塔，指引着我们前进的方向，那么计划就是航线，时刻纠正着我们的行动。有了灯塔的指引，我们才不会偏离前进的方向，才不会陷入迷途。

"凡事预则立，不预则废。"计划可以对你的设想进行科学的分析，让你知道你的设想是否可以实现。计划可以作为你实现设想过程的指导，大大节省你的时间，减轻压力。有了好的计划，就有了好的开始。

11. 手表定律：一块手表报清时间，多块手表时间混乱

知识小提示

手表定律是由英国心理学家萨盖提出的，又被称为萨盖定律。这个定律简单地说就是当一个人只有一块手表时，能够清楚地知道时间，而当他拥有两块或者多块手表时，就会陷入时间的混乱中无法再判断准确的时间。

手表定律的核心是告诉管理者，一个人不能受两种及两种以上不同准则或者价值观念的左右，否则这个人的行为将陷于混乱。应用到管理中就是，在同一纬度的管理上，不能同时设置两套及两套以上不同的目标、工作标准，否则会引起执行者的混乱和无所适从。

换句话说，就是在制定企业的规章制度时，目标要明确，标准要明细，这也是制定一个科学、合理的规章制度的重要前提条件。

争当家订单泡汤，两名企联姻告败

朱刚和牛强是某电器公司的两个大股东，分别被推选为董事长和总经理。但是，两个人对企业经营管理理念常常不一致，而沟通又不够，在具体制度、工作规范上也常有出入。

下面的部门经理和员工们谁都不敢得罪，谁的都要听，结果是左右为难，不知道如何是好。在一次订货会上，由于两个人对货物数量、价格、付款方式等意见不一，都指示市场部经理按自己的意见办，市场部经理无所适从，造成错失机遇，订单泡汤，给企业造成了不小的损失。事后朱刚和牛强都批评市场部经理，又彼此互相指责抱怨。市场部经理感到委屈，一气之下辞了职，员工们也纷纷抱怨。朱刚和牛强陷入了迷茫和反思。

一个企业不能同时采用两种不同的制度，在这方面美国在线与时代华纳的合并就是一个典型的失败案例。美国在线是一个年轻的互联网公司，企业文化强调操作灵活、决策迅速，要求一切为快速抢占市场的目标服务。而时代华纳在长期的发展过程中建立起强调诚信之道和创新精神的企业文化。两家企业合并后，企业高级管理层并没有很好地解决两种价值标准的冲突，导致员工完全搞不清企业未来的发展方向。最终，时代华纳与美国在线的"世纪联姻"以失败告终。

 精透解析：握紧拳头出击，严防政出多门

拿破仑说：宁愿要一个平庸的将军带领一支军队，也不要两个天才同时领导一支军队。管理者实行"一块手表"的管理方法，为的是使企业形成一股整体力量，奋斗目标更加明确，组织管理更加有效，以激发出企业的最大驱动力。一块手表报清时间，多块手表时间混乱。管理者在团队内部不得设立太多目标，要设定一个上下相一致的共同目标，设定统一指挥的管理原则。

作为员工的行为导向，当管理者只有一个时，员工可以按照管理者所指明的方向做出相关工作。而一旦管理者超过一个，员工面对多个"导向牌"时，就会失去判断，无法明确下一步方向，这是管理上的一大忌讳，企业也会变成一盘散沙。因此，作为企业和员工之间的"枢纽"，指导员工进行具体工作的管理者，最好只有一个。对于一个企业，更是不能同时采用两种不同的管理方法，否则将使这个企业无法发展。就像前面提到的美国在线与时代华纳合并失败的案例。

为增强企业竞争力，可以把企业的经营业务限制在某一范围中，企业将资源放在统一明确的经营方向上，使优势力量更加集中，竞争力增强。企业采用统一经营战略，可以使企业内部各部门的实际目标设定得更加精细、明确，便于管理者简化管理，使管理者可以集中精力去掌握企业主营业务的经营知识，管理能力更加卓越，促进企业实力增强。

一个企业把有限的资金投入到各个领域，认为可以十发九中，其实不然，资金过于分散，会影响整个企业的发展，甚至会影响原先还比较好的业务。对抗比赛中，握拳出击是最有力量的，如果五指张开，以掌出击的话，只会被对手打倒。套用到企业管理中也是一样的道理，涉足行业部门过多，"张开手掌"的经营运作管理办法，只会顾此失彼，最终导致企业被竞争对手击败。

只有管理者全面分析企业发展形势，正确总结出最适合企业重点发展的行业，再集中企业力量，以此行业为企业整体目标"握紧拳头"进行"出击"，企业才能在该行业中占有优势，拥有较高起点。

12. 普希尔定律：当机要立断，决策莫拖延

知识小提示

AJS公司副总裁普希尔认为，凡是某些行业内的领跑者，都具有迅速做出一项正确决策的能力；思虑太多，会阻碍迅速做出决策。后来人们将其总结为"普希尔定律"。

普希尔定律提醒管理者，做决策要讲究速度，速度是最关键的影响因素，否则，再好的决策经过拖延，也会变得不合时宜。因此，对于管理者而言，制定一个制度要当机立断，不要犹豫，否则会导致失去最佳时机。

案例

船长低价售存货，摩根果断买咖啡

华尔街最成功商人之一的约翰·皮尔庞特·摩根，出生于一个富有的商人家庭，他是19世纪末到20世纪初叱咤美国金融界的风云人物，大学毕业后在邓肯商行工作。

有一次，公司派他去往古巴的哈瓦那，为商行处理采购鱼虾的事务。在返回途中，路过新奥尔良码头时，摩根碰见了一位船长。船长叫住他介绍说，自己是往来于巴西与美国之间的一艘巴西货船的船长，这次他从巴面向美国的一家公司运一船咖啡，没想到到了这里，发现那家美国公司已经破产了。一船的咖啡滞留在这里，这位船主不得不自己推销。他向摩根表示，如果摩根愿意购买这批咖啡的话，他愿意以低于原价一半的价钱出售，但前提是摩根必须拿现金和他交易。

摩根和船长一道去检验了咖啡的样品后，觉得咖啡的品质和成色都很好。他向邓肯商行发去电报，希望可以以邓肯商行的名义购买下这批咖啡。邓肯商行回电表示，不支持此次交易，禁止摩根个人以公司的名义进行交易。咖啡的价钱虽然低廉得令人心动，但摩根无法确定船长是不是个骗子，也无法保障船舱内的咖啡是否和样品一样高品质。摩根考虑了一会儿，意识到如果再犹豫拖延的话，船长极有可能会将咖啡卖给别人，而使自己错失一次赚钱的大好机会。他向伦敦的父亲吉诺斯求助，父亲相信儿子的判断，出资帮助摩根买下了这船咖啡。

摩根的决策没有错，由于天气因素，巴西咖啡大量减产，咖啡价格急增了好几倍，摩根大赚了一笔，掘得了自己创业的第一大桶金。

 精透解析：犹豫错失机遇，成功来自行动

在现实管理活动中，在决策中犹豫不决、难做决定的现象并不少见。成功始于果敢的决策，速度是关键。即使是一项好的决策，如果不能在团队中迅速达成共识，也等同于虚有。

犹太人曾说过：人的一生中，有三种东西不能使用过多，即做面包的酵母、盐和犹豫。酵母放多了面包会酸，盐放多了菜会苦，犹豫过多则会丧失各种成功的机会。大凡成大事者，无一不是面对机遇善于把握的人。

管理者以速度求胜。市场经济变化形势瞬息万变，只有管理者抓住转瞬即逝的机会，及时、快速地制定决策，才能长久地处于不败之地。当机要立断，决策莫拖延。在上面的案例中，摩根果断买下一船咖啡，为自己创业掘得了第一桶金。

毋庸置疑，在机遇降临的同时，往往也带来一定的风险。对此，许多人虽然想抓住机遇，但又害怕遭遇风险，总是犹豫不决，左右为难，结果便错失良机。实际上，失去机遇才是最大的风险。对于机遇中隐含的风险，只要我们认真把握，是完全可以避免的，关键在于你敢不敢去冒风险获得机遇。只有敢冒风险的人，才有最大的机会赢得成功。

纵观世间，决策贯穿了人的一生，选择与人形影相随。与犹豫相对的是莽撞，记得有句名言是"莽撞，可能使你后悔一阵子；怯懦，却可能使你后悔一辈子"。而犹豫向来都是怯懦的孪生姐妹。

古往今来，没有任何一个成功者不曾经历过风险的考验。机会稍纵即逝，如白驹过隙。机会来临时就立即抓住它，要比貌似谨慎的犹豫好得多。犹豫的结果只能错过机遇，果断出击才是改变命运的最好办法。古语云："临渊羡鱼，不如退而结网。"在把握机遇的过程中，风险是难免的，即使看准了的事，付诸行动时，也可能会招致失败。但是，如果不付诸行动，则永远不会成功。

美籍华裔企业家王安博士提出，犹豫不决固然可以免去一些做错事的机会，但也失去了成功的机遇。这被称为王安论断，其寓意成功始于果敢的决策，与普希尔定律有异曲同工之妙。

13. 洛克忠告：规定宜少，执行应严

知识小提示

英国教育家洛克提出，规定应该少定，一旦定下之后便得严格遵守。这一理论被管理界称为"洛克忠告"。它告诉人们：简则易循，严则必行，令出必行才能保证成功。

制度贵在合理和可行，在管理中，把制度程序化、简单化，可让执行者高效执行，提高执行效率。要做到这些，对各种各样的制度进行优化，化繁为简就非常有必要。如何优化，如何保证员工以最好的状态执行，是每个管理者必须重视的。

案例

繁文缛节员工抱怨，执行不力有途没招

张有途是个非常注重制度建设的药店经理人，在他执掌一家大型药店的半年时间里，大大小小的制度制定了数十种，诸如考勤制度、奖惩制度、薪酬制度、岗位职责、绩效考核制度等，应有尽有，极其详尽。

然而，这些制度所发挥的作用却远远没有达到张有途的预期。比如他制定的考核制度，虽然对店员的销售任务提出了明确目标，但却没有对店员如何完成销售任务进行渠道上的引导，导致店员茫然面对目标却营销乏术，纷纷折戟在通往目标的路上。按照规定，完不成销售任务，薪酬就会相应降低。

但问题是，如果只是个别店员完不成销售任务还好说，即使扣发工资也不会有多大阻力，但大部分员工完不成任务，罚款制度的执行就有了很大的难度。这从另一个角度来分析，肯定是管理制度本身有问题了。没办法，为了缓解店员抱怨的情绪，张有途只好调整销售制度，降低目标要求。

让张有途始料未及的是，到第二个月，店员依然无法顺利完成调整后的销售任务，使他不得不再次下调销售目标。就这样，接二连三地降低标准，店员的工作压力也越来越小，工作又回到半年前的状态。没有动力，没有方向，工作就像没头的苍蝇。张有途为此很恼火，以前药店没什么制度，销售

上不去；现在有了一系列制度，却又发挥不出效用。他没有考虑到，恰是制度太繁琐而又执行不严格造成了如此被动的局面。

精透解析：制度太繁琐，执行等于零

规定宜少，执行应严。过多的规定会使员工们无所适从，少定规定会给员工们以较大的个人发展空间，在工作中充分发挥积极性和创造性，从而提高企业的产出效率。但是，规定要是不能得到严格执行，那就会比没有规定还差。制度一旦确定，一定要督促员工严格执行，即便有难度，也应该帮助他们寻找执行的方法和策略，对执行良好的店员进行激励，而不能一味降低要求来迎合员工。适当地规定，然后严格地执行是成功的保证。

规定不在多少，不在繁简，只要管用可行就是好制度。同样的作用下，简好于繁，少优于多。有一个家喻户晓的和尚分粥的例子。在一座寺庙里，有7个和尚一起居住，他们每天都须面对同一个问题：怎样将一锅粥平均分配。他们尝试通过制度来解决这个问题，想出了以下方法：大家选举一个品德高尚的和尚负责分粥，要求必须平均分配。开始时，这个德高望重的和尚还能公平地分粥。但没多久，他却开始为自己及拍他马屁的和尚徇私。大家于是要求换人，但换来换去，负责分粥的和尚碗里的粥仍然最多。没办法，只好采取了另一个方法：大家轮流分粥，一星期每人负责一天。但他们马上又发现，每人在一星期中都只有负责分粥那一天才吃得饱，其余6天都要挨饿。于是大家对新方法仍然不满意。最后，一位老和尚想出了一个简便易行而又公平合理的方法：7人轮流值日分粥，每人一天，但每次分粥者要最后才可领粥。令人惊讶的是，在这一制度下，无论谁来分粥，7个碗里的粥都一样多。因为分粥者明白，如果7碗粥并非一样多，他无疑只能领到最小的一碗，因为他要领的是最后一碗。这一简便易行的方法解决了以前很多复杂方法不能解决的大难题。

明朝名相张居正在奏疏中曾言："盖天下之事，不难于立法，而难于法之必行；不难于听言，而难于言之必效。"没有有效的监督，就不会有满意的工作绩效。明智的管理者会利用监督这把利剑，促使员工们既心有紧迫感，又满怀热情地投入到工作中去。

古语云：慈不掌兵！一个优秀的管理者就应该坚持正确的原则，虽然推行的结果可能是得罪一些高层人士导致自己的职位不保，但如果你的政策推行不下去那你同样没有前途。这就是机会成本，它所运用的就是经济学最常用的一种理论：博弈论。其实，只要你是真正客观公正地执行规定，而不是关注自己的私利，你是会得到员工们的尊重的。

第3章
员工管理：企业管理归根结底是对员工的管理

　　员工管理是一门艺术，企业管理归根结底就是对员工的管理。很多管理者无法做好企业，带好团队，最根本原因就是没有掌握管理员工的方法。对员工进行管理有很多方法，如不去抑制，而是发展；不去令其机械服从，而是使其自主工作……总之，只有掌握了管理员工的方法，才能掌握企业的未来。

14. 弗里施定理：员工先满意，客户才满意

> **知识小提示**
>
> 弗里施定理提出者为德国慕尼黑企业咨询顾问弗里施。核心是对员工的管理，认为只有先让员工满意，才能让客户满意，没有员工的满意，就没有客户的满意。

一个企业或团队生存发展最基本的条件就是拥有大量优秀的员工，因为员工是整个企业价值链条上最基础的一环，企业所有的输出都依赖于员工的付出，没有优秀员工一切都无从谈起。优秀员工不是天生优秀，而是管理出来的。所以对员工进行有效的管理是非常重要的。

纵观国内外著名的企业，管理者都十分懂得尊重自己的员工，善于对员工进行管理。当然，在管理上各有风格。

案例

总经理甘做员工公仆，护员工得罪无理乘客

沃尔玛在阿肯色州罗杰斯机场的飞机库里停有12架飞机，这是为了能听到最基层员工的声音，地区经理们每个星期一早晨都要乘坐飞机前往自己分管的地区视察。在视察过程中，经理会大量接触基层的员工，了解他们的信息和对公司的建议，了解他们对商品销售走势的看法，对提出有价值建议的员工进行及时奖励。

因为能广开言路，倾听最基层员工的意见，沃尔玛总是能了解到最新的信息，从而及时作出调整。老板山姆·沃尔顿强调：公司领导是员工的公仆。公仆领导，也就是领导和员工之间是一个"倒金字塔"的组织关系，领导在整个支架的最基层，员工是中间的基石，客户则永远放在第一位。领导为员工服务，员工为顾客服务。员工作为直接与顾客接触的人，其工作精神状态至关重要。因此，领导的工作就是指导、支持、关心、服务员工。

连续20年保持盈利的美国西南航空公司处处为员工提供支持，宁愿"得

罪"无理的乘客，也要保护自己的员工。

与其他公司不同的是，西南航空公司并不认为乘客永远是对的。公司总裁赫伯·克勒赫说："实际上，乘客也并不总是对的，他们也经常犯错。我们经常遇到毒瘾者、醉汉或可耻的家伙。这时，我们不说乘客永远是对的，而说：你永远也不要再乘坐西南航空公司的航班了，因为你竟然那样对待我们的员工。"

正是这种宁愿"得罪"无理的乘客，也要保护自己员工的做法，使得西南航空公司的每一个职员都得到了很好的关照、尊重和爱。员工们则以十倍的热情和服务来回报乘客。赫伯·克勒赫说："也许有其他公司与我们公司的成本相同，也许有其他公司的服务质量与我们公司相同，但有一件事它们是不可能与我们公司一样的，至少不会很容易，那就是我们的员工对待乘客的精神状态和态度。"这正是西南航空公司长期盈利的秘诀所在。

 精透解析：老板为员工着想，员工为企业尽心

员工心情舒畅，有了自豪感，就会更好地服务于顾客。员工的态度、言行也融入每项服务中，并对客户的满意度产生重要的影响。而员工是否能用快乐的态度、礼貌的言行对待顾客，则与他们对企业提供给自己的各个方面的软硬条件的满意程度息息相关。因此，加大对员工满意度与忠诚度的关注，是提升企业服务水平的有效措施。

企业光靠优厚的薪金、稳定的福利，很难长久留住员工，让员工为企业勤恳工作。只有想办法让员工热爱工作，在工作岗位上越做越开心，才能很好地发展下去。如何让员工在工作岗位上越做越开心呢？

1. 赋予员工使命感

这是一个让员工满意的良好方式。使命感可以驱策人向前走。企业必须赋予员工使命感，鼓舞企业员工去接纳公司的概念，分享公司管理者的感受及态度，认同公司的方向，并且去执行。这样员工就有可能在工作中更投入，更多地关心公司的成长。

2. 让员工有归属感

把员工当合伙人，让企业的每一个成员都更深刻地体会到自己也是企业这个大家庭中的一员,并身体力行地做一回管理者,不仅可以充分调动他们的积极性和主动性,也对从多方面看到管理上的不足有积极作用。

3.对员工实行成长管理

为员工创造各种发展自己机会,是让员工满意的另一个重要方法。企业是由员工组成的,企业的成功是建立在员工成功的基础之上的,企业的发展与员工的个人发展密不可分。在成长的问题上,企业和员工并不是对立的两个方面,如果能够从员工成长的角度管理,可以激发出员工发展自己能力的愿望,同时积极地提高并投入到工作中去。

成功的企业之所以能成功,就在于它一以贯之地坚持做到善待员工,并维护员工的利益。

15. 坎特法则:请放下权力的鞭子,柔性管理

> **知识小提示**
>
> 坎特法则提出者是哈佛商学院教授罗莎贝斯·莫斯·坎特。他认为,尊重员工是人性化管理的必然要求,是回报率最高的感情投资。尊重员工是领导者应该具备的职业素养,而且尊重员工本身就是获得员工尊重的一种重要途径。

作为管理者要始终明确一点,我们管理的对象是人,而不是机器。无论是什么时候,什么情况下,都应该注重建立一套柔性管理机制,补充刚性管理机制的不足。坎特法则讲的尊重员工就是柔性管理中的一个原则。

充分授权万科兴盛,礼遇部属东芝增盈

万科集团,是1988年由富有传奇色彩的企业家王石创办的地产企业,万

初创团队不可不知的100个管理心理学效应

科的成功其中很重要的一个原因就是王石在人才发展和培训方面的投入。万科集团人力资源总监、执行副总裁解冻表示："他求贤若渴，对人才的执著追求和严格要求是他获得成功的动力。同时，一旦把人才放在合适的岗位上，他就会充分授权。"

万科集团总部设在深圳，拥有员工13000多名。解冻介绍说："万科拥有网上培训学校和若干员工培养项目供各级员工学习，即岗位发展项目、经理发展项目及领袖发展项目，借此来建设公司的全面人才培训体系。此外，公司岗位轮换制，也能让员工得到培养。我们发自内心地尊重员工，但我们也对他们有严格的要求。"他补充道："我在万科的15年职业生涯中，让我最引以为傲的就是，团队和我本人都做了我们爱做的事情，而公司也为员工提供了发展的平台与资源，万科的文化是倡导对人的尊重。"

日本东芝公司是一家著名的大型企业，不过也曾一度陷入困境，土光敏夫就是在这个时候出任董事长的。他决心振兴企业，而秘密武器之一就是礼遇部属。身为偌大一个公司的董事长，他毫无架子，经常不带秘书，一个人步行到工厂车间与工人聊天，听取他们的意见。更妙的是，他常常提着酒瓶去慰劳职工，与他们共饮。对此，员工们开始都感到很吃惊，不知所措。渐渐的，员工们都愿意和他亲近，他赢得了公司上下的好评。

他们认为，土光敏夫董事长和蔼可亲，有人情味，我们更应该努力，竭力效忠。因此，土光上任不久，公司的效益就大大提高，两年内就把亏损严重、日暮途穷的公司重新支撑起来，使东芝成为日本最优秀的公司之一。

 精透解析：信任尊重产生效益，推行计划目标管理

尊重员工是人性化管理的必然要求。人性化的管理要有人性化的观念和表现，最为简单和最为根本的就是尊重员工的私人身份，把员工当作一个社会人来看待和管理，让管理从尊重开始。只有员工的私人身份受到尊重，他们才会感受到被重视，做事情才会发自内心，愿意为团队的荣誉付出。

在工作之外，员工和管理者是平等的，应该真诚地交流，进行私人交往。给员工一个私人的工作空间，不要每时每刻都监督员工，帮助员工学会时间管理，做好自己职责范围内的工作规划和计划，用计划和目标管理员工。让员工学会对工作负责，自己主动承担工作，提高自我管理水平。让员工能够以自己的责任心、荣誉感和成就感来驱动，最终满足员工自我实现的欲望，共谋发展。

管理者应该对员工的自我管理水平抱有信心，对他们进行指导和帮助，帮助他们树立信心，帮助他们正确认识和评估自己，帮助他们有效规划自己的工作，安排好自己的时间，提高必备的工作技能和知识的储备，提高工作的效率。

16. 南风法则：温暖胜于严寒，关爱产生效益

知识小提示

南风法则，也叫作"温暖"法则，来源于法国作家拉·封丹写的这则寓言：北风和南风比威力，看谁能让行人把身上的大衣脱掉。北风首先来了个寒风刺骨，结果行人把大衣裹得紧紧的。南风则徐徐吹动，顿时风和日丽，行人春意上身，纷纷解开纽扣，继而脱掉大衣，于是南风获得了胜利。

这则寓言告诉我们：温暖胜于严寒。运用到管理实践中，南风法则要求管理者要尊重和关心下属，时刻以下属为本，多点"人情味"，多注意解决下属日常生活中的实际困难，使下属真正感受到管理者给予的温暖。这样，下属出于感激就会更加努力积极地为企业工作，维护企业利益。

在使用南风法则上，日本企业的做法引人关注。在日本，几乎所有的公司都很注重人情味和感情的投入，给予员工家庭般的情感抚慰。在《日本工业的秘密》一书中，作者总结日本企业高经济效益的原因时指出，日本的企业仿佛就是一个大家庭，是一个娱乐场所。这也正是日本企业所追求的境界。日本著名企业家岛川三部曾自豪地说："我经营管理的最大本领就是把工作家庭化和娱乐化。"索尼公司董事长盛田昭夫也说："一个日本公司最主要的使命，是培养它同雇员之间的关系，在公司创造一种家庭式情感，即经理人员和所有雇员同甘苦、共命运的情感。"

日本企业内部管理制度非常严格，但日本企业家深谙刚柔相济的道理。他

们在严格执行管理制度的同时,又最大限度地尊重员工、善待员工、关心体贴员工的生活。如记住员工的生日,关心他们的婚丧嫁娶,促进他们成长和人格完善。这种抚慰不仅针对员工本人,有时还惠及员工的家属,使家属也感受到企业这个大家庭的温暖。

日本大企业普遍实行内部福利制,让员工享受尽可能多的福利和服务,使其感受到企业对家庭所给予的温情和照顾。在日本员工看来,企业不仅是靠劳动领取工资的场所,还是满足自己各种需要的温暖大家庭。企业和员工结成的不仅仅是利益共同体,还是情感共同体。正是通过这种方式,日本公司的员工都保持了对公司的高度忠诚。

公司难仍关心员工,员工倾情共渡难关

在诸多的日本公司中,松下公司的做法极富典型性。松下公司尊重职工,处处考虑职工利益,还给予职工工作的欢乐和精神上的安定感,与职工同甘共苦。

1930年初,世界经济不景气,日本经济大混乱,绝大多数厂家都裁员,降低工资,减产自保,百姓失业严重,生活毫无保障。松下公司也受到了极大伤害,销售额锐减,商品积压如山,资金周转不灵。这时,有的管理人员提出要裁员,缩小业务规模。因病在家休养的松下公司创始人松下幸之助并没有这样做,而是毅然决定采取与其他厂家完全不同的做法:工人一个不减,生产实行半日制,工资按全天支付。与此同时,他要求全体员工利用闲暇时间去推销库存商品。松下公司的这一做法获得了全体员工的一致拥护,大家千方百计地推销商品,只用了不到3个月的时间就把积压商品推销一空,使松下公司顺利渡过了难关。在松下的经营史上,曾有几次危机,但松下幸之助在困难中依然坚守信念、不忘民众的经营思想,使公司的凝聚力和抵御困难的能力大大增强,每次危机都在全体员工的奋力拼搏、共同努力下安全渡过,松下幸之助也赢得了员工们的一致称颂。

松下以员工为企业之本的做法在获得了员工们大力欢迎的同时,也为松下公司培养起了一个无坚不摧的团队。二战结束以后的很长一段时间内,松下公司都十分困难。而在这种情况下,占领军出台了要惩罚为战争出过力的财阀的政令,松下幸之助也被列入受打击的财阀名单。眼看松下就要被消灭

了，这时，意想不到的局面出现了：松下电器公司的工会以及代理店联合组织起来，掀起了解除松下财阀指定的请愿活动，参加人数多达几万。在当时的日本，许多被指定为财阀的企业基本上都是被工会接管和占领了。

工会起来维护企业的事还是头一遭。面对游行队伍，占领军当局不得不重新考虑对松下的处理。到第二年五月，占领当局解除了对松下财阀的指定，从而使松下摆脱了一场厄运。正是因为松下幸之助始终贯彻以人为本、尊重职工、爱护职工的企业经营理念，才有了自己的绝处逢生。

 精透解析：温情管理心齐气顺，暖风长吹劲足家和

南风法则在管理中给人最大的启示就是"感人心者，莫先乎情"。作为管理者，一定要特别注意讲究工作方法，对待员工要多一些温情管理。所谓温情管理，是指企业管理者要尊重员工、关心和信任下属，以员工为本，多点人情味，少点官架子，尽力解决员工工作、生活中的实际困难，使员工真正感觉到管理者给予的温暖，让员工在工作过程中真正感到：企业制度虽严，但始终有和谐春风吹过；工作虽有压力，但更有动力和希望，工作中充满快乐感、幸福感和愉悦感。

管理只有像"南风"一样去深入、融入员工的心灵，处处关心员工，事事尊重员工，员工才会在工作中备感舒适和温馨，才会"投之以桃，报之以李"，以饱满的工作热情，充沛的工作精力，充分发挥自己的聪明才智，为企业做出更大的贡献，企业才能营造"心齐、气顺、劲足、家和"的良好局面，才能形成强有力的核心竞争力，在日益激烈的市场竞争中立于不败之地。

古语云：得人心者得天下！只有真正俘获了员工的心，员工才会为企业的发展死心塌地地工作。不要把员工当作"会说话的机器"；不要随意地使唤员工，把他们当作自己的"仆人"；在企业管理中多点人情味，少些铜臭味。通过沟通去捕捉员工的心理状态，并针对员工的实际情况进行指挥，如果需要你的帮助，必须立刻提供帮助。这样有助于培养员工对企业的认同感和忠诚度。

17. 皮格马利翁效应：言行激励，给员工以积极期待

知识小提示

皮格马利翁效应又被称作罗森塔尔效应、期待效应，是由美国著名心理学家罗森塔尔和雅各布森，在多年教学经验的基础上，验证后共同提出的。是指人的情感和观念会不同程度地影响到自己的行为，会不自觉地接受自己喜欢、钦佩、信任和崇拜的人。

这个效应尽管由罗森塔尔和雅各布森提出，但最初是源于古希腊的一个神话故事。塞浦路斯的国王皮格马利翁非常喜欢雕塑，一次，他用一块象牙精心雕塑了一个美女像，给她取名为盖拉蒂。这尊雕塑实在太完美了，皮格马利翁逐渐爱上了自己的作品。

他每天对着雕塑倾诉绵绵情话，赞美她的美貌，真诚地希望她能够幻化为人形，成为自己美丽的妻子。一天，皮格马利翁的痴心最终感动了女神，雕像化作一位楚楚动人的美女，笑吟吟地朝他走来。皮格马利翁的期望终于成真，迎娶了眼前这位让自己朝思暮想的女子。皮格马利翁效应，便是人们从这个故事中总结出来的，是指热切的期望与赞美能够产生奇迹，期望者通过一种强烈的心理暗示，使被期望者的行为达到他的预期要求。

案例

受暗示学生变优秀，B级人去做A级事

1968年，美国著名心理学家罗森塔尔和雅各布森到一所小学，从一至六年级中各选三个班，在学生中煞有介事地进行了一次"发展测验"。然后，他们列出了一张学生名单，声称名单上的学生都极具潜质，有很大的发展空间。八个月后，他们又来到这所学校进行复试，惊喜地发现，名单上的学生成绩进步很快，性格更为开朗，与老师和同学的关系也比以前融洽了很多。

事实上，这是心理学家进行的一次心理实验，用以证明期望是否会对被期望者产生重大的影响。他们所提供的名单完全是随机抽取的，通过"权威

性的谎言"暗示教师,并随之将这种暗示传递给学生。尽管教师们悄悄地将这份名单暗藏心中,却在不知不觉中通过眼神、微笑、言语等途径,将掩饰不住的期望传递给那些名单上的学生。他们受到教师的暗示作用后,变得更加开朗自信,充满激情,在不知不觉中更加努力地学习,变得越来越优秀。

"让B级人做A级事",是松下公司创造的高期望式激励管理法。这是开发人才的一种成功做法,意思是让低职者高就,目的是压担子促成长。我们的传统做法是量才使用、人事相宜,什么等级的人就安排什么等级的事。让B级人做A级事这种做法既不同于人才高消费,又有别于人才超负荷,比较科学,恰到好处,既使员工感到有轻微的压力,但又不至于感到压力过大,工作职位稍有挑战性,有助于激励员工奋发进取。

 精透解析:多说赞美多鼓励,振奋精神增效益

心理学家威廉·詹姆斯曾经说过:"人性最深切的渴望就是获得他人的赞赏,这是人类有别于动物的地方。"赞美和期待具有一种超常的能量,能够改变一个人的行为与思想,激发人的潜能。一个人得到别人的信任与赞美后,他会变得更加自信和自尊,从而获得一种积极向上的原动力。为了不让对方失望,他会更加努力地将自己的优势发挥到极致,尽力达到对方的期望。期望与赞美能创造奇迹。正是因为期望与赞美的暗示对人能产生极大的促进作用,皮格马利翁效应被广泛地运用于教育、管理、营销等领域。

卡耐基很小的时候,母亲就去世了。缺乏母亲的管束,他像放纵的野马一般,特别喜欢调皮捣蛋。九岁那年,他有了一位继母。继母刚进家门的那天,父亲指着卡耐基对她说道:"他可是全镇最坏的孩子,你以后可得提防着。"继母走到卡耐基面前,温柔地摸着他的头,说道:"他怎么会是坏孩子呢,我看他应该是全镇最快乐、最聪明的孩子。"这样一句简朴的话,不仅让卡耐基消除了对继母的抵触情绪,而且还成为激励他的动力。多年以后,卡耐基成为了全世界家喻户晓的成功学大师。

在现代管理中,皮格马利翁效应不仅传达了管理者对员工的信任和期望,还更加适用于团队精神的培养,一些精明的管理者也开始利用这个效应来激发员工的斗志,从而创造出惊人的效益。但也要在加压和减压之间创造平衡,防止激励过度,适得其反。

18. 波特定律：对员工批评要注意分寸，过多白费心

知识小提示

英国行为学家L.W.波特说，当受到许多批评时，下属往往只记住开头的一些，其余的听不进去，因为他们急于思索理由以反驳开头的批评。人们把此观点称之为"波特定律"。这一定律警示管理者：批评要讲究艺术，总盯着下属的失误，是一个领导者的最大失误。

管理者过于关注员工的错误，就不会有人勇于尝试。而没有人勇于尝试比犯错误还可怕，它使员工故步自封，拘泥于现有的一切，不敢有丝毫的突破和逾越。所以，评价员工重点不在于其职业生涯中是否保持不犯错误的完美记录，而在于是否勇于承担风险，并善于从错误中学习，获得教益。

案例

宽容错误通用倡创新，鼓励弟子大师系鞋带

西门子公司对员工的错误很宽容。西门子（中国）有限公司人力资源总监说，我们允许下属犯错误，如果那个人在几次犯错误之后变得"茁壮"了，那对公司是很有价值的。犯了错误就能在个人发展的道路上不再犯相同的错误。在西门子有这样一句口号：员工是自己的企业家。这种氛围使西门子的员工有充分施展才华的机会，只要是有创造性的活动，失误了公司也不会怪罪。

日本有一个表演大师，有一次在上场前，他的弟子告诉他鞋带松了。大师点头致谢，蹲下来仔细系好。等到弟子转身后，又蹲下来将鞋带松开了。有个到后台采访的记者看到了这一切。

记者不解地问："您为什么又要将鞋带解松呢？"

大师回答道："因为我饰演的是一位劳累的旅者，长途跋涉让他的鞋带松开，可以通过这个细节表现他的劳累憔悴。"

"那你为什么不直接告诉你的弟子呢，难道他不知道这是表演的真谛吗？"

> "他能细心地发现我的鞋带松了,并且热心地告诉我,我一定要保护他这种热情的积极性,及时地给他鼓励,至于为什么不当场告诉他,我想教育的机会将来会有更多,可以下一次再说啊。"
>
> 这位表演大师并没有因为弟子看不出自己的用心而责怪他,反而对他的细心进行了嘉奖,可谓别具匠心。这样既没有打消弟子以后细心面对生活的热情,又为后面的教导埋下了良好的伏笔。

精透解析:一次批评一个样,用好萝卜加大棒

对下属的错误保持宽容是一个优秀领导者的美德。下属犯了错误,批评当然还是要有的,但是一定要适度,并且要讲究批评的技巧。批评的目的是让他改正过来,今后不再犯同样的错误。然而经常将下属的错误挂在嘴边,唠唠叨叨地记着下属的失误,是一个领导者的最大失误。

一而再、再而三地对一件事做同样的批评,会使下属从内疚不安到不耐烦再到反感讨厌。做管理者的应坚持对下属"犯一次错,只批评一次"。再次批评也不应简单地重复,而要换个角度、换种说法,这样下属才不会觉得同样的错误被揪住不放,厌烦心理会随之减低。当下属认识到自己的错误后,领导应当迅速结束批评。

人都有被赞扬、被肯定的心理需要。一般情况下,赞扬下属能达到比批评更好的效果。所以,慎用批评是一种艺术,对不同个性的人要采用不同的批评方式,对自觉性较高者,应采用启发其作自我批评的方法;对于思想比较敏感的人,要采用暗喻批评法;对于性格耿直的人,应采用直接批评法;对问题严重、影响较大的人,应采用公开批评法;对思想麻痹的人应采用警告性批评法。在进行批评时忌讳方法单一,避免简单粗暴、生搬硬套,应灵活掌握批评的方法。

正确的批评要求细密周到,恰如其分,普遍性的问题可以当面进行批评,对于个别现象就应个别进行。要学会运用"胡萝卜加大棒"的策略,防止只知批评不知表扬的错误做法。在批评时运用表扬,可以缓和批评中的紧张气氛,可以先表扬后批评,也可先批评后表扬。

批评后要学会安抚下属,宽容下属的错误,有时还需要和下属一起承担错误。设身处地地替下属着想,要以宽容面对他们的错误,变责怪为激励,变惩

初创团队不可不知的100个管理心理学效应

罚为鼓舞,在批评的同时不忘肯定部下的功绩,以激励其进取心,要让下属感到批评自己是爱护自己。一个懂得如何顾全部下面子的管理者不仅会使批评产生预期的效果,而且还能得到部下的大力拥戴。

19. 蘑菇管理定律:帮助新员工度过蘑菇期

知识小提示

蘑菇管理定律是对新员工的一种管理原则。新员工初入公司常不受重视,只做一些打杂跑腿的工作,有时还会受到无端的批评、指责、代人受过;由于得不到必要重视和提携,很多新员工会产生与蘑菇生长情景极为相似的一种情绪,因此也被称为蘑菇一族。

蘑菇管理是一种特殊状态下的临时管理方式,管理者要把握时机和程度,被管理者要诚心领会,踏实工作,早日成熟。

蘑菇管理定律一词来源于20世纪70年代一批年轻的电脑程序员的创意。当时许多人不理解他们的工作,持怀疑和轻视的态度,所以年轻的电脑程序员就经常自嘲"像蘑菇一样的生活"。这种情况一般在大企业、成熟性的企业中比较多。

案例

接线员成长为CEO

卡莉·费奥丽娜从斯坦福大学法学院毕业后,第一份工作是在一家地产经纪公司做接线员,她每天的工作就是接电话、打字、复印、整理文件。尽管父母和朋友都表示支持她的选择,但很明显这并不是一个斯坦福毕业生应有的本分。她毫无怨言,在简单的工作中积极学习。一次偶然的机会,几个

> 经纪人问她是否还愿意干点别的什么，于是她得到了一次撰写文稿的机会。她的文稿写得非常出色，就是这一次，她的人生从此改变，一步一步成长起来，一步一步被重视重用。这位卡莉·费奥丽娜就是惠普公司前CEO，被尊称为世界第一女CEO。

精透解析：正确对待蘑菇现象，俯身努力破茧成蝶

无论多么优秀的人才，刚开始工作的时候，都只能从最简单的事情做起，"蘑菇"的经历，对于成长中的年轻人来说，就像蚕茧，是羽化前必须经历的一步。所以，如何高效率地走过生命的这一段，从中尽可能汲取经验，成熟起来，并树立良好的值得信赖的个人形象，是每个刚入社会的年轻人必须面对的课题。

蘑菇管理是一种较为普遍的社会现象。吃苦受难并非是坏事，特别是刚走向社会步入工作岗位的年轻人，初出茅庐不要抱太大希望，当上几天"蘑菇"，能够消除很多不切实际的幻想，也能够对形形色色的人与事物有更深的了解，为今后的发展打下坚实的基础。"蘑菇"经历对于成长中的年轻人来说犹如破茧成蝶，如果承受不起这些磨难就永远不会成为展翅的蝴蝶，所以要平和地走过生命的这一"蘑菇"阶段，多做事，少抱怨，汲取经验，争取养分，茁壮成长，尽快成熟起来，摘不到大稻穗，也不要空手，就选摘小稻穗，耐心等待出头机会。

当然，如果当"蘑菇"时间过长，有可能会成为众人眼中的无能者，自己也会渐渐认同这个角色。所以在初创团队里，一定要善于表现自己，才会有机会脱颖而出。要充分利用会议发表意见；主动亮出你的成绩；坦然面对变化；敢于冒险；尽量避免承担那些你不能直接控制的工作，养成及时汇报的习惯等。

作为一个初创团队的管理者，要应用蘑菇管理定律关注新入职员工，为他们提供实践培训机会，及时提拔表现优秀的新员工。对新员工，既避免拔苗助长，又不能长期漠视，要帮助新员工早日成熟，度过"蘑菇期"。

20. 杜利奥定律：善于点燃员工的工作热情

知识小提示

美国作家杜利奥曾经说过"没有什么比失去热忱更使人觉得垂垂老矣"，并将自己的理论命名为"杜利奥定律"。这个定律是指人与人之间的差异很小，仅仅在于是否拥有热情积极的心态，但这种微小的差异却造成了巨大的差别——最终的成功与失败。

俗话说，干一行，爱一行。其实这句话倒过来更合理，爱一行，才能干一行。热爱是工作的动力，没有热情就无法发自内心地去爱自己的工作，更无法体现在行动上，把工作做好，创造出卓越的业绩。尤其是初创团队员工，一名优秀的员工同样需要发自内心地热爱自己的工作，只有热爱，才会有激情。

痴迷工作普工升老总

美国标准石油公司里曾经有一位普通职员，叫做阿基勃特。他业绩平平，没有什么过人的才能，在公司里毫不起眼。然而，他工作热情很高，且能持之以恒，而且有一个令人不解的习惯：每次出差住旅馆时，都要在自己签名的下方写下"每桶4美元的标准石油"的字样，平时在书信及收据上也不例外，签了名，就一定要写上那几个字。为此，同事们都戏谑地称呼他为"每桶4美元"。

这件事传进公司董事长洛克菲勒耳中，他说道："我们公司中竟有这样一位忠心的职员，不遗余力地宣扬公司的声誉，我一定要见一见他。"于是，他真诚邀请阿基勃特共进晚餐。洛克菲勒卸任后，将董事长的位置传给了阿基勃特。在人才济济的石油公司中，一定有比阿基勃特更有才华的员工，然而却很少有人像他这样，怀着巨大的热情投入工作，当然也只有他能当之无愧地成为董事长。

精透解析：对员工积极的工作心态进行鼓励

物质决定意识，但意识对物质的反作用是巨大的。杜利奥定律对自我管理和团队管理都具有教益作用。面对同样的生活，所持的心态不同，便能够品出不一样的味道。如果缺少热情，你将遗憾地失去一双能发现生活之美的眼睛。成功人士的首要标志，在于他们具有热情积极的心态，乐观地面对人生，乐观地接受挑战。生活处处有磨难，关键在于你用怎样的心态去面对。

积极的心态使人充满热情、乐此不疲地去创造财富和事业，获取瑰丽多彩的幸福生活；而消极的心态却让人对生命中有意义的东西熟视无睹，对生活感到乏味与失望，最终与成功失之交臂。"要么你去驾驭生命，要么就是生命驾驭你。你的心态决定谁是坐骑，谁是骑师。"我们不难发现，身边的一些成功人士总是怀着自信、乐观、积极的心态，而一些碌碌无为的人则整天悲观失落、不停地抱怨。命运掌控在自己手中，尽管我们无法改变自己的出身、周围的环境，但可以调整好自己的心态，自我管理好自己的心态，积极拥抱热情，点燃热情的心灯。

作为初创团队的管理者，要重视调动员工热情对工作的良性促进作用，用好激励法则，努力在组织内部营造扎实肯干、积极向上的氛围，制止不良情绪，激发员工的积极性。员工是否拥有积极热情的心态，组织是否拥有健康向上的机制，制约甚至决定了事业的成败。在这方面，一些直销公司和保险公司的做法，非常值得学习借鉴。

21. 玉山法则：尊重员工，平衡个人与集体的利益

知识小提示

中国台湾地区玉山银行总裁黄永仁有一句意味深刻的妙语："小处尊重个人，大处重视团体。"被业界收入管理经典定律，称为玉山法则。玉山法则告诉管理者，要处理好整体与局部的关系，从大处来讲，要重视团队，重视那些由不同的人组成的团队。

从小处讲，要尊重个人，满足个人需求，尤其要注意满足下属的需求。小处尊重下属，大处着眼大局，站在战略的高度上为人处世，以大局为重的同时也不忽视小事的影响，只有这样才能管好下属，做好工作，企业才能健康发展。

案例

恕小节王刚穿奇装，顾大局老板辞员工

王刚大学毕业后到一家电脑公司工作。他思维活跃，工作热情，为公司提出了很多好的意见，老板很看重他。王刚个性张扬，喜欢奇装异服。有的员工看不习惯，认为影响公司形象，向老板提议约王刚谈话，如不改正就辞退他。

老板只是淡淡地一笑，解释说："个人的爱好，尊重他的习惯，公司不做过多干涉。"员工们都认为老板偏袒王刚。后来，公司推出综合考核制度，实行末位淘汰，王刚的名次位列最后。员工们认为老板偏袒王刚，一定不会辞退他。不料老板毫不客气地辞退了王刚。老板解释说："不管是谁，再有本领，个人的小偏好公司可以闭只眼，但是只要与公司大的决策和原则相违背，只能毫不客气地辞退，不然，公司的业务会受影响，队伍也不好管理。"

精透解析：权衡好个人与团队的利益

从心理层面来看，人人都有被尊重的心理。作为管理者要懂得尊重自己的下属。然而如何尊重下属，要懂得些技巧，所谓"小处尊重个人"，就是其中之一，是指一些生活小节、一些个人习惯等小问题，只要不与公司的原则相抵触，那么就应该充分尊重他们，给他们自由的选择和空间。

诸葛亮在小事上就尊重个人的性格，做到人尽其才，使法正安心为蜀汉效力。据《资治通鉴》第67卷记载，法正是刘备的谋士，是辅佐刘备的核心人物之一。三国时蜀国重臣法正很有才干，直言干谏，但有个毛病，爱意气用事，计较个人恩怨。有人建议诸葛亮向刘备汇报，"抑其威福"。诸葛亮则从大局出发，认为法正恰如羽翼一样辅佐刘备，才使刘备能够应付时局，不必因小过而束缚其才干的施展。

小处尊重个人是建立在大处重视团体基础上的，因为一旦个人凌驾于团体之上，团体就会沦为个人的工具。如果个人利益与集体利益发生了冲突，管理者要毫无疑问地站在团体一方。纪律是个高压线，谁碰谁受伤。从上面的事例中，老板宽容王刚穿奇装异服的小爱好，但是绝不宽容他与考核制度的对立。

有了"大处重视团体"这样一个基础，有大处的章法和纪律做保证，老板在小处尊重个人的自由，就不怕员工的自由泛滥，也不用担忧员工难以驾驭或者怕员工与团体的步伐失去协调。

没有统一的纪律，一个组织会是一盘散沙；没有个性丰富、突出的个体，团体就缺少活力。怎样解放个性，使每一个人都发挥出最大的潜能，玉山法则从大局着眼作出了两者兼顾的漂亮回答。很多法则都以提出者的名字命名，玉山法则却不以总裁黄永仁的名字来命名，而是以他的玉山银行命名，本身就蕴含了"重视团体"的道理。

寸有所长、尺有所短，一个成功的企业经理人、管理者，应该知道个性与共性的辩证关系，知道个人与团体之间的辩证关系，不为一些小的枝节问题花费太多的精力去较真，而应该知道从大处去把握总体的一盘棋。

22. 雷鲍夫法则：信任员工，无论何时都要相信他们

知识小提示

美国著名的战略管理专家、哈佛大学商学院教授迈克尔·波特（Michael Porter）在其著作《管理就这么简单》一书中介绍了一个有趣的法则，这个法则是针对那些意欲与下属建立合作和信任关系的领导者，建议他们应当经常对员工说起的话。

这些话共8句，字数从多到少排列依次如下。

（1）最重要的8个字是：我承认我犯过错误。
（2）最重要的7个字是：你干了一件好事。
（3）最重要的6个字是：你的看法如何。
（4）最重要的5个字是：我们一起干。
（5）最重要的4个字是：不妨试试。
（6）最重要的3个字是：谢谢您。
（7）最重要的2个字是：我们。
（8）最重要的1个字是：您。

这八条原则被人们称为"鲍雷夫法则"。鲍雷夫法则启示我们：要想建立合作和信任关系，最重要的就是认识自己和尊重他人。

案例

商量使管理顺利，失礼让才华贬值

松下电器公司创始人松下幸之助在下命令或作指示时，都尽量采用商量的口气。松下幸之助认为，如果采取商量的方式，员工就会把心中的想法讲出来，如果管理者认为"言之有理"，这时不妨说："我明白了，你说得很有道理，关于这一点，我们这样做好不好？"一面吸收员工的想法或建议，一面推进工作。这样，员工会觉得，既然自己的意见被采用，自然就会把这件事当作是自己的事，而认真去做。这样，企业会更加有活力，管理者的工作也会进行得非常顺利。松下电器长盛不衰，这不能不说是一个重要原因之一。

某职业大学计算机专业毕业生到一所国家级重点职业学校求职面试。电梯门一开，大学生们争先恐后地进入，而一位40多岁的教师最后才进去。在电梯内教师为学生们报出的楼层一一按电钮，居然没有人说一声"谢谢"。

当他们到会议室坐定后，服务人员摆放了瓜子、水果、矿泉水招待他们，但这些大学生心安理得地接受别人的服务。面试结束时没有一个人将自己喝过的矿泉水带走或放进附近的垃圾桶内，更没有人清理桌面上自己吃剩的瓜皮果壳等杂物，甚至还有两个人将桌面上的水果带走。这些求职者离开之后，负责招聘的领导问在场的有关人士："这些大学生怎么样？"大家众口一词地说："太没教养了，再有才华，我们也不能要！"

精透解析：信任员工，尊重下属

信任是一种无形资产。甚至可以说，信任是许多团体成员之间唯一的联合基础，而这种基础是管理成功的保障。信任是社会系统里很紧要的润滑剂，也是管理者走向成功管理之路的通行证。

唐太宗历来被称为是有道明君，不仅表现在他的文治武功上，更表现在他的胸襟气度上。《资治通鉴》记载："辛未，帝亲录系囚，见应死者，闵之，纵之归家，期以来秋来就死。仍敕天下死囚，皆纵遣，使至期来诣京师。""去岁所纵天下死囚凡三百九十人，无人督帅，皆如期自诣朝堂，无一人亡匿者。"唐太宗约定归期，准死囚回家探亲，390名死囚遵守约定，一年后全部主动回来服罪，无一爽约。故事让人读来不禁会为唐太宗的气度折服，更感叹死囚的诚信。这一切，都是信任的力量。

尊重他人为自己加分；拥有信任，管理成本就低，管理效率就高。一个优秀的管理者做好管理工作的重要前提是赢得员工的信任。管理者要为员工寻找一个好的动机，点燃其热情，充分信任员工，授权于他们，给他们一个不得不努力工作的理由，员工就会极有效率地执行任务，呈现给管理者一个丰硕的成果。信任并尊重员工，把员工当成主角，便可使员工的潜力能够发挥到极点，此时管理者只需做好辅助、支援、协助的工作即可。每一位优秀的管理者都应该明白，信任、尊重员工是一种基本的激励方式。信任可以缩短员工与管理者之间的距离，使员工充分发挥主观能动性，使事业发展获得强大的原动力。

不尊重信任他人，不但不能赢得别人的尊重和信任，还会使自己的形象打折，才华贬值，如上述事例中的大学生们，因不懂礼貌、不尊重别人的劳动而在招聘中吃了哑巴亏。

23. 蓝斯登定律：营造轻松的工作氛围，心情快乐效率高

知识小提示

美国管理学家蓝斯登指出：给员工快乐的工作环境，工作效率最高。员工心情舒畅是高效工作的最大动力，在愉快的环境下工作，相比在较大压力的环境下工作，更能提高工作效率。人们把蓝斯登这一观点称之为"蓝斯登定律"。

案例

亨利与员工共赏短吻鳄，提升员工工作积极性

亨氏公司是美国一家有世界级影响的超级食品公司，其创办者就是1844年出生于美国宾夕法尼亚州的亨利·海因茨，他很小就开始做种菜卖菜的生意。后来，他创办了以自己名字命名的亨氏公司，专营食品业务。由于亨利善于经营，公司创办不久他就得到了一个"酱菜大王"的称誉。

亨氏公司能取得这样的成功，与亨利注重在公司内营造融洽的工作气氛有密切关系。在当时，管理学泰斗泰勒的科学管理方法盛极一时。在这种科学管理方法中，员工被认为是"经济人"，他们唯一的工作动力就是物质刺激。所以，在这种管理方法中，企业主、管理者与员工的关系是森严的，毫无情感可言。

但是，亨利不这样认为。在他看来，金钱固然能促进员工努力工作，但快乐的工作环境对员工的工作促进更大。于是，他从自己做起，率先在公司内部打破了业主与员工的森严关系：他经常下到员工中间去，与他们聊天，了解他们对工作的想法，了解他们的生活困难，并不时地鼓励他们。亨利每到一个地方，那个地方就谈笑风生，其乐融融。员工们都很喜欢他，工作起来也特别卖力。

有一次，他出外旅行，但不久就回来了，这让员工们很纳闷。有个员工就走上前去追问原因。亨利略带失望地说："你们不在，我感觉没啥意思！"接着，他安排几名员工在工厂中央摆放了一个大玻璃箱——在这只玻璃箱

里，有一只巨大的短吻鳄！亨利面带微笑说："怎么样，这家伙看起来很好玩吧！"在当时，如此巨大的短吻鳄并不容易见到。

围拢过来的员工们在惊愕之余，都高叫着好玩。亨利接着说道："我的旅行虽然短暂，但这是我最难忘的记忆！我把它买回来，是希望你们能与我共享快乐！"正是亨利这种与员工苦乐共享的风度，使亨氏公司的员工们获得了一个融洽快乐的工作环境，这个环境又推进成就了亨氏公司。

精透解析：放下架子多交流，员工舒心事业兴

有些领导者认为工作的时候员工是不能有快乐的。公司要想盈利，快乐与工作就无法和平共处，快乐是工作的禁忌和效率不高的代名词。其实，这是一种错误的不全面的认识。快乐不但可以成功地融入工作当中，快乐的员工还能提高公司的效益。

欧美管理学家经过对人类行为和组织管理的研究，提出了快乐工作的四个原则：一是允许表现。二是培养自发的快乐，别让过紧的时间表扼杀了快乐，要留给快乐呼吸、生长的空间。三是信任员工，让员工了解情况，描述你的期望，容许他们失败，支持他们的努力，庆祝他们的成功。管理者只需付出更少的精力和监督，而每一个参与者都将获得更大的自由。客户不一定永远是对的，在客户无礼的时候，应该设身处地地为员工着想，礼貌而不失风度地拒绝客户，保护员工。四是重视快乐方式的多样化。方便的办公用品摆放，美丽和谐的工作环境设计，能够使员工保持良好的心情；适合人性关怀的工作流程设计，使员工感受到企业对他们的关怀无处不在；良好的业余娱乐活动设计，能够使员工在快乐中获得企业认同感，学到新的知识，改善员工之间的关系，在员工遇到困难时，人性化的关怀，能够使员工内心充满温暖。

有些初创团队的管理者，比较喜欢在管理岗位上板起面孔，做出一副父亲的模样。他们大概觉得这样才能赢得下属的尊重，树立起自己的权威，从而方便管理。其实这种做法是走入了管理的误区。现代人的平等意识普遍增强，板起面孔并不能真正成为权威。放下你的尊长意识，改变你的家长作风，去做你下级的朋友吧，让每个人保持快乐的心情，你会有更多的快乐，也将使工作更具效率、更富创意，事业终将辉煌！

24. 托利得定理：博大宽容，容纳不同意见的存在

知识小提示

法国社会心理学家托利得提出，测验一个人的智力是否属于上乘，只看脑子里能否同时容纳两种相反的思想，而无碍于其处世行事。该理论被称为托利得定理。托利得定理要求管理者，要有博大之胸、宽容之心，容纳不同意见、不同人才，思可相反，得须相成。

古语说"将军额上能跑马，宰相肚中能撑船"，一个人的心胸有多广，他的事业就有多大。宽容是一个团队重要的用人之道。事业要想发展，就需要管理者心胸宽广，想得开，看得远，弃小节，看主流，以大局为重。

案例

福特释嫌爱才，凯勒感动尽力

美国福特公司是世界公认的汽车大户和汽车制造行业的领头军。福特公司取得这样的成就，与公司"宽容是用人之本"的用人政策是分不开的。福特公司管理者用人不拘一格，只要员工对公司有利，就将员工放在最合适的职位上。

道奇兄弟是福特公司最早的股东之一，在福特公司后来的管理中，推行限制股东分红利的制度，引起了道奇兄弟的反抗。他们将福特公司告上法院，要用法律来保护他们的权利。在法院审理的过程中，一个叫凯勒的人负责案件的复审工作，作出了对福特公司不利的判决；他的朋友史蒂文森，担任道奇兄弟的辩护律师，对福特大加羞辱。但是福特并没有对此恼羞成怒，他认为凯勒的判决是就事论事。当时福特公司刚刚起步，急需有才华的人。诉讼完结后，他诚恳地对凯勒说："您何苦要仰人鼻息屈就律师的职位呢？您应该到我这边来，我会欢迎您的。"

凯勒开始的时候拒绝了福特的邀请，他不敢相信福特有这么宽广的胸襟。几次受邀请后，他终于被福特的诚意所打动，接受了福特的建议，在福特父

子公司中任职，并在福特公司今后的发展中扮演了重要的角色。

战后困难时期，凯勒向公司提出了一项节约开支的方案。凯勒研制出多条新的流水线，加快循环，将积压物资转换为成品，并将成品源源不断地运送出厂。凯勒的这一有效举措，在1920年的危机中，对挽救福特公司起到了至关重要的作用。

精透解析：宽容缺点弃小节，不拘一格用人才

我国历史上这样的事例不胜枚举。《宋史》记载，有一天，宋太宗在北陪园与两个重臣边喝边聊，两臣喝醉了，竟在皇帝面前相互比起功劳来，他们越比越来劲，干脆斗起嘴来，完全忘了在皇帝面前应有的君臣礼节。侍卫在旁看着实在不像话，便奏请宋太宗，要将这两人抓起来送吏部治罪。宋太宗没有同意，只是草草撤了酒宴，派人分别把他俩送回了家。第二天上午他俩都从沉醉中醒来，想起昨天的事，惶恐万分，连忙进宫请罪。宋太宗看着他们战战兢兢的样子，便轻描淡写地说："昨天我也喝醉了，记不起这件事了。"君臣都保住了面子。从此，两位重臣恪尽职守，注重礼节。

在实际管理中，管理者应用托利得定律应注意营造宽容氛围，容忍员工的缺点，抛弃对员工的成见，用其所长，避其所短。世界上没有十全十美的人，任何人都存在或多或少的毛病，只要无伤大雅，管理者就无须计较。宁可使用有缺点的"能人"，也不使用没有缺点的"庸人"。

现代的领导，都难免会遇到下属冲撞自己、对自己不尊的时候，学学宋太宗，既不处罚，也不表态，装装糊涂，行行宽容。这样做，既体现了领导的仁厚，展现了领导的睿智，不失领导的尊严，又保全了下属的面子。以后，上下相处也不会尴尬，你的下属更会为你倾犬马之劳。但要掌握宽容的度，宽容并不等于做"好好先生"，不得罪人，而是设身处地地替下属着想。宽容不仅是给别人机会，更是为自己创造机会。

管理者容忍和掩盖下属的小过失，保全的是自己和他人的体面，以及整个团队的利益。这是一种智慧，更是一种境界。

25. 鱼缸定律：小缸养小鱼，大池养大鱼

知识小提示

鱼缸定律，顾名思义是在小鱼缸里只能养小鱼，在大池中才能养大鱼。常常比喻给一个人有多大的舞台，就能唱多大的戏，有多大平台就能施展多少才华。

鱼缸定律的来源是这样的：美国某大公司纽约总部，办公楼内摆着一个漂亮的鱼缸，鱼缸里饲养着十几条三寸来长的热带杂交鱼。两年过去了，小鱼们的个头似乎没有什么变化，依旧三寸来长。

一天，董事长的儿子到公司来找父亲，试图去抓出一只小鱼玩，不慎将鱼缸推倒打碎了。十几条小鱼在地板上苟延残喘。工人们急忙把鱼捡起来，放进了院子中的喷泉池子里。两个月后，一个新的鱼缸被抬了回来。

人们想把喷泉里的小鱼捞回鱼缸，令他们非常惊讶的是，两个月的时间里，那些鱼竟然都由三寸来长疯长到了一尺！人们七嘴八舌分析小鱼疯狂长大的原因，一致认为，那就是喷泉池子要比鱼缸大得多！

鱼缸定律强调，一个初创团队要给员工提供广阔的发展空间，使员工在更大的空间里获得更快的发展。

案例

自选工作岗位，轮当一日厂长

通用公司创立于1878年，经过百年的发展，现在已经成为世界上最大的电气设备制造商。该公司在对员工的管理上进行了改革，采取让员工自己决定工作前途的"民主化"管理方法。让员工根据自己的品格和能力，选择自己希望的工作岗位，这样大大减少了企业人才的流失率，并且在公司经营过程中，让员工参与公司管理，对公司的经营决策提出自己的意见。

通用电气公司还推行"一日厂长"制，每一位员工在"上任"前都要写一个"施政报告"。从1983年开始，这种制度有了一个具体的落实方案，每

> 周星期三,由普通员工轮流当一天厂长。这一天,"一日厂长"和真正的厂长做同样的工作:9点上班,听取各部门负责人的汇报,从多方面了解全厂的运营情况,然后到公司各部门进行视察,并将这一天的工作意见、感悟与心得详细记录在"一日厂长"的工作日记里。在今后的管理中,各部门主管根据这些意见对工作进行相应调整,并将改进后的成果通过报告的形式向上级汇报。报告先由"一日厂长"签字,然后再呈报给厂长。
>
> "一日厂长"还可以向厂长提出自己的意见和建议,作为厂长作出决策的依据。这样的管理制度为通用电气公司带来了显著成效,大大降低了人才流动产生的不必要的成本,既挽留了人才,还培训了人才,又发现了人才。

精透解析:给员工搭建更大的舞台,让每个人才都能有用武之地

有多大池子,就能长多大的鱼;给多大的舞台,就能唱多大的戏。按什么目标培养,员工才最可能成为什么样的人。通用电气公司让普通员工当"一日厂长"的做法,就是为员工搭建舞台,锻炼和成就员工。

每一位员工的潜能都是一座宝贵的财富宝藏,为了充分挖掘这些宝藏,管理者必须在工作中为员工提供一个自由发挥的舞台。在实际管理中,管理者应用鱼缸定律,应该注意以下四个方面。

1. 给员工提供轻松的工作环境

在企业中管理者往往以自我为中心,认为公司里的员工理所应当为公司工作,在工作中往往营造一种严格的气氛。而员工在这种气氛中工作会烦躁不安,才能得不到发挥。给员工提供一个轻松的工作环境,会让员工有一种家的感觉,他们在工作上就会找到归属感,他们就会更加热爱自己的工作,并不断在工作中自主创新;在公司内部形成平等、和谐的美好景象。

2. 对员工进行培训

要想员工不断适应新的环境,唯有通过培训来增强员工的各种能力,这其中包括岗位技能、创新能力、学习能力、适应能力等。管理者应及时发现员工在工作中的问题,找出解决问题的方案,并采用合适的培训方法对员工进行培训。

3. 给员工提供具有挑战性的工作

有些员工对自己的工作不满,他们有能力,并通过自己的努力,可以取得

更好的成绩，但是得不到发挥自己能力的机会。管理者应多给员工提供具有挑战性的工作，关心员工的成长和发展，设立一个个"里程碑"，同时设立一个个"加油站"，使员工每完成一个奋斗目标之后，紧接着就能得到另一个目标。

4.建立合理的晋升机制

每个员工都希望通过努力不断获得晋升，因此要给员工提供晋升的机会，使员工可以看到自己未来的发展目标，并让员工对企业的前景充满信心，不断实现自我超越；员工在促进自身发展的同时，也使企业得到不断发展。提升员工之前，要对员工的各方面素质进行评估，并根据员工的特长、公司职位要求等方面综合考虑。

古今有识之士，都会冲破资历、年龄的误区，只要有才智，不管其背景、资格和学历，都可委以重任。让能者先上，大胆提拔能力强、有实干精神的人才，把他们任命到重要的位置上。同时领导要注意保护破格提拔上来的人才，使他免受"红眼病"之害。

26. 帕金森定律：为机构"瘦身"，为员工减压

> **知识小提示**
>
> 　　帕金森定律也可称为官场病、组织麻痹病或者大企业病，是二十世纪西方世界文化中三大发现之一，源于英国著名历史学家诺斯古德·帕金森1958年出版的《帕金森定律》一书的标题。帕金森定律是官僚主义或官僚主义现象的一种别称，也可引申为企业由于盲目扩张而带来的大企业病，最终导致工作效率低下的一种现象。

诺斯古德·帕金森，英国历史学博士，曾就读于剑桥和伦敦国王大学，先后在皇家海军学院、利物浦大学、马来西亚大学、哈佛大学执教。1957年，他在马来西亚一个海滨度假时悟出了这个定律，后来他将自己思考的结果发表在伦敦的《经济学家》期刊上，一举成名。

后来，他将此编撰成一本书——《帕金森定律》，该书出版以后，在全世界引起了轰动，被翻译成多国语言，在美国更是长踞畅销书排行榜榜首。在书中，帕金森阐述了机构人员膨胀的原因及后果。

一个不称职的官员，可能有三条出路，第一是申请退职，把位子让给能干的人；第二是让一位能干的人来协助自己工作；第三是任用两个水平比自己更低的人当助手。这第一条路是万万走不得的，因为那样会丧失许多权利；第二条路也不能走，因为那个能干的人会成为自己的对手；看来只有第三条路最适宜。于是，两个平庸的助手分担了他的工作，他自己则高高在上发号施令，他们不会对自己的权利构成威胁。两个助手既然无能，他们就上行下效，再为自己找两个更加无能的助手。如此类推，就形成了一个机构臃肿、人浮于事、相互扯皮、效率低下的领导体系。

帕金森得出结论：在一个组织的管理中，行政机构会像金字塔一样不断增多，行政人员会不断膨胀，每个人都很忙，但组织效率越来越低下。这条定律又被称为"金字塔上升"现象。《帕金森定律》一书还列举了其他一些具体现象：工作膨胀占满时间现象、中间派决定原理、鸡毛蒜皮定律、无效率系数、办公场合的豪华程度与机关的事业和效率呈反比、鸡尾酒会公式、退休混乱等。

案例

人多瞎忙活，岗滥乱扯皮

某食品集团公司综合部赵经理和钱干事两名工作人员配合默契，工作运转高效。但是由于综合部工作面广量大，赵经理和钱干事经常感到疲惫不堪。赵经理向集团公司总经理打报告申请增加人员，设置岗位，详细分工。总经理认为综合部是集团公司的枢纽核心部门，不能因为人手不够导致工作被动失误，影响公司的高效运转和良好形象，于是为综合部增加配备了两名副经理——孙副经理和李副经理，设置配备了通讯员小周、档案员小吴、材料员小郑、统计员小王等岗位和工作人员。

赵经理十分高兴，感觉综合部兵强马壮，原来两个人的工作现在由八个人来承担，工作起来会更加得心应手。赵经理没有想到，工作程序猛然繁琐起来，工作效率忽然变得低下，责任反而不好落实。例如工作月报，原来是赵经理和钱干事两个人商量沟通，汇总上报，简捷高效。现在则要经过好几道程序：赵经理在催报的通知上签署"请孙副经理安排办理"，由钱干事将通知送孙副经理；孙副经理接到通知后，在办公桌上放了半天，签署上"请材料员小郑和统计员小王搜集汇总形成月报材料"，由钱干事再将通知送给材料员小郑和统计员小王；材料员小郑和统计员小王形成月报材料初稿，送给孙副经理审阅；孙副经理改动了两个词三个标点，返还给材料员小郑修改；材料员小郑改过来又送给孙副经理阅；孙副经理看了一番，签署上"请赵经理审阅"，将月报送到了赵经理手中；赵经理翻阅了一下，安排钱干事呈送给公司领导。不幸的是，月报中有两处错误，赵经理被董事长和总经理一顿狠批，而他竟然落实不了责任到底出在谁的身上——孙副经理说是材料员小郑和统计员小王提供的初稿，材料员小郑和统计员小王辩解说材料都是你们经理审阅同意上报的。赵经理只好自己一个人生闷气。

对突发的、分工不明确的工作，几个人怕承担责任，谁也不主动过问办理，互相扯皮推诿，眼睁睁看着过期延误。赵经理经常被总经理拍着桌子批评："你说人手少，给你这么多人怎么还误事？而且比原来效率更低失误还多？"不仅如此，赵经理还要考虑处理两名副经理争权夺利的问题，钱干事提出的增加工资的问题，通讯员小周和档案员小吴的办公室婚外恋问题，材料员小郑和统计员小王的人际关系冲突问题等。赵经理感到焦头烂额，比原来综合部只有两个人的时候更加身心疲惫，他明白了人多不干活、岗滥乱扯皮的道理，开始后悔自己要求增加人员和岗位的举动。

精透解析：为机构瘦身，优化工作流程

帕金森定律深刻地揭示了行政权力扩张引发的人浮于事、效率低下的"官场传染病"。这一定律的提出虽然是着眼于官场，但同样适合初创企业和团队。初创团队都希望把企业做大做强，然而，当做大做强后就会面临着机构臃肿的危机，导致一些类似的连锁反应。比如，部门机构数量增加、员工大量扩招、人力成本逐步提高，信息的上传下达受阻，高层指令无法很好地传达到基层，基层的意见也无法到达高层等。

企业盲目增设部门，扩大规模，这些管理方式在发展初期确实可起到积极的作用，提高经济效益。但步入正轨后，再靠这些粗放式的方式就不太适合了。随着企业技术化、信息化管理的发展，这些机构和人员反而会成为发展的包袱，从而阻止企业的发展。部门与部门之间职能重叠，人才的同质化，还有

不少部门只有形式主义，不做实事，而有的部门则忙不过来，出现了忙闲不均的现象。

企业内部设立功能相近的部门、机构已经成为企业成本剧增的主要原因之一。这就是我们常说的"大企业病"，当这些问题浮出水面时，企业已经面临危机了。部门林立、机构臃肿造成的后果往往就是职能交叉、政出多门、权责不明，多头管理，推卸责任，相互扯皮。

要想解决帕金森定律带来的后果，首先必须积极为企业"瘦身"，精简机构，砍掉不必要的工作环节。在满足管理需要的前提下，明确流程，进行撤销、精简、取消，以减少企业机构的数量，或者对重复或雷同的机构进行重组合并。

其次，优化工作流程。如果把每一项工作都看作一个单独的流程，一套工作流程会有很多不同的子流程，当所有的工作加在一起必然会产生大量的重复性。如果没有一个科学高效流程的话，将会浪费多少资源？所以，要优化工作流程，明确各项事务工作分别由谁负责、具体的工作标准怎样、各个岗位的工作范围与权限等，标准清楚，一目了然。

最后，把用人权放在一个公正、公开、平等、科学、合理的用人制度上，招聘员工要公平、公开和透明，不受人为因素的干扰，避免用人者出于私人目的而任用比自己能力低下的员工。要有向上层输送管理人才的指标，要有发现人才、培养人才的任务，定期对劳动分配率和人事费用率进行考核，使其维持在合理的范围之内。这两个指标在一段时期内持续地增长，那就意味着帕金森定律产生了作用。

第4章

员工激励：善于激励，将员工潜能发挥到最大

鼓不敲不响，水不煮不沸。明确、合理、有效的激励能够点燃员工的工作热情、工作积极性和潜能。经常受到激励的员工，更能走进成功的加速器，步入成才的快车道。管人先管心，一位优秀的管理人员首先必须是一位善于激发、调动、引导员工积极性的高手。

27. 激励倍增法则：激励员工，一本万利

> **知识小提示**
>
> 美国管理学家彼得提出，激励员工、赞赏别人所付出的，要远远小于被赞赏者所得到的，只要付出1%的努力就能获得10%的收益，这就是激励倍增法则。员工从管理者的激励中所得到的要远远大于管理者的付出。
>
> 这一法则启示管理者，要学会使用激励的杠杆，让员工始终处于工作的最佳状态，让管理者以最小的付出获得最大的回报。

案例

松下让管理"端菜"，海尔以员工"命名"

松下电器的创始人松下幸之助是个懂得激励的企业领袖。松下很注重采取精神与物质结合的激励方法，他常对部下说："我做不到，但我知道你们能做到。"他要求管理者必须经常为员工"端菜"，即要经常为员工服务、尊重员工、激励员工，让员工最大限度地发挥他们的积极性和创造性。松下幸之助总结自己一生的经营实践，提出了激励员工的21点技巧。

其中有：让每个人都了解自己的地位，不要忘记定期和他们讨论他们的工作表现；给予与成就相当的奖赏；给予员工充分的信任，会赢得他们的忠诚和依赖；实地接触员工，了解他们的兴趣、习惯和敏感事物；把握住每一个机会向员工表明你为他们骄傲，这样能够使他们发挥最大的潜能。正是由于松下对员工创造性的充分尊重和肯定，才激发起了松下员工忘我的工作热情，共同树立了松下"家电王国"的丰碑。

在海尔集团，其员工的工资并不是当地最高的，只是略高于青岛的平均工资水平。尽管如此，海尔的员工对自己身为海尔的一员都有很强的自豪感。海尔在员工管理上最具特色的对员工工作给予肯定的方式，是直接用员工的名字命名他们不断改进了的工作方式。据《海尔的激励模式》一书介绍，在海尔，以员工名字命名的操作法有二百余项。

精透解析：摸透心理需要，用好激励管理

喜欢听赞美是人的一种天性，是一种正常的心理需要。人人都喜欢得到正面的表扬，而不喜欢得到负面的惩罚。对管理者而言，要想使你的下属始终处于工作的最佳状态，最好的办法莫过于对他们进行表扬和奖励，要建立良好的激励机制，重视员工的心理需求，运用好赞美激励的杠杆。

人有精神需求和物质需求，给予员工物质奖励固然重要，但最重要的还是要赢得员工的心。要向员工提供诸如发展空间、受到尊重、施展抱负等机会。要善于赞美激励员工，赞美的语言能够激励员工的工作热情，融洽管理者与员工的人际关系。

激励具有行为强化和示范的双重功能。美国心理学家威康·房姆斯认为：受到激励的人，其潜能可发挥80%～90%，而未受到激励的人，其潜能只可发挥20%～30%。所谓"激励管理"，就是从满足人的多层次、多元化需要出发，针对不同员工设定绩效标准和奖励方式，以最大限度地激发员工的工作积极性和创造性，从而达到员工和组织的双赢。

在上面的事例中，松下和海尔的激励之所以成效显著，就是因为它们使员工得到了施展个人能力的机会，并通过有效的机制对他们的能力进行了肯定和奖励。

"激励管理"是管理者的有效法宝，管理者一定要利用好赞美激励的杠杆手段。

28. 马蝇效应：不但要懂得激励，更要善于激励

> **知识小提示**
>
> 马蝇效应又称马蝇法则，是美国总统林肯总结提出的。再懒惰的马，只要身上有马蝇叮咬，它也会精神抖擞，飞快奔跑。

马蝇法则告诉我们，激励是讲究方法的，正确的、恰当的鞭策和激励可成为前进的动力。这个法则特别适合员工激励，有些领导者想激励员工，却不知道采用什么方法，或盲目激励，结果却因方法不正确而适得其反。

因此，聪明的管理者必须善于运用正确的手段和方式激励员工，只有这样才能鼓励他们甘愿为企业创造出更大的绩效。

案例

蔡思患上"总统欲"，林肯巧用财政官

林肯执政期间，有一个叫萨蒙·蔡思的参议员担任财政部长，他很有能力，但嫉妒心极重，不满足于当前的职位，并狂热地追求最高领导权。原来，他本想竞选总统，却被林肯挤了，不得已而求其次，又想当国务卿，结果因林肯已经任命了西华德而愿望落空，最终屈居财政部长，但一直怀恨在心，激愤难已。

为此，《纽约时报》主编亨利·雷蒙特拜访林肯，说蔡思正在狂热地上蹿下跳，谋求总统职位。但林肯认为蔡思虽然是个权力狂热者，不过，也的确是个大能人，因此，以他那特有的幽默神情讲道：

"雷蒙特，你不是在农村长大的吗？那么你一定知道什么是马蝇了。有一次我和我的兄弟在肯塔基老家的一个农场犁玉米地，我吆马，他扶犁。这匹马很懒，但有一段时间它却在地里跑得飞快，连我这双长腿都差点跟不上。到了地头，我发现有一只很大的马蝇叮在它身上，于是我就把马蝇打落了。我的兄弟问我为什么要打掉它。我回答说，我不忍心让这匹马那样被咬。我的兄弟说，哎呀，正是这家伙才使得马跑起来的嘛！"然后，林肯意味深长

初创团队不可不知的100个管理心理学效应

地说:"如果现在有一只叫'总统欲'的马蝇正叮着蔡思先生,那么只要它能使蔡思不停地跑,我就不想去打落它。"

林肯的宽大胸襟和驾驭能力,使他成为美国历史上最伟大的总统之一。

 精透解析:分门别类,善用激励

员工激励是指通过各种有效的手段,对员工的各种需要予以不同程度的满足或者限制,以激发员工的需要、动机、欲望,从而使员工形成某一特定目标,并在追求这一目标的过程中保持高昂的情绪和持续的积极状态,充分挖掘潜力,全力达到预期目标的过程。出色的领导都深谙激励之术。在现实管理工作中,马蝇法则是高明管理者必须精通的一项有效管理工具。

越是有能力的员工越不好管理,因为他们有很强烈的占有欲,或既得利益,或权势,或金钱。如果他们得不到想要的东西,他们要么会跳槽,要么会捣乱。要想让他们安心、卖力地工作,就一定要有能激励他的东西。利用马蝇法则,可以把一些很难管理然而又是十分重要和关键的员工团结在一起,充分发挥他们的作用,创造出更大绩效。

拿破仑年轻时,一次到郊外打猎,突然听见有人喊救命,他快步走到河边一看,见一男子正在水中挣扎,这河并不宽,拿破仑端起猎枪对准落水者大声喊:"你若再不自己游上来,我就把你打死在水里!"那人见求救不但无用,反而更添一层危险,只好奋力自救,终于游上岸来。拿破仑用枪做马蝇来刺激落水者,最终救了那名落水者。

人的欲求是有着千差万别的,有的人比较理想,可能更看重精神层面的东西,比如荣誉、尊重;有的人比较功利,可能会看重物质上的东西,比如金钱。针对不同的人,需要对症下药,投其所好,用不同的方式去激励他。对初创团队中的有背景的员工、有特长的员工、想跳槽的员工,要区分情况,不同对待,或不冷不热,或适度表扬,或树立典型,或及早剔除,要因人而异,灵活采取措施。

总之,要让这匹马儿欢快地跑起来,就需要马蝇的存在。当然,这个马蝇到底要多大,叮到什么程度更合适,这也是管理者必须要慎重思考的一个问题。否则,让马儿跑到精疲力竭,乱踢乱咬,以致失血而亡,那就是得不偿失的失败行为了!

29. 跳蚤效应：目标激励，目标越高成就越大

知识·小提示

跳蚤效应来源于一个有趣的生物实验。实验是用玻璃罩罩住跳蚤，并不断降低玻璃罩的高度。跳蚤不停地跳，一次次碰壁后则开始越跳越低，最后成了干脆不跳了。以至于后来实验者拿掉玻璃罩，跳蚤也依然不敢再跳，跳蚤成了"爬蚤"。

将这一效应用作比喻人生就可以得出这样的结果：有什么样的目标就会有什么样的人生，目标越高，人成长的高度越高。对于梦想，很多人不敢去追，不是追不到，而是因自我步步设限，心里已经默认了一个"高度"。这个"高度"常常使他看不到未来，看不到努力方向，结果是自甘平庸。

对员工的激励也是同样的道理，管理者要为他们设定一个更高的目标，并引导他们前进。

案例

新经营空前变革，不设限连续超越

三星集团成立于1938年，是韩国最大的跨国企业集团，包括众多的国际下属企业，业务涉及电子、金融、机械、化学、建筑、物产、航空、文化等众多领域。三星集团1996年跻身全球第五大集团，2006年，成为全球第35大经济体，在手机、电视、存储器、半导体、面板等近20种产品上占据全球第一。2017年2月Brand Finance发布全球500强品牌榜单，三星排名第六。2018年统计数据显示，三星电子名列全球500强第12位。三星集团经营收入占韩国GDP的20%。

三星的发展历程就是一部勇于创新、不自我设限、敢于突破自我、连续超越对手的过程。

在1983年12月成功开发出64K DRAM（动态随机存储器）VLSI芯片，成为世界半导体产品领导者。1992年开发出10.4英寸TFT-LCD面板。1993

初创团队不可不知的100个管理心理学效应

年开发出第一个数字视频光盘刻录机（DVD-R）和世界第一个8mm VCR。

1993年，集团会长李健熙发动了三星历史上前所未有的变革运动——新经营。他接连推出了系列措施推进变革：倡导建立健全的危机意识；明确三星的目标是全球超一流企业。李健熙提出"除了老婆孩子，其他都要换掉！"这句口号后来成为了三星变革的标志和世界性名言；改变了上下班时间；首先要求所有高层从自己开始变化；重组了最高权力结构，提出建立符合时代精神的企业文化。

1994～1996年为三星"新经营"时代。在此期间，17种不同的产品，从半导体到计算机显示器，从TFT-LCD显示屏到彩色显像管，占据了全球市场最大的份额。

1997年金融危机之后，三星又重新调整公司的整体战略，退出了自己不擅长、没有发展前景的领域，将更多的资源和精力集中在发展潜力大的数码电子行业。

1996年12月，三星电子开发出世界最快的CPU（中央处理器）和Alpha芯片。

1998年，三星超越夏普，成为全球最大的面板企业。七年后，又凭借自己在液晶技术上的优势，掀翻昔日的偶像索尼，成为全球第一大电视厂商。

2000年，三星开发出配有210万像素CCD的数码相机，发明世界第一个超薄纯平阴极射线显像管。

2015年3月，三星首次展示智能健康新技术。

2018年6月13日，三星宣布在硅谷的三星NEXT业务正式设计了一个新的基金，以投资"解决人工智能问题，并用人工智能解决计算机科学相关问题"的创业公司。这个被命名为"Q Fund"的基金未设置上限。

 精透解析：突破心理限制，设立高远目标

心有多大，舞台就有多大。敢想才能敢干。不想当将军的士兵，不是好士兵。如果你没有追求成功的野心，肯定无法取得巨大成就。一个人如果害怕表现失常导致失败，害怕周围人对你的能力产生怀疑，害怕失败后自尊和自信受到打击，于是蹑手蹑脚地行动，畏畏缩缩地思考，在不知不觉间他就已经给自己设限了。这样一个人的潜力怎么可能爆发出来呢？其实只要有成功的野心，就能找到施展才华的舞台。

人的潜能是无限的，在管理活动和教育实践中，管理者不要自我设限，也不要给员工和孩子设限，要放大希望，调高目标，鼓励员工和孩子勇敢去超越自己，机会永远存在，何妨再试一次，只有拼搏尝试，才能获取成功！你会做出自己意想不到的成绩，员工和孩子也会做出你意想不到的成绩！

30. 吉格勒定律：积极协助员工设定长远目标

知识小提示

吉格勒定律是由美国行为学家J.吉格勒提出的一个管理定律，该定律可以简单地概括为"设定高目标就等于达到了目标的一部分"。

这一定律告诉管理者，起点高才能至高。一个组织缺少高远目标，将是一盘散沙；一个人没有高远目标，将一事无成。设定一个高目标，就等于已经向成功迈出了第一步。

案例

温迪追赶麦当劳，梦想成就齐瓦勃

1969年，从小就喜欢吃汉堡的迪布·汤姆斯在美国俄亥俄州成立了一家汉堡餐厅，并用女儿的名字为店起了名——温迪快餐店。当时美国的连锁快餐公司已比比皆是，麦当劳、肯德基、汉堡王等大店已是大名鼎鼎。迪布·汤姆斯毫不因为自己的小弟身份而气馁。他从一开始就为自己制定了一个高目标，那就是追赶快餐业老大麦当劳！20世纪80年代，美国的快餐业竞争日趋激烈。麦当劳为保住自己老大的地位，花费了不少的心机，这让迪布·汤姆斯很难有机可乘。麦当劳把自己的顾客定位于青少年，温迪就把顾客定位在20岁以上的青壮年群体。为了吸引顾客，迪布·汤姆斯在汉堡肉馅的重量上做足了文章。在每个汉堡上,他都将其牛肉增加了零点几盎司。

温迪一直以麦当劳作为自己的竞争对手,在这种激励竞争中快速发展着自己。终于,一个与麦当劳抗衡的机会来了。1983年,美国农业部组织了一项调查,发现麦当劳号称有4盎司汉堡包的肉馅,重量从来就没超过3盎司!这时,温迪快餐店的年营业收入已超过了19亿美元。迪布·汤姆斯认为牛肉事件是一个问鼎快餐业霸主地位的机会。他请来了著名影星克拉拉·佩乐为自己拍摄了一则后来享誉全球的广告。

广告拍的是一个认真好斗、喜欢挑剔的老太太,对着桌上放着的一个硕大无比的汉堡包喜笑颜开。当她打开汉堡时,她惊奇地发现牛肉只有指甲片那么大!她先是疑惑、惊奇,继而开始大喊:"牛肉在哪里?"不用说,这则广告是针对麦当劳的。广告播出后,马上引起了民众的广泛共鸣。一时间,"牛肉在哪里?"这句话就不胫而走,迅速传遍了千家万户。在广告取得巨大成功的同时,迪布·汤姆斯的温迪快餐店的支持率也得到了飙升,营业额上升了18%。凭借赶超麦当劳的不懈努力,温迪的营业额年年上升,1990年达到了37亿美元,发展了3200多家连锁店,在美国的市场份额也上升到了15%,直逼麦当劳坐上了快餐业的第三把交椅。

2012年资料显示,温迪在全球快餐业排名第四,2017年9月,一份美国快餐连锁品牌20强统计资料显示,温迪位列麦当劳、星巴克、赛百味、汉堡王、塔可钟之后,排名第6,但是温迪平均每家餐厅的营业额超过了麦当劳之外的前几家品牌。

美国伯利恒钢铁公司的建立者齐瓦勃出生在美国乡村,只受过很短的学校教育。尽管如此,齐瓦勃却雄心勃勃,无时无刻不在寻找着发展的机遇。他相信,自己一定能做成大事。18岁那年,齐瓦勃来到钢铁大王卡耐基所属的一个建筑工地打工。一踏进建筑工地,齐瓦勃就抱定了要做同事中最优秀的人的决心。

一天晚上,同伴们都在闲聊,唯独齐瓦勃躲在角落里看书。这恰巧被到工地检查工作的公司经理看到了,问道:"你学那些东西干什么?"齐瓦勃说:"我想我们公司并不缺少打工者,缺少的是既有工作经验又有专业知识的技术人员或管理者,不是吗?"有些人讽刺挖苦齐瓦勃,他回答说:"我不光是在为老板打工,更不单纯为了赚钱,我是在为自己的梦想打工,为自己的远大前途打工。"

抱着这样的信念,齐瓦勃一步步向上升到了总工程师、总经理,最后被卡耐基任命为了钢铁公司的董事长。齐瓦勃终于自己建立了大型的伯利恒钢铁公司，并创下了非凡业绩。凭着自己对成功的长久梦想和实践，齐瓦勃完成了从一个打工者到领导者的飞跃。

精透解析：目标要高还要实，措施要细更要力

《论语》云："取乎其上，得乎其中；取乎其中，得乎其下；取乎其下，则无所得矣。"《孙子兵法》也云："求其上，得其中；求其中，得其下；求其下，必败。""全球第一CEO"杰克·韦尔奇的语录总结中，有这样一段话："我们发现，只要我们敢于相信自己，敢于朝着那些看似不可能的目标不懈努力，最终往往会如愿以偿，哪怕最后没有实现这一目标，我们也会发现，最终结果肯定远远要比我们预想的好很多。"这段话清晰指出了高目标的制定与成功之间的必然联系。一事无成者与栋梁之才的差距有时不在能力上，而在于他们有无迈向成功的动力，有没有敢于为自己设立高奋斗目标的"雄心"。有了一个高的奋斗目标，你的人生也就成功了一半。

管理者要敢于善于制定出高远目标，激励员工鼓励自己加倍努力。

管理者要注意区分高、低目标的差别。如果管理者把低目标作为高目标来设定，不仅无法调动员工积极工作的进取心，还会营造出一种过分安逸的氛围，对团队产生消极影响。正确的方式是，以设立的高目标为指引，分阶段地制定低目标，以朝着高目标的方向一步步地迈进。

管理者不要轻易更改目标。管理者要权衡实际和未来的发展方向，充分考虑到每位员工，设立明确长远的高目标。要使员工充分感觉到实现高目标是事业整体发展的共同愿景，以及管理者要完成它势在必行的决心。管理者要避免虎头蛇尾的做法，有了一个高目标的具体规划后，接下来就要制定出与高目标配套实施的具体法则，将每一阶段的目标措施细化，采取有力措施，通过激励和惩罚的方法，使员工感受到高目标的实现对其自身利益的影响，促进员工工作积极性的提高。没有有力的制度和措施做保障，再高的目标也只能是空中楼阁，画饼充饥。

31. 特雷默定律：人岗匹配，对的人要放在对的岗位上

知识小提示

英国管理学家E.特雷默认为，每个人的才华虽然高低不同，但一定是各有长短，因此，在用人时要看重一个人的优势和特长，并针对这些优势和特长委以相应的责任，使每个人都能各司其职。特雷默的这一观点，后来被人们称为"特雷默定律"。

特雷默定律的核心就是，没有无用的人，只有不会用人的人。一个人只有在他适合的岗位上才能将才能发挥出来，才华与岗位不匹配，应有的能力也很难发挥出来，势必造成人才的浪费。

案例

王厂长开办了一家大型玩具厂，他在用人上有自己的独到之处，善于化短为长用人之长。例如，他让爱吹毛求疵的员工去当产品质量管理员，让谨小慎微的员工去当安全生产监督员，让斤斤计较刻板保守的员工去参加财务管理，让爱打听传播小道消息的人去当信息员，让性情急躁争强好胜的人去当青年突击队长，让有风险意识且做事深思熟虑的人去做经营策划，让有节约意识的人去管理后勤，让处世圆滑善于交际的员工去干公关。结果，他的玩具厂变消极因素为积极因素，人人各司其职，各尽其力，各项工作有条不紊，管理到位，产销两旺，这个工厂大家各司其职，效益成倍增长，连年翻番。

化短为长人尽其才，敢用善听化解危机

1990年年初，联想遭遇了严重的人事危机：柳传志着力培养的一名年轻人事部经理因经济问题受到了刑事处罚，当时的局势很紧张。柳传志认为，当务之急就是找到一个既有能力又可倚重的人，来主持人事工作。柳传志挖来了中国科学院党组秘书王平生，大胆委任他为人力资源部经理。一进入联想，王平生就从人心方面观察，看到公司的局面有些乱，员工情绪很不好，老人怀疑年轻人的忠诚，年轻人担忧老人的压制，两代人之间的裂痕清晰可

见,而所有人也都在抱怨公司高层领导。

他就对柳传志说:"公司就像一口柴锅,盖子闷得紧紧的,底下还在拼命地烧,蒸汽越来越大了,如果不找一个出口,我担心要爆。"便开了个三步药方:

(1)召开员工座谈会,梳理问题。

(2)指出员工应该做什么。

(3)回击恶意中伤的人。

柳传志听从王平生的建议,连续开了6次座谈会,与员工进行了坦诚沟通,公司一时紧张的氛围得到了松弛。

在王平生和其他同事的建议下,柳传志专门成立了一个小组,起草所有必要的规章制度,小组的工作进度很快,使得1990年成为联想历史上著名的"制度建设年"。1998年王平生任联想集团助理总裁,2000年王平生协助联想顺利分拆,转任神州数码副总裁;2004年4月兼任神州数码人力资源部总经理。王平生为联想的发展和人力管理做出了重要贡献。

精透解析:挖掘优点,知人善任

用人所长,天下无不用之人,用人所短,天下无可用之人。古语云:"良匠无弃木,明主无弃士。"在记录唐太宗李世民与魏征、房玄龄、杜如晦等大臣的对话等内容的《贞观政要》中,有这样几段话:"故明主之任人,如巧匠之制木,直者以为辕,曲者以为轮;长者以为栋梁,短者以为栱角。无曲直长短,各有所施。""智者取其谋,愚者取其力;勇者取其威,怯者取其慎,无智、愚、勇、怯,兼而用之。""不以一恶忘其善;勿以小瑕掩其功。"道出了知人善任、用人所长的精髓。

发挥团队中每个人的才华,重在人岗匹配,达到岗位要求与员工个人发展的双赢。例如,外向型性格员工具有活泼、好动、爱说等特征,这样的人往往喜欢社交,而且善于临场发挥。这样的员工适合销售代表、接待服务等岗位。内向型性格的人不擅长直接和人面对面交流,但是有一个最强处就是心细,可以把他们分配到需要缜密心思的数据处理、财务、关键材料保管等岗位上去。

管理者要做善于发现人才的伯乐。要辩证分析,识其所长。要选贤任能,求其所长。识人是为了用人,用人就要用其所长。"有大胆略者不问其短,有厚德者不非小疵"。要搭建平台，施展其长。要量才而用，才尽其长。

人岗匹配的实现，一方面需要通过全面的考核制度，了解员工的各方面潜质，另一方面，更要通过以完善的任职资格体系为基础审慎的岗位调整，把对人才的"试错"和"擢优"全盘考虑进去。

可见，作为领导者不能单凭其表象就对下属职员作出定性，确定孰优孰劣，而要善于发掘其背后潜藏着的一面。要把问题看深看远，要进行综合评估，一方面不能夸大其优势无视其不足，亦不可只见其缺点，不见其优点，走入以短掩长的误区。"一叶障目，不见泰山"，就不可能达到人力资源的最有效配置，为企业创造新高奠定最为稳固可靠的基础。只有做到"智者取其谋，愚者取其力，勇者取其威，怯者取其慎"，才会促使企业在市场竞争中蒸蒸日上。

世间没有无用的人，只有不会用人的领导。善于用人，不仅要善于将人才放在合适的位置上，更重要的是要知道如何发挥他们的最大特长，知道如何充分利用他们的特点，甚至"变废为宝"。知人善任是团队管理的核心，是管理者的重要工作和共同责任。管理者需要谨记：你所要的不一定是最优秀的人，但一定是最适合的人。

32. 拉伯福法则：奖励出效益，重奖之下必能留人

知识小提示

拉伯福法则又称拉伯福定律，是由美国管理专家米契尔·拉伯福提出的一条管理法则，其内容就是：人们会去做受到奖励的事情。拉伯福认为，这是"最简单、最明白，然而也是最伟大的管理原则"。

拉伯福是一个从车间里成长起来的管理者。在他看来，当今许多企业、组织之所以无效率、无生气，归根到底是由于它们的员工考核体系、奖罚制度出了毛病。对今天的组织体系而言，其成功的最大障碍就是所要求的行为和所奖励的行为之间有一大段距离。

拉伯福在实践中有两大发现：一是你得到的是你奖励的行为，你不会得到你所希望的、要求的、渴望的或哀求的。即你要求人们做出什么行为，与其仅仅停留在希望上、要求上，不如对这种行为作出明明白白的奖励来得更有效。二是在尝试着做正确的事时，人们很容易掉入这样的陷阱，即奖励错误的行为，而忽视或惩罚正确的行为。人们往往犯这样的错误：希望、要求得到A，却往往得到了B，原因是他自己往往不经意地奖励了B。米契尔·拉伯福据此写成了一本书《世界上最伟大的管理原则》。

案例

三大将猜疑年终奖，总经理延误失人才

今年4月份发生了一件让某民营科技企业的吴总经理很头疼的事：重量级人物研发部经理孟经理、工程部经理胡经理、销售部经理李经理先后提出离职。

以前每年春节前发完年终奖，总有员工过完春节就离职不来了。今年吴总听朋友说，很多国企的年终奖都在四月份发，吴总为了留人，年终奖就一直拖着没发。因为年前年后工作特别多，又因为几个项目频繁出差，吴总一直没来得及和员工沟通年终奖的事。转眼到了4月中旬，吴总接到了研发部孟经理的辞职邮件。虽然公司一再挽留，并说明了年终奖四月底将发放，但孟经理还是去意已决。孟经理正在办理工作交接过程中，吴总在外地又接到销售部李经理要求加薪的邮件，并且是要求一次性加薪40%。吴总感觉非常恼火，觉得李经理这不是乘人之危嘛？还没来得及回公司找李经理沟通呢，吴总又接到了工程部胡经理的辞职邮件。吴总回到公司后，马上找胡经理和李经理沟通，这些昔日合作很愉快的下属像变了个人一样，虽然好话说尽，但胡经理坚决要求辞职，李经理对涨薪幅度要求寸步不让，否则就辞职。吴总非常生气又很无奈，只得接受了胡经理和李经理的辞职。

眼看三员大将相继离职，吴总还以为是竞争对手挖人呢，他安排人力资源部跟踪这三人的去向。更令吴总吃惊的是，这三人都是裸辞，先各自去旅游，再慢慢找工作。吴总百思不得其解，如果他们是想换工作，为什么不找好了再辞职？为什么他们宁愿在家待着也不愿意在自己公司再干一段时间？

后来，经过人力资源部刘经理深入做了大量工作才了解到：离职的三位核心员工，在年底都在互相揣测别人拿到了传说中的年终奖。虽然自己离职时，老板承诺4月底发年终奖，大家都以为别人先拿到了，老板不得已才补

发的。销售部李经理觉得大家都拿了年终奖而自己没拿到，擅长谈判的他才要求吴总一次性涨薪40%。

4月底，公司给员工发年终奖了，而此时主要的核心员工已走了。年终奖不仅没起到应有的激励效果，反而适得其反，赶走了最想留住的人。

精透解析：奖惩讲适宜，十错谨莫犯

人为财死，鸟为食亡。重赏之下，必有勇夫。趋利避害是人的天性。人们都愿意做会受到奖励的事情，都不愿意做会受到处罚的事情。管理者要利用好人的这一天性实施管理行为，以达到最佳的管理效果。当然，奖励是多种多样的，不只是物质奖励，还有精神奖励、职位晋升等。

拉伯福认为企业在奖励员工方面最常犯的有十大错误：① 需要有好成果，但却去奖励那些看起来最忙、工作最久的人；② 要求工作的品质，但却设下不合理的完工期限；③ 希望对问题有治本的答案，但却奖励治标的方法；④ 光谈对公司的忠诚感，但却不提供工作保障，而是付最高的薪水给最新进的员工或威胁要离职的员工；⑤ 需要事情简化，但却奖励使事情复杂化和制造琐碎的人；⑥ 要求和谐工作环境，但却奖励那些最会抱怨且光说不干的人；⑦ 需要有创意的人，但却责罚那些敢于特立独行的人；⑧ 光说要节俭，但却以最大的预算增幅，来奖励那些将他们所有的资源耗得精光的职员；⑨ 要求团队合作，但却奖励团队中某一成员而牺牲了其他人；⑩ 需要创新，但却处罚未能成功的创意，而且奖励墨守成规的行为。

因此对于一个管理者而言，最重要的事情就是建立符合企业组织利益的明确的价值标准，并以奖惩的具体规则明白无误地表现出来。

对照拉伯福的十个错误，管理者应该时常反思：是不是口头上宣布讲究实绩、注重实效，却往往奖励了那些专会做表面文章、投机取巧之人？我们是不是口头上宣布员工考核以业绩为主，却往往凭主观印象评价和奖励员工？我们是不是口头上宣布鼓励创新，却往往处罚了敢于创新之人？我们是不是口头上宣布鼓励不同意见，却往往处罚了敢于发表不同意见之人？我们是不是口头上宣布按章办事，却往往处罚了坚持原则的员工？我们是不是口头上鼓励员工勤奋工作、努力奉献，却往往奖励了不干实事、专事搞鬼钻营之人？

总而言之，管理的问题归根结底是表现与奖惩的不恰当，只要在两者之间建立正确而明确的关系，一切问题自当迎刃而解。

33. 末位淘汰法则：巧用末位淘汰制，激发活力

> **知识小提示**
>
> 末位淘汰法则，也称活力曲线、10%淘汰率法则，即通过竞争淘汰来激励人的极限能力，将工作业绩靠后的员工淘汰掉，它被认为是企业人力资源绩效考核的重要方法之一。

末位淘汰制的提出者是通用电气公司（GE、奇异公司）前CEO杰克·韦尔奇。这一法则被认为是给GE带来无限活力的法宝之一。目的是企业为了满足市场竞争的需要，在对企业员工的工作表现做出科学的评价后，对员工进行合理分类或排序，并按照一定的比例标准，将末几位予以调岗、降职、降薪或下岗、辞退的行为。其目的是促进在岗者激发工作潜力，为企业获得竞争力。

案例

巧用末位淘汰法则通用崛起

通用公司首席执行官韦尔奇指出，"我们把员工分成三类：前面最好的20%，中间业绩良好的70%和最后面的10%。"在通用公司，最好的20%必须在精神和物质上受到爱惜、培养和奖赏，因为他们是创造奇迹的人。失去一个这样的人就要被看作是领导的失误——这是真正的失职。最好的20%和中间的70%并不是一成不变的。

人们总是在这两类之间不断地流动，但是，"依照我们的经验，最后的那10%往往不会有什么变化。一个把未来寄托在人才上的公司必须清除那最后的10%，而且每年都要清除这些人，只有如此，真正的精英才会产生，才会兴盛。"也就是说，用人不仅仅关注用好每个个别的人，而且还要关注企业用人的总趋势，造成有用的人才能够发挥作用，无用的人员能得以淘汰的总态势。这就是兵法之所谓"求之于势，不责于人"的用人之术。

通用公司每年会针对各事业初创团队的主管打分数，区分出ABC三个不同等级的绩效表现。最杰出的A级员工必须是事业初创团队中的前20%；B

> 级员工是中间的70%；C级员工约10%，通用公司以常态分配的钟形活力曲线（Vitality Curve）来呈现这种概念。A级员工将得到B级员工2～3倍的薪资奖酬，而C级员工则有遭到淘汰的危机，活力曲线是年复一年、不断进行的动态机制，以确保企业向前迈进的动能。

 精透解析：淘汰先建分流网，新人宜设缓冲期

末位淘汰法在优化员工队伍建设、解决用人机制问题、增强员工的危机意识等方面发挥了重大作用，但是在现实中，对末位淘汰制存有不同认识：有的认为这种方法简单、粗暴、野蛮；有的认为破坏初创团队的人际关系，同事之间关系不再热情互助，而是互相拆台；有的认为考核体制不完善，考核结果不公平；有的被辞退员工怨气冲天上访闹事；有的被辞退员工纠纷不断提起仲裁诉讼。

某市农行制定了员工业绩末位淘汰有关规定，召开职代会，审议并通过了《员工业绩末位淘汰和违规违纪淘汰工作的实施细则》，同年11月，某市农行依据这个细则作出决定，把季某等三人确定为末位予以淘汰。被末位淘汰后，季某等三人认为"末位淘汰"他们不合法，以书面形式向某市农行要求解决工作问题。同时申请了劳动仲裁，裁决结果是银行要给三人安排或调整工作岗位。银行不服，将三名职工诉至法院，请求判决其末位淘汰三名职工的行为合法有效。审理法院判决驳回了该银行的诉请，要求银行为三名职工安排工作岗位，补发相应的工资等。

法院认为，某市农行的行为不符合劳动法相关规定。三名职工共同的代理律师称，此案具有普遍意义，某市农行所依据的有关文件严重违反《中华人民共和国劳动法》及国家政策，末位淘汰不是劳动法规及政策所规范的行为，故无法律依据。任何工作和事情都存在末位问题，在劳动合同仍然有效的情况下，其末位淘汰的做法是不科学的，是原告侵犯季某等人劳动权利的借口，即使原告认为他们不能胜任工作，也只能通过调整工作岗位或培训解决，直接让他们回家待岗，显然不符合劳动法规及政策的规定。

可见，末位淘汰可用，但一定要科学谋划，周密考虑，制定清晰、科学的绩效考核方法，不能认为就是简单地排位和淘汰。"末位淘汰"的对象必须具有很强的可自由流动性，否则，将导致不安定因素。

《中华人民共和国劳动法》第26条规定,劳动者不能胜任工作,经过培训或者调整工作岗位,仍不能胜任工作的,用人单位可以解除劳动合同。如果被辞退的员工没有完全被证明不能胜任工作,公司也没有为其提供转岗、培训或调整工作的机会,而是仅凭一次考评结果就与其解除劳动合同,不符合法律的规定。即使双方在合同中约定"末位淘汰"条款,但约定的"末位淘汰"属无效条款,不受法律保护,因此此类案例的最后裁决是双方恢复劳动合同关系,继续履行原劳动合同。可见,如果企业使用末位淘汰法,与考核排名最后一位的员工直接解除劳动合同就违反劳动法的规定。

企业内部可以设立数级筛选分流网,妥善安置被淘汰人员。上层淘汰人员进入下层,与该层同等待遇考核,进行培训,再竞争上岗,直到到达最适合他的岗位。没有合适层级可供缓冲的,最终淘汰出企业。另外对待新进入企业的应届毕业生,由于他们经验少,阅历浅,在考核中处于不利地位,可以设定一年作为缓冲期,一年后进入"末位淘汰"流程。

其实发明末位淘汰法则的通用公司,也是成功地"巧用"末位淘汰制的。他们将员工按能力排序,处于最后10%的员工要么在90天之内提高自身技能以适应公司内另一新的岗位,要么就得离开公司。也正是因为通用公司重视拟裁员工的再培训,使得被裁员工能在其他公司迅速找到工作,因此解除劳动关系对员工和公司都没有太多的负面影响。

34. 洛伯定理:敢于授权,激励员工主动工作

> **知识小提示**
>
> 洛伯定理,又称洛伯定律,由美国管理学家R·洛伯提出。这个定理强调管理者要善于授权,让员工自己支配工作,成为工作的主人。

对于一个管理者来说,最重要的不是你在场时员工有什么表现,而是你不在场时员工也能按照既定要求去做,并圆满完成任务。如果只想让员工做你指挥棒下的小绵羊,事事听你的,那么当你不在时他们就会不知所措,遇到一些

突发状况，更不会积极主动地想办法应对。他们什么事情都等着你来处理，什么事情都是你告诉他们怎么做，最终只能使事情不能及时地处理与解决。

河岛授权建设基地，久米放手开发新车

在日本，本田代表着技术与活力，它是日本大学毕业生向往的地方。本田创立于1946年，在几十年内对日本年轻人产生如此大的影响，与本田公司领导对下级的充分授权是分不开的。他们认为员工是企业的财富，在工作中充分授权，发挥员工的优点，锻炼员工的协调能力，提高员工各方面的技能。

本田株式会社第二任社长河岛，想打开美国市场，在进入美国办厂前，企业内部设立了筹备委员会，筹备委员合汇集了公司最有才华的员工。员工负责所有具体方案的策划，而河岛本人只作出决策，不参与方案的策划，他认为员工策划的方案比自己做得要好。位于俄亥俄州的厂房基地，河岛放心地交给员工去做，自己一次也没有到现场巡查过，这足以证明河岛充分授权给员工。

当有人对河岛不赴美考察提出异议时，他说："我对美国不熟悉，既然熟悉它的人认为这块地好，就应该相信他的眼光啊。我又不是房地产商，不是账房先生。"河岛将财务和销售两大项工作全权交给副社长处理，这一做法继承了本田的做事原则，充分体现了河岛管理上的聪明之处。

第三任社长久米在"城市"车开发中，也充分体现了公司的授权原则。负责"城市"开发小组的成员，很多都是20多岁的年轻人，一些董事担心待开发项目交给一群年轻人不太靠谱。但是久米对这些人的异议根本不理会，仍然支持年轻人的开发研究。

他说："这些年轻人觉得那么做可以，就让他们去做好了。"对于周围人的异议，年轻的技术人员则自信地对董事们说："开这车的人不是你们，而是我们这一代人。"在社长的支持与技术人员的努力下，一辆车型高挑、打破了以往汽车必须呈流线型常规的新车"城市"研制出来了。

一些保守的董事又开始担心起来，这么丑的汽车，能卖出去吗？但技术员相信，年轻人希望拥有一辆这样的车。不出所料，这款车一上市就受到了年轻人的青睐，很快在年轻人中流行开来。久米就是因为大胆起用年轻人，善于利用每个人的优点，并进行充分授权，从而取得了本田公司辉煌的业绩。

精透解析：合理授权，权责一体

洛伯定理告诉管理者，要想让员工在你不在场的时候知道该怎样做，达到"四个一样"，即白天和黑夜一个样、加班和不加班一个样、领导在和领导不在一个样、检查和不检查一个样，则必须建立切实可行的制度和规程，并把责任落实在每个员工的身上。

领导者必须善于授权。所谓授权，是指上级领导者将部分职权委托给下属的行为，其实质是领导者不要做别人能做的事，而只做必须由自己来做的事。授权的目的是使领导者的能力得到延伸。领导者如果不善于授权，事无巨细，事必躬亲，必然抑制部下的能力和自由发挥的空间，其最终结果是影响领导者自己职权的行使，并给事业带来损失。

管理者在实际管理中应用洛伯定律，应注意以下四点。

1. 挑选人才，视能授权

在挑选授权的人才时，要用七分眼光看长处，用三分眼光看短处。授权者在授权时要做到人尽其才，充分发挥员工的独立自主，激发员工的工作热情；对能力强的人，尽量多授一些权力，这样既可以把事情做好，又能从多方面锻炼人才；对能力较弱的人，要仔细观察其在工作中的表现，视其表现而定。

2. 授之有据，一授到底

管理者应以授权书、委托书等书面形式授权，这样既可以以此为证，避免个人或其他部门"不买账"的现象；也可以限制被授权者做越权的事，还可以避免被授权者对其分内的事推卸责任，更可以提醒授权者已经将权力授予别人，不要对权力死抓着不放。授权要一授到底，不要拖拖拉拉，这既是对员工的一种信任激励，又能最大程度调动员工的积极性。

3. 目标明确，信任为本

管理者授权后不要因为被授权者稍微犯点错误就将权力收回，这样容易使被授权者觉得自己不被信任，产生被欺骗的感觉，影响正常工作情绪，导致工作中出现的问题不但没有被解决，反而变得更糟。管理者既然已经将权力授予员工，就以信任为本，放开手让员工去工作，不信任是对员工最大的伤害。

4. 监督指导，权责一体

管理者在授权的同时，还应明确告知被授权者，将组织人员定期对其任务的落实和工作进展进行必要的检查，以增加员工的责任感。授权者应对被授权者耐心指导，及时指出并纠正被授权的员工在工作中出现的错误；对于员工因为经验不足造成的失误，管理者要勇于承担责任，为被授权的员工创造一个宽松的工作环境。

35. 古狄逊定理：懂得分权，让员工为你分担

知识小提示

古狄逊定理是由英国证券交易所前主管N.古狄逊提出的，定理指出管理是一门让别人干活的艺术，一个好的管理者是指挥别人，让别人分担自己的工作。一个只知道自己干的管理者，是一个最差劲的管理者。

初创团队的发展壮大不能光靠一个或几个管理者将所有的工作大包大揽，必须依靠所有员工的共同努力，借助他们的才能和智慧，群策群力，否则，再能干的管理者也会被拖垮。懂得分权，这是初创团队管理者必须懂的一个管理技巧。

案例

迈克忙碌员工闲散，哈默劝导放权增效

美国著名管理学家哈默提供了这样一个实例。

迈克是纽约一个公司的经理，当他在自己的办公室时，除了要与客户电话联络外，还要处理公司大大小小的事情，桌子上的公文一大堆等他去处理，每天都忙得不可开交。每次到加州出差，哈默都要约迈克早上六点三十分见面，迈克必然会提前三个小时起床，处理公司转来的传真，做完后，再将传真回送给公司。哈默曾与迈克谈论，觉得迈克做得太多，而他的员工只做简单的工作，甚至不必动脑筋去思考、去回答他的客户，也不必负担任何的责任与风险。

像迈克这种做法，好的人才不可能留下奉陪到底。迈克说，员工没有办法做得像他一样好。对此哈默向他说明两点："第一，如果你的员工像你这么聪明，做得和你一样好的话，那他就不必当你的员工，早就当老板了。第二，你从不给他机会去尝试，怎么知道他做得不好呢？"哈默进而又说，身为领导者必须明白：请别人为你做事，你才可能从他们中发现有才能的人。给他们机会，为你完成更多的工作，也可以说是训练他们承担额外的工作。

所以，作为管理者不可能什么事都自己做，必须分权给员工，让他们自己去完成工作。刚开始的学习阶段，难免发生错误，致使公司蒙受损失，但只要不是太大，不会动摇公司的根本，就把它当作训练费用。一定要先去处理首要的事情，因为它可能关乎整个企业的前途。适时放手让你身边的人承担责任，并考核他们的表现。当他们妥善地完成工作时，就要让他们知道自己做得不错。

在哈默的劝说下，迈克改变了自己的工作方法，学会了放权让有能力的员工去处理事情，公司效益大增。

精透解析：无权不揽事事废，尽人力智为"上君"

在管理中经常存在这样的现象：管理者经常感觉自己没有足够的时间管理，经常需要花费很多的时间处理一些琐碎的小事；对事情大包大揽，工作经常加班加点，有时候还要把工作带回家去做；不放心别人做的工作，经常要求员工向自己汇报工作，对员工已经完成的工作持怀疑态度，经常要向员工反复确认才放心。

一个好的管理者不一定都有超强的个人能力，只要他信任员工，懂得员工的成功就是企业的成功，将权力下放给自己的员工，就能凝聚强大的力量，创造良好的效益和成绩。一些能力强的领导者，由于他们追求完美，事必躬亲，什么事都不肯放手让员工去做，他们只能成为最好的公关，最佳的员工，却成不了优秀的管理者。

作为一个管理者，工作中有99%都是常规性的工作，管理者只要做好自己1%的工作，就算是一个称职的管理者，但就是这1%的工作，很多管理者做不好。要想做好自己的本职工作，运用古狄逊定理，应注意以下三个方面。

1. 只做自己该做的事

"无权不揽,有事必废",一个不愿授权、什么都干的管理者,往往什么都做不好。管理者在工作中要做到:做自己该做的事,坚决不做不该自己做的事,合理分配工作,明确自己的工作任务。工作可以由管理者来做,也可以由员工来做,在这种情况下,管理者要将工作交给员工来做,这样可以使员工在工作中得到锻炼,各方面都有所提高。授权是否合理是区分领导者才能高低的重要标志,正如韩非子所说的那样"下君尽己之能,中君尽人之力,上君尽人之智"。领导者要成为"上君",就必须对下属进行合理授权。

2. 合理运用人才

一位管理专家说:能用他人的智慧完成自己工作的人是伟大的。一个聪明的管理者,要会合理运用人才,将自己从琐碎的工作中解脱出来。管理者就是要将这样的偷懒精神运用到实际管理中,充分发挥身边人才的特点,不断给他们创造机会,让他们不断提高自己,从而为初创团队创造良好的效益。最优秀的人并不一定是最合适的人。将晋升机会留给最优秀的人,这样做是一种明显的偏袒,也是对其他员工的一种极大的不公平,因此管理者要谨慎用人,将合适的人放到合适的位置上。

3. 深入基层一线,摸透情况,征求建议

管理者在管理的过程中,应该多深入基层,到基层中与员工沟通,征求意见和建议,看看他们在工作中是否遇到困难,如有困难及时帮他们解决。管理者不要总是高高在上,什么问题都要下属去调查、核实。对了解到的工作中的漏洞,要督促员工及时补救完成。

36. 倒金字塔管理法：授权管理最有效的一种机制

> **知识小提示**
>
> 倒金字塔管理法（Pyramid Upside Down），也称倒三角管理法，最早由瑞典的北欧航空公司（SAS）总裁杨·卡尔松提出，是指给员工自己下决定做事情的权力，可以释放出他们隐藏在体内的更大积极性和创造力。

20世纪70年代末，杨·卡尔松出任亏损严重、濒临倒闭的北欧航空公司（SAS）总裁，他推出了一个全新的管理方法，这就是倒金字塔管理法。其实，这是一种授权管理，在大多数公司，授权管理基本呈"正金字塔"形，最顶端是总经理，或者是叫决策者，中间一层是管理者，最低层是一线人员，或者称为政策的执行者。

而杨·卡尔松则把这种管理模式颠倒了过来，最上层是一线工作人员（卡尔松将其称之为现场决策者），中间层是中层管理者，最下层是总经理、总裁（卡尔松将自己称之为政策的监督者）。

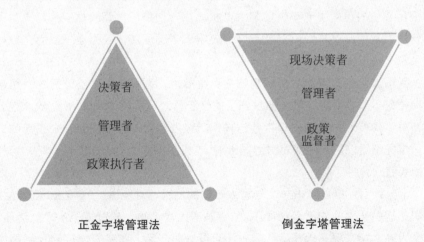

正金字塔管理法　　　　　　倒金字塔管理法

倒金字塔管理法凸显出把权力、责任同时下放到现场执行者身上，给他们以充分的自由和下决定的权力，尤其是遇到紧急情况不必事事上报。而最高层的决策者往往只是承担监督的作用，负责对整个工作的进展进行辅助管理。这种方法推行三个月，该公司就有了极大的改观，员工们工作热情高涨，每个人都会积极主动地处理工作。一年后，公司盈利高达5400万美元。

员工批准无票登机，乘客讹诈经理赠箱

一位乘客发现自己忘记带飞机票，按规定，没有机票是不能够办理登机手续的。正在这个时候，北欧航空公司的一位小姐款款走来说："您需要什么帮助吗？"佩提很不耐烦地说："你帮不了。"可小姐还是微笑着说："说出来或许能帮助您。"

佩提说我没带飞机票，没想到小姐说："这事好办，您先告诉我机票在哪？"

他说在××饭店411号房间，小姐给了他一张纸条，让他拿着先去办登机手续，剩下的事情由她来处理。佩提先生到了登机口很顺利就办好了，拿到了登机卡，过了安检，到了候机厅。当飞机还有十分钟就要起飞的时候，刚才那位小姐把他的机票交给了他，佩提先生一看果然是自己落在饭店的机票。那么，小姐是怎么把机票拿到的呢？

原来，她拨通了饭店的电话后是这样说的："请问是XX饭店吧，请你们到411号房间看看是否有一张写着佩提先生名字的飞机票？如果有的话，请你们用最快的速度用专车送往阿兰德机场，一切费用由北欧航空公司支付。"是什么力量使她这样做呢？就是"倒金字塔"管理法，因为他把权力充分地赋予了一线工作人员。

德国人艾森·候波从柏林到法兰克福转机，又乘北欧航空公司的飞机赶到斯德哥尔摩办事。在机场他找到了值班经理，怒气冲冲地说："北欧航空公司不好，你们看把我的皮箱摔成这样！"经理看到皮箱上是有一个崭新的口子，再仔细看以后，他笑着对德国人说："先生，实在对不起。这样吧，您能不能等我几分钟？"

十分钟后，经理拿来一个与客人一样的皮箱，对他说："这个皮箱就作为公司送您的一件礼物吧，请收下。"德国客人想了想，拿着箱子走了。然而，这个人晚上翻来覆去地想，心里很不好受。第二天，竟带着新皮箱找到那位经理道歉。

经理赶忙说："您别说了，我都知道，我已经说了，就作为一件礼物您收下。"

德国人很惊奇，你怎么知道呢？

经理笑了笑说："您昨天拿的皮箱的裂痕确实是新摔的，但是不是我们公司摔的。因为皮箱在上飞机之前我们都是要检验的，如果皮箱已经有裂痕或者破损的情况，旁边要贴有标记。而我在您的皮箱上看到了这个标记。"

德国人脸红着说："我的皮箱是在法兰克福摔坏的，找他们，他们不承认。到阿兰德机场本来想跟你们泄泄气，但没想到你们会这样处理。我回去之后要鼓励他们坐北欧航空公司的飞机。"

精透解析：强素质扁平化管理，勤督察决策权下移

管理大师德鲁克预言，"未来的企业组织将不再是一种金字塔式的等级制结构，而会逐步向扁平式结构演进"。其实，德鲁克预言中的"扁平式结构"就是"倒金字塔结构"。这种结构已在一些著名企业中推行。

倒金字塔管理法改变了传统上令下行的管理方式，其核心就是人人都要承担责任，可以对分内的事情做出决定，不必事事上报。其目的是，让每个员工可以在这个由公司管理者搭建的"V型"无限空间里，自由发挥，释放工作热情。

倒金字塔管理法能激发员工的工作热情。员工一旦受到信任与重视，就会为企业发展提出好的建议，就会使自己甚至使整个企业的工作效率大大提高。但在实施倒金字塔管理法时要注意以下三点。

第一，决策权向下移，并不代表领导者放弃了管理的职能。常话讲"甩手掌柜"式的领导方式不可取。领导要监察、督导制度的执行，保证总体的大方向不能改变。

第二，对员工的基本素质有一定的要求。权力如何下放，下放的程度如何，要因人而异。如果把枪交给了敌人，那先受伤的很可能是我们自己。因此，执行"倒金字塔"管理法首要对员工的能力和品德进行评估。

第三，要有相对健全的制度与权力下放相配套。不要授权权限不当，不要随意收回权力，不要总是交付琐碎的小事，赋予员工的权力一定要是实权，而且必须有重要性。要建立快速反应的机制，防止被授权者滥用权力。

37. 蓝柏格定理：制造危机感，让压力转变为动力

知识小提示

蓝柏格定理是由美国银行家路易斯·蓝柏格提出的，该定理强调要为员工制造必要的危机感。因为压力与动力是并存的，适当的压力可以转化为动力，当然这种转化是有条件的，需要承受者具备承受压力的能力、管理者正确引导等。

案例

小粉笔激起压力，钢产量节节攀升

查理·斯瓦伯担任卡耐基钢铁公司第一任总裁时，从报表上看到，属下的一家钢铁厂产量非常低，于是就到钢铁厂实地察看，寻找原因和解决之道。

斯瓦伯向厂长询问原因。厂长说："我采取了很多措施，可是工人们的积极性总是提高不起来，与预期产量有差距，我一直在为此事迷惑烦恼。"当时，刚好是白班和夜班交班的时候，查理·斯瓦伯于是到车间现场察看，他问白班的领班："今天你们炼了几吨钢？"领班说："六吨。"斯瓦伯什么也不说，拿过一支粉笔，在墙上的小黑板上用粉笔写下了一个大大的"6"字，随后就静静地离开了。

第二天早上，斯瓦伯向厂长询问车间生产情况。厂长惊喜地说，夜班的工人破纪录地炼出了7吨钢，小黑板上的"6"已经被夜班工人改成了大大的"7"。白班工人知道输给夜班工人后，感到了压力，心里不服气，他们加倍努力，结果那一天炼出了10吨的钢，把小黑板上的"7"改成了大大的"10"。就这样，白班工人和夜班工人暗中展开了劳动竞赛，两班工人你追我赶，钢产量节节攀升。不久之后，这家工厂的产量跃居公司里所有钢铁厂之冠。

精透解析：迎难而上，压出潜能

常言道，"井无压力不出油，人无压力轻飘飘"。不管多么艰巨的工作，不管多么沉重的压力，都要相信自己，微笑地面对工作，并努力将工作做好。完成任务的过程是痛苦的，但是在完成任务的过程中，我们的经验和教训迅速提升，能力也在不断得到提高。退一步说，不管工作是否成功，这种知难而上的精神都会赢得别人的尊重与认可。承担艰巨的任务本身就是一个锻炼自己能力的机会，很多人不敢尝试这样的机会，将机会留给了别人，于是压力没有了，提升自己能力的机会也丧失了。

一些刚进入职场的人，做事谨小慎微，只能从事一些简单的工作，对于那些具有挑战性的工作，不敢主动发起"进攻"，对工作一躲再躲，怕自己完不成任务被别人嘲笑，被领导责骂。如果一直采取这样的态度对待工作，很快别人就会超过你，将你远远地落下，别人都在各自的工作中得到了提高，唯独你没有进步，你的工作压力会越来越大，并且只能从事一些简单、琐碎的工作，只要工作稍微有点难度，你就胜任不了，时刻面临被炒掉和掉队的危险。

要我干，不如我要干；遣将，不如激将。人争一口气，佛争一炷香。为争一口气，压力也是动力，会使很多人加倍努力赶超对手。这就是上面的例子中斯瓦伯用一支粉笔提高产量的秘密所在。

在实际管理中，管理者应用蓝柏格定理，需要注意以下几个方面：一是不断给员工制造压力，让员工产生危机感，员工才能在压力中激发潜能，将压力变为动力，为事业发展作出自己的贡献。二是让员工学会承受压力。三是帮助指导员工将压力变动力。四是适当奖励员工，让员工不仅从精神上得到满足，物质上也得到实惠。让员工在工作中自主创新，在压力中不断成长。调动那些唯恐失去工作的人们的积极性，在风险与稳定之间建立适当的平衡点。

38. 横山法则：控制强制非好招，自觉自发最为高

知识小提示

横山法则是日本社会学家横山宁夫提出的一个激励理论。该观点认为，自发的才是最有效的。许多企业家根据横山宁夫的理论总结出了"横山法则"，激励员工自发地工作，成为激发员工主动性的一大武器。

横山宁夫通过这一法则告诉管理者，不要用过于严苛的态度来对待你的员工，在工作中应该适当地给予他们一些空间，只有这样，才能使员工充分发挥出自己的聪明才智，达到更好的工作效果。

案例

微软员工自己管自己

微软的企业文化强调充分发挥员工的主动性，让员工有很强的责任感，同时给他们做事情的权力与自由。简单地说，微软的工作方式是"给你一个抽象的任务，要你具体地完成"。对于这一点，微软中国研发中心的桌面应用部经理毛永刚深有体会。

毛永刚说，1997年他刚被招进微软中国研究开发中心时负责做Word。当时他只有一个大概的资料，没有人告诉他该怎么做，该用什么工具。

与美国总部交流沟通，得到的答复是一切都要靠自己去做。就如要测试一件产品，却没有硬性规定测试的程序和步骤，完全要根据自己对产品的理解，考虑产品的设计和用户的使用习惯等，发现许多新的问题，这样，员工就能发挥最大的主动性，设计出最满意的产品。在微软，员工基本上都是自己管理自己。

精透解析：尊重善待员工，激发自主热情

在实际管理中，很多管理者经常会过多地强调"约束"和"压制"的作用，对员工的工作提出过多的意见。事实上，这样的管理往往不能取得良好的效果。触发被管理者的自发自觉是管理的最高境界。现在我国管理上有一个动车组理论，意思是每个团队成员都是一组动车，都能自己运动，没有车头一样跑得很快。动车组理论和横山法则有异曲同工之妙。

任何一个初创团队领导都需要也都欣赏、喜欢不要任何借口、全力以赴地去完成看来不可能完成的任务、自主自动自觉为工作出主意想办法的员工。但是在现实中，大部分员工却缺乏这种自动自发的精神，当领导交给他任务时，不是去立即执行，而是问一大堆的问题，强调一大堆的客观理由，要么消极怠工，要么推辞。这种做法无疑是对自我能力的一种扼杀，也是为自己的进步发展设置了障碍，丢失了机会。

自动自发是事业壮大的源泉。只有创造一个自动自发的文化环境，才能触发员工的主动性。横山法则的实行，需要管理者和员工共同配合。作为管理者，要善待员工，彰显人性化，处处从员工利益出发，为他们解决实际问题，促进员工自我管理。

39. 酒与污水定律：匙水污桶酒，烂果早清除

知识小提示

一匙酒倒进一桶污水中，得到的是一桶污水，一匙污水倒进一桶酒中，得到的仍是一桶污水，这就是酒与污水定律。污水和酒的比例并不能决定这桶东西的性质，真正起决定作用的就是那一勺污水，只要有它，再多的酒都成了污水。

酒与污水定律说明对于坏的组员或东西，要在其开始破坏之前及时处理掉。

研究生蜕为烂苹果,保大局除名害群马

王淼淼是某名牌大学研究生,毕业后进入一家电气设备公司做技术主管。王淼淼专业技术较好,因为引进王淼淼,电气设备公司曾作为公司招才引智的代表,在全市的人才工作会议上做过典型发言。

但是王淼淼有一个缺点,就是不遵守公司的工作和劳动纪律。上班迟到早退,时常旷工,对工作挑三拣四,导致一些工作延误。公司为了整饬工作纪律,实行了考勤打卡。王淼淼坚持了不到两天,又故态复萌,先是请人帮助代打卡,被发现制止后,干脆不打卡,仍旧迟到早退,无故旷工,对工作爱干就干,不干就撒。总经理爱惜他的技术和才能,和他严肃地谈过两次话,但王淼淼置若罔闻,我行我素。

王淼淼的行为严重违反了公司纪律,在员工中造成了不良影响,有的员工开始想效仿他。电气设备公司决策层认为,在公司这个大果篮里,王淼淼已变成了一只烂苹果和害群之马,如果不处理王淼淼,他的不良工作作风会蔓延污染其他员工,影响损害整个团队的工作和公司的形象。公司果断地和王淼淼解除了劳动合同。

精透解析:坏人坏事莫姑息 防微杜渐严管理

在团队管理中,总难免会有污水,而污水又总会给团队发展带来各种各样的矛盾和冲突,这就要求管理者要掌握酒与污水的冲突与协调的技巧。

酒和污水在一个组织中存在着相互博弈的过程。发现人才、善用人才,在人才大战中占得先机,是精明的管理者引领团队走向成功的重要砝码,而有效运用酒和污水定律,则是组织一个高效团队的最佳途径。现代管理的一项根本性的任务,就是对团体中的人才加以指引和筛选,剔除具有破坏力的"污水",使合格者的力量指向同一目标,这就是人才的运作。从经济学的角度看,企业就是个人的集合体,企业的整体效率取决于其内部每个人的行为,这就要求这个集合体内的每个人都能发挥最大效能,以保持团队的整体步调一致、动作协调。尽管要做到这一点很难,但只要找到合适的最佳途径,就能顺利扬起企业的奋进之帆。

"酒与污水定律"的现象,生活中不乏其例:一个正直能干的人进入一个各方面混乱的初创团队,尽管他始终保持"英雄本色",但终究会被其周围的环境吞没,或者会被那些"污水"染上些"杂色"。相反,如果一个无德无才的多事者,他能将一个团结、高效的初创团队很快地变成一盘散沙。就像果箱里的烂苹果,如果你不及时处理,它会迅速传染,把果箱里其他苹果也弄烂。

"烂苹果"的可怕之处,在于它惊人的破坏力。组织系统往往是脆弱的,是建立在相互理解、妥协和容忍的基础上的,很容易被侵害、被毒化。如果你的组织里有这样的"苹果",你应该马上把它清除掉;如果你无力这样做,就应该把它隔离起来。

所以,对不良现象和不良之人,要防早、防小,一方面防微杜渐;另一方面严肃处理,敢于向害群之马动刀,把损害降低到最低限度。

40. 互惠关系定律:爱你的员工,他会百倍地爱你

知识小提示

给予就会被给予,剥夺就会被剥夺;信任就会被信任,怀疑就会被怀疑;爱就会被爱,恨就会被恨,这就是心理学上著名的互惠关系定律。

无数的事实证明,及时回报他人的善意且不嫉妒他人的成功,这不仅会赢得必要且有力的支持,而且还可以避免陷入不必要的麻烦。因此,管理者要毫不吝啬地给予员工关爱,用温暖感化员工,而不是靠冷冰冰的制度管理,才能获得员工丰厚的回报。

案例

遇危机照发工资,哈理逊起死回生

1993年,一场经济危机对美国造成了巨大冲击,全国上下一片萧条。此

初创团队不可不知的100个管理心理学效应

时,位于美国加利福尼亚州的哈理逊纺织公司同样遭受到了这种冲击,更为不幸的是在这个时候公司又遇到了火灾,公司的绝大部分财产被这场无名大火化为灰烬。为此,公司所雇用的3000名员工被迫回家,悲观地等待公司破产的消息和失业风暴的来临。

谁知,员工们在经历了无望而又漫长的等待之后,却意外地接到了公司董事长亚伦博斯发给每个员工的一封信,宣布向公司员工继续支付一个月的薪金。在这种情况下,能有这样的消息传来,令员工们深感意外。

在万分惊喜之余,员工们纷纷打电话给董事长亚伦博斯,向他表示感谢。一个月后,正当员工们陷入下个月的生活困难时,他们又接到了公司董事长发来的第二封信,公司再向全体员工支付一个月的薪金。员工们接到信后,已不光是感到意外和惊喜,而是热泪盈眶。

许多人对此却不理解,亚伦博斯的一位朋友还打电话给他,建议他别感情用事,批评他缺乏商业头脑。此时,失业大潮正席卷全国,人们普遍为生计发愁。作为噩运当头的哈理逊纺织公司员工,能得到如此照顾,无不满心感激。第二天,这些员工怀着"给我滴水之恩,定当涌泉相报"的心情,自发地组织起来,涌向公司义务清理废墟,擦拭机器,有些员工还主动去联络一度中断的货源。员工们纷纷使出浑身解数,昼夜不停地卖力工作,拿自己当公司的主人,恨不得一天干两天的活儿。

三个月后,奇迹出现了,公司重新运转起来。就这样,这家纺织公司很快起死回生。如今,哈理逊公司已名列全美纺织企业榜首,成为美国最大的纺织品公司,分支机构遍布世界各地的60多个国家和地区。

 精透解析:高薪诱才终被人诱,以情留人人才可留

生命就像是一种回声,你送出什么就收回什么;你播种什么就收获什么;你给予什么就得到什么。你怎样对待人们,取决于你怎样看待他们,这是普遍的真理。送人玫瑰,手有余香。要与人为善,多发现别人的长处和美好的一面。一旦你找到其他人良好的一面或能力时,你就会待他比较好,而他的行事也会比较好,对你也会比较好。所以说,成为一个美好的发现者,等于做一笔稳赚不赔的生意。

管理者如果不能适当地忠诚待上,也就不能期望属下对他忠心耿耿。有影

第4章 员工激励：善于激励，将员工潜能发挥到最大

响力的经理人会支持属下，关心下属的福利和前途，把应得的荣耀给他们，让他们躲开可能惹起的争执。聪明的管理者明了当人人都能愉快地处在互利互惠的关系时，工作才能做得最好。这时他就可以拥有一个整体绩效大于个别努力的团体。在上面的事例中，如果当初亚伦博斯不热爱员工，不善待员工，不处处为员工着想，就不可能绝处逢生，成就一番大事业。

高薪留不住人才，因为其他竞争者会支付更高薪酬、提供更优厚待遇。管理者要真诚地给予员工关爱，激发员工工作热情，与员工建立互惠关系，给予员工赞美和宽容。员工只有有了感情上的归属感和事业上忠诚度，产生了感激之心，才能避免人才外流。

41. 特里法则：在承认中改正，从错误中收获

知识小提示

特里法则指的是美国田纳西银行前总经理特里提出的一句管理名言：承认错误是一个人最大的力量源泉，因为正视错误的人将得到错误以外的东西。特里法则告诉我们，敢于认错本身是具有很大价值的。

案例

卡特认错支持率飙升，哈威揽责老板更信任

在营救驻伊朗的美国大使馆人质的作战计划失败后，当时美国总统吉米·卡特即在电视里郑重声明："一切责任在我。"仅仅因为上面那句话，卡特总统的支持率骤然上升了10%以上。

新墨西哥州阿布库克市的财务经理布鲁士·哈威，错误地核准付给一位请病假的员工全薪。在他发现这项错误之后，就告诉这位员工并且解释说必

初创团队不可不知的100个管理心理学效应

> 须纠正错误,他要在下次薪水支票中减去多付的薪水金额。这位员工说这样做会给他带来严重的财务问题,因此请求分期扣回多领的薪水。但这样哈威必须先获得上级的核准。
>
> 哈威说:"我知道这样做,一定会使老板大为不满。在我考虑如何以更好的方式来处理这种状况的时候,我了解到这一切的混乱都是我的错误,我必须在老板面前承认。"于是,哈威找到老板,说了详情并承认了错误。
>
> 老板听后大发脾气,先是指责人事部门和会计部门的疏忽,后又责怪办公室的另外两个同事,这期间哈威反复解释说这是他的错误,不干别人的事。最后老板看着他说:"好吧,这是你的错误。现在把这个问题解决吧。"这项错误改正过来,没有给任何人带来麻烦。自那以后,老板就更加看重敢于承担责任的哈威了。

 精透解析:领导善揽责,问题易解决

人有错误不可怕,可怕的是认识不到错误和不改正错误。承认错误并不是什么丢脸的事,相反,在某种意义上,它还是一种具有"英雄色彩"的行为。因为错误承认得越及时,就越容易得到改正和补救。而且,由自己主动认错比别人提出批评后再认错更能得到别人的谅解。更何况一次错误并不会毁掉你今后的道路,真正会阻碍你的,是那不愿承担责任、不愿改正错误的态度。

管理者要勇于承担责任。做下属的最担心的就是做错事,特别是花了很多精力又出了错,而在这个时候,老板来了句"一切责任在我",那这个下属会是何种心境?下属对一个领导的评价,往往决定于他是否有责任感,勇于承担责任不仅使下属有安全感,而且也会使下属进行反思,反思过后会发现自己的缺陷,从而在大家面前主动道歉,并承担责任。

管理者勇于承担责任,表面上看是把责任揽在了自己身上,使自己成为受遣责的对象,实质上不过是把下属的责任提到上级领导身上,从而使问题解决起来容易一些。假如你是个中级领导,你为你的下属承担了责任,那么你的上司是否也会反思,他也有某些责任呢?一旦公司里上行下效,形成勇于承担责任的风气,便会杜绝互相推诿、上下不团结的局面,使公司有更强的凝聚力,从而更有竞争力。

好好把握每一次犯错误的机会,认真总结,力争不再犯重复性错误;犯一次错误也是一次学习的机会，只不过是反面教材而已。所谓天才并不是不犯错误，而是错误从不犯第二次。达尔文曾经说过："任何改正都是进步。"歌德也说过："最大的幸福在于我们的缺点得到纠正和我们的错误得到补救。"敢于承认错误，汲取教训，我们就能以崭新的面貌去迎接更加激烈的竞争和挑战！

42. 彼得原理：晋升很重要，但不要盲目满足

知识小提示

彼得原理是美国学者劳伦斯·彼得（Dr.Laurence Peter）在对企业人员晋升的诸多不正确的现象进行研究后得出的激励方法。其大致观点是，每个员工都趋向于上升到更高的职位，甚至所不能胜任的地位。

很多人习惯利用职位晋升来激励员工，这是个不错的方法，但这种方法负面影响也很大。彼得这个结论是批判一些人对高职位、大权力贪得无厌的心理。

彼得原理又被称为"向上爬"理论，重在说明人都有向上爬的欲望。他认为，在企业中，每一个员工由于在原有职位上表现良好，或成绩卓著，就有了想被提升到更高一级职位的欲望和想法；如果继续胜任则将进一步被提升，直至自己所不能胜任的职位。

案例

晋升压力令总经理负重崩溃

狄马在完美钢琴琴弦公司工作了20年，他从基层职员慢慢晋升到总经理的职位。可是，就在担任最高执行官后不久，便患上了高血压和消化系统溃疡等一连串的疾病。医生建议他不要紧张并放松心情，董事会也建议增派一

名副总经理帮他减轻负担，虽然这两项建议的本意都不错，但依然无法替他解决健康问题。

事实上，狄马的晋升已超出他健康所能承受的范围，即使增加助手，或按照医生建议放松心情，最高执行官所必须完成的任务仍无法因而减少。身为公司的最高执行官，狄马必须同时处理多项重大事务，还要适应某些相互冲突的价值。比如，为了取悦股东及董事会，他必须设法赚钱；为了取悦顾客，他必须保证产品的高品质；为了取悦员工，他必须支付优厚薪资并提供舒适、安全的工作环境；为了取悦社区居民，他必须履行某些社会责任。为了应付这些相互冲突的事务，狄马的健康最终出了问题。

一贯表现优秀的狄马在总经理的岗位上被击倒了。他的表现开始不尽如人意，大家开始颇有微词，狄马只好辞去总经理职务。

精透解析：慎将晋升做奖励

上述事例的狄马总经理因对权力的迷恋，最终病倒了，其实，任何一个人都是如此，只要不停地被提拔，不管在下级岗位上如何优秀，总有一天会陷入不称职，会在某一个岗位上被击倒。这就是管理学中的彼得原理告诉我们的真谛，他的真谛不是否定晋升激励这种方法，而是要谨慎使用这种方法。

因此，为了应对这种现象，他还列出了"彼得治疗法"和"彼得药方"，为管理者提供改善晋升激励的方法，警示管理者不要轻易草率对员工进行晋升。由此导出的彼得推论是，"每一个职位最终都将被一个不能胜任其工作的职工所占据。层级组织的工作任务多半是由尚未达到不胜任阶层的员工完成的。"每一个职工最终都将达到彼得高地，在该处他的提升商数（PQ）为零。

因此，这就要求管理者改变单纯的"根据贡献决定晋升"的员工晋升机制，不能因某个人在某一个岗位级别上干得很出色，就推断此人一定能够胜任更高一级的职务。

要建立科学、合理的人员选聘机制，客观评价每一位职工的能力和水平，将职工安排到其可以胜任的岗位。不要把岗位晋升当成对职工的主要奖励方式，应建立更有效的奖励机制，更多的以加薪、休假等方式作为奖励手段。有时将一名员工晋升到一个其无法很好发挥才能的岗位，不仅不是对员工的奖励，反而使员工无法很好发挥才能，也给工作和事业带来损失。

对个人而言，虽然我们每个人都期待着不停地升职，但不要将往上爬作为自己的唯一动力。与其在一个无法完全胜任的岗位勉力支撑、无所适从，还不如找一个自己能游刃有余的岗位好好发挥自己的专长。例如陶渊明辞职种菊写诗，爱因斯坦拒绝总统提名等。官场上少一个县令不算什么，中国文学史上少一个陶渊明则大为失色。爱因斯坦是最伟大的科学家，却不一定能当好总统。所以有时辞职的确是一个值得肯定和鼓励的华美转身。

43. 乔治原则：惩罚也是激励，但只是手段并非目的

知识小提示

乔治原则，即处分的目的在于教育，而不在于惩罚。由美国管理学家小克劳德·乔治提出，这一原则告诉我们：惩罚只是手段，教育才是目的。

案例

巧运用鲜花疗法，让处罚变身激励

索尼公司董事长盛田昭夫是一个很懂得批评艺术的人。一次，公司收到消费者不少投诉。负责该地区销售的经理被请到公司董事会议上，在会议上，盛田昭夫对他进行了严厉批评，要求全公司以此为戒。

会后，该经理步履沉重地步出会议室，这时董事长的秘书走过来，盛情邀请他一起去喝酒。这位经理很不解地说："我现在是被总公司抛弃的人，你怎么还这样看得起我？"这位秘书说："董事长一点也没有忘记你为公司做的贡献，今天的事情也是出于无奈。他知道你为这事伤心，特地让我请你喝酒。"

喝完酒后，秘书陪着这位经理回到了家，刚进家门，妻子就迎了上来

说："你真是受总公司重视的人！"他听了感到非常奇怪。这时，只见妻子拿来一束鲜花和一封贺卡说："今天是我们结婚20周年的纪念日，你忘记了？"该经理更加不明就里。原来，公司人事部门对员工的生日、结婚纪念日这样的事情都有记录，每当遇到这样的日子，公司都会为员工准备一些鲜花礼品。只不过这次有些特别，这束鲜花是董事长盛田昭夫特意订购的，并附上了一张他亲手写的贺卡，勉励这位经理继续为公司竭尽全力。

精透解析：对员工的错误进行有艺术的批评

倘若员工犯了错，批评和惩罚是应该的，通过惩罚可以达到规范员工行为，使员工在制度规范的约束下集中精力工作。但是，惩罚要注意技巧，并不是一味地呵斥，更不是越严厉越好。错误的惩罚不但会挫伤员工的工作积极性，而且很可能导致人才的流失，跑到竞争对手那里去，造成弱己强敌。

批评和惩罚是一门艺术，用好了它，才能收到良好的管理效果。就像盛田昭夫的"鲜花疗法"，为了总公司的利益，他对犯错误的员工不能有丝毫的宽待，但考虑到这位经理是老员工，而且在生产经营上确实是一把好手，为了不彻底打击他，所以采用这样的方式表达一定的歉意。这样，就使这位员工深深地感到，即使自己犯了错误也受到了上司的认可和尊重。

可见，处罚并不是单单板着一副冷面孔，冷酷无情的，还要讲究技巧，大胆创新。正确运用批评激励员工，完全可以达到正面激励的效果，甚至比正面激励更有效。

第5章
团队建设：建立高效的合作机制，上司下属一条心

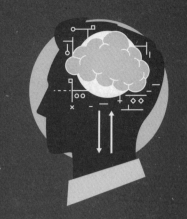

大企业十分看重团队精神，往往迫切希望得到团队的支持。对于初创企业来说，团队这件事同样不可忽视，必须借助团队的力量来发展自己。这就要求管理者在平时的管理中，注重培养员工的团队协作精神，上下一条心努力打造一个强有力的团队。

初创团队不可不知的100个管理心理学效应

44. 凝聚效应：人心聚，效率高

知识小提示

凝聚效应的提出者是美国社会心理学家沙赫特。沙赫特曾就群体凝聚力对生产效率的影响这一课题进行过试验。在别的因素保持不变的状态下，企业的凝聚力越大，这个企业的生产效率就越高，企业也就越有活力。

这个试验的结果提示管理者注意，必须在群体凝聚力提高的同时，加强对群体成员的思想教育和诱导，克服群体中可能出现的消极因素，这样才能使群体凝聚力成为促进工作效率的动力。对群体成员的思想教育和诱导是管理中不可忽视的重要工作。

案例

松下动全员用群智，员工当主人尽心力

早在1945年，号称"经营之神"的松下幸之助就提出："公司要发挥全体员工的勤奋精神"，并不断向员工灌输所谓"全员经营""群智经营"的思想。为打造坚强的团队，在20世纪60年代，松下电器公司会在每年正月的一天，由松下带领全体员工，头戴头巾，身着武士上衣，挥舞着旗帜，把货物送出。在目送几百辆货车壮观地驶出厂区的过程中，每一个工人都会升腾出由衷的自豪感，为自己是这一团体的成员感到骄傲。

在给全体员工树立一种团队意识的同时，松下公司更是花大力气发动每一个工人的智慧和力量。为达到这一目的，公司建立提案奖金制度，不惜重金在全体员工中征集建设性意见。虽然公司每年颁发的奖金数额巨大，但正如公司劳工关系处处长所指出的："以金额来说，这种提案奖金制度每年所节省的钱超过给员工所发奖金的13倍以上。"

不过，松下公司建立这一制度的最重要目的，并不在节省成本上，而是希望每个员工都参加管理，希望每个员工在他的工作领域内都被认为是"总裁"。正是因为松下公司充分认识到群体力量的重要，并在经营过程中处处体

现这一思想，所以松下公司的每一个员工都把工厂视为自己的家，把自己看作工厂的主人。纵使公司不公开提倡，各类提案仍会源源而来，员工随时随地——在家里、在火车上，甚至在厕所里，都会思索提案。

松下公司与员工之间建立起可靠的信任关系，使员工自觉地把自己看成是公司的主人，产生为公司作贡献的责任感，焕发出了高涨的积极性和创造性。松下公司因此形成了极大的亲和力、凝聚力和战斗力，使公司不但从一个小作坊发展成世界上知名的家用电器公司，而且成为电子信息产业的大型跨国公司，其产品品种之多，市场范围之广，成长速度之快和经营效率之高都令人惊叹。

精透解析：规划共同远景，打造拳头团队

团队凝聚力是维持团队存在的必要条件。如果一个团队丧失凝聚力，就会像一盘散沙，难以维持下去，并呈现出低效率状态；而凝聚力较强的团队，其成员工作热情高，做事认真，并有不断的创新行为，因此，团队凝聚力也是实现团队目标的重要条件。

作为团队管理者，在给予每位成员自我发挥空间的同时，还要破除个人英雄主义，搞好团队的整体搭配，形成协调一致的团队默契，将张开的指头握成有力的拳头；同时还需努力巩固队伍，懂得彼此之间相互了解、取长补短的重要性。如果能做到这些，团队就能凝聚出高于个人力量的团队智慧，随时都能创造出惊人的团队表现和团队绩效。

立足于企业的视角，把团队中分散的力量敛聚起来，提高团队的凝聚力，应该从以下几个方面着手：一是要为企业员工规划一个共同的远景展望。二是领导做好表率，团队领导首先把管理的目光投向自己，不断地规范自己、完善自己和超越自己，树表率，立威信，讲亲和，发挥领导的人格魅力和激励作用。三是要为员工创造可持续发展的环境。四是深化内部分工，标树外部强敌。五是保持团队的清洁。对待个人主义、消极思想者，可及时警告，善利善导，仍不能促其矫正，则予以淘汰；而对待拥有不良品质者，则立刻开除队伍，绝无姑息余地。

45. 参与效应：同心方能同力，参与激发热情

> **知识小提示**
>
> 参与效应是指管理者让员工参加组织的决策过程及各级管理工作，让下级员工与高层管理者共同商讨初创团队中的重大问题。这样会让他们感觉到自己受到了尊重与信任，激发起对组织的强烈责任感，满怀热情地投入到工作中去。

参与管理思想的提出，源于心理学上的社会人假说。20世纪30年代，美国心理学家梅奥在霍桑实验后提出了著名的社会人假说。梅奥认为，人们的行为并不单纯出自追求金钱的动机，还需要管理者能够满足自己获得尊重、自我实现等方面的社会需要。因此，管理者应该把员工当作社会人来对待。

后来，管理者在社会人假说的基础上，提出了参与管理的新型管理方式，让员工不同程度地参加企业决策的研究和讨论。20世纪50年代末，管理学家麦格雷戈等人，提出了有名的"X理论–Y理论"和"自我实现的人"的人性假设，认为管理者可以在适当的条件下采取参与式的管理，让员工们在与自己相关的事务上享有一定的发言权。员工参与管理可以增进组织内部的沟通协调，增强组织内部的凝聚力，将不同的部门整合为一个有着共同追求的整体；员工参与管理，可以在一定程度上激发员工的潜力和热情，提高员工的工作满意度，从而提高工作效率。

案例

全员参与福特扭亏，工人讨论订单完成

1980年，受日本汽车的冲击，福特汽车出现了34年来的第一次亏损。从1980年至1982年，短短三年亏损总额达到了33亿美元。与此同时，福特汽车内部工人的不满情绪与日俱增，举行了多次罢工。

福特公司陷入了严重的危机。从1982年开始，福特公司实行全员参与决策制度，鼓励员工参与公司事务的管理，从而改变了公司管理者与员工的对

立关系，福特公司从此出现了转机。全员参与制度的主要措施是将所有能够下放到基层管理的权限全部下放，对职工抱以信任态度并不断征求他们的意见；另一项重要措施，就是向员工公开账目，每位员工都可以就账目问题向管理层提出质疑，并有权获得合理解释。这次改革，缓和了劳资间势不两立的矛盾关系，激发了员工的参与意识。员工的独立性和自主性得到了尊重与发挥，积极性也随之高涨，从而提高了工作效率。

某小型工厂接到了一笔大订单。订单所给的供货时间很短，如果要如期交货，就需要工人们每天加班加点地赶工，这势必会引起他们的抱怨。厂长很为难，想了很久，终于想出了一个绝妙的方法。一天，厂长召集所有工人参加了一个讨论会。会上，厂长告诉他们，如果能够准时赶制出这笔订单，月底每个人将会得到丰厚的奖金，然后提出了一系列问题让他们讨论。我们究竟有没有办法如期完成这笔订单？有哪些方法可以提高工作效率？工人们围绕着订单展开激烈的讨论，提供了很多能够按时完成订单的好建议。后来，工人们按照自己所提出的方法，加班加点，如期完成了这笔订单。

精透解析：局外人变身局内人，主人翁迸发积极性

美国心理学家雷德曾说：对部下不能用命令的方式，而要用询问的方式。以询问代替命令，能够让部下由被动变主动，积极地参与到工作中去。我们每个人都有一种强烈的参与意识，只要是与自己有关的事情，都有一种想要了解更深和想参与其中的欲望。如果这一欲望能够得到满足，就会激发工作热忱，心甘情愿地付出心血和汗水；相反，如果一个人的参与欲望受到遏制，他的积极性就会受到严重打击，极有可能产生心灰意冷的负面情绪，对工作就会缺乏热情。

作为一名成功的管理者，要让员工觉得自己是公司的主人，积极参与到公司的运营管理中，与公司一起成长。在现代管理中，激发员工的参与意识，让员工产生主人翁意识，让他们参与初创团队的管理和决策，是提高工作效率和积极性的重要途径。

46. 乔治定理：提高沟通之效，铸就铁血团队

知识小提示

乔治定理是由美国管理学家小克劳德·乔治提出的。其含义为：有效地进行适当的意见交流，对一个组织的气候和生产能力会产生有益的和积极的影响。乔治定理昭示人们：沟通是企业成功之本。

案例

通用"门户开放"听意见，联想"放开自我"促交流

通用电气公司前总裁韦尔奇曾说：现代企业必须使公司更团结、更容易与人沟通，并鼓励员工同心协力为越来越挑剔的顾客服务，这样才能成为真正的赢家。韦尔奇领导的通用电气公司从最高决策层到各级主管，均实行敞开式办公即"门户开放"政策，随时欢迎职工进入他们的办公室反映各种情况。

最具特征的一点就是：公司从上到下，不论是总经理还是一般员工没有尊卑之分。提倡互相尊重，相互依赖，上下级之间的关系非常亲切、融洽，员工的感觉就像是一个和睦的大家庭。正是在这种感情沟通式的管理下，通用电气公司的发展速度远远超过其他公司。

在联想的企业文化手册中明确写道：放开自我，让别人了解你的需求，让别人了解你的困难，让别人知道你需要帮助。主动了解他人的需求，让他人感到能得到理解和帮助。做到五多三少：多考虑别人的感受，少一点儿不分场合地训人；多把别人往好处想，少盯住别人的缺点不放；多给别人一些赞扬，少在别人背后说风凉话；多问问别人有什么困难，多一些灿烂的微笑。正是通过这些沟通渠道，联想充分唤起了员工间家庭般的和谐与温暖的感觉，营造了一个和谐温馨、信息畅通的工作氛围，达到了一种真正的上下同心。

精透解析：排除位差平等交流，形成规制讲究实效

管理的主体是人，管理就是如何做人的工作。所有的管理问题归根到底都是沟通的问题。通过沟通可以增强员工的信心，可以把团队的目标深入到团队中每位成员的心中，集合每个人的力量，将之引向整个团队最终追求的目标。国内外事业有成的企业无不视沟通为管理的真谛。正如英特尔公司的前任CEO安迪·格鲁夫所言，"领导公司成功的方法是沟通、沟通、再沟通"。

管理者要把组织的内部沟通或者说"意见交流"制度化、日常化，以此建立起一个频繁交流的民主氛围。要获得有效的沟通就要争取平等交流，大家彼此放下各种架子面对面地对话探讨，也只有这样才能获得较高的沟通效率。把意见交流列入议事日程：定期开会，召开专门的"意见交流会"。每个月至少几次，或者每周一次，并且要求大家在这种"意见交流会"上，要全都放下架子，排除所有"位差"，会上大家人人平等，可以畅所欲言，可以辩论和争议。

任何人提不同意见都不应当受到打击报复，相反，应该得到表扬和赞许。这样的"意见交流会"与其他会议是有区别的，会上可以回避什么指示、文件、精神、政策之类习惯内容，直奔主题，专门就大家的各种不同意见进行深入、平等的交流。

沟通创造和谐，沟通赢得人心，它能够凝聚出士气和斗志。一个沟通顺畅的团队必然是一个士气高涨、气氛融洽、业绩高效的组织。

47. 史密斯原则：与其竞争，不如合作

知识小提示

史密斯原则是美国通用汽车公司前董事长约翰·史密斯提出的一条著名的管理原则，即"如果你不能战胜他们，你就加入到他们之中去"。

在新商业形势下，竞争态势发生了根本性的变化，企业为了自身的生存和

发展,需要与竞争对手进行合作,建立战略联盟,即为竞争而合作,靠合作来竞争。

傍大腕盖茨联姻IBM,化敌友微软携手SUN

微软公司刚起步时,还没什么人了解。通过研制一些办公软件并投入市场,微软公司才开始为一些圈内人知道。但与当时的电脑业大亨IBM相比,微软简直不值一提。但是,比尔·盖茨有雄心把自己的公司发展成如IBM一般的大公司。

在当时,人们认为只有发展电脑硬件才会赚钱,但比尔·盖茨认为,个人计算机将是未来电脑的发展主方向,而为它服务的系统软件也将越来越重要。于是,他组织人员日夜奋战,开发研制新型的系统软件。不久,他听说帕特森的西雅图计算机产品公司已经研制出一种基于8086的称为QDOS的操作系统。微软马上决定以合适价格买下其使用权和全部的所有权。之后,盖茨组织自己的研究人员在此基础上进行改进,终于研制出了自己的操作系统MSDOS系统。

在当时,微软公司力小利薄,根本无法完成自己的抱负,向社会推出这项产品。这时,比尔·盖茨想到了IBM。在当时,IBM想向个人计算机方向发展,但它必须有合作伙伴,IBM虽然十分强大,但要完成此项开发,软件上仍需合作。恰好,微软公司在软件开发方面的小有名气和成果也是具有一定优势的,这样二者一拍即合。

在与比尔·盖茨会面前,IBM让他签署了一项保证不向IBM谈任何机密的协议。IBM经常采用这种办法从法律上保护自己。这样,IBM今后即使从客户的设想和信息中赚钱,客户也难以起诉。但是,从这例行公事中,盖茨立即明白IBM是很认真地和他们商量合作事宜的,因为如果IBM不想和他谈正经事的话,就不会拟协议。他兴奋地对同伴说道:"伙计们,机会来了。"

不过,直到与IBM第二次见面后,盖茨才意识到,IBM准备插手个人计算机领域。当时,盖茨只是明白,能与IBM合作相当不错,如能说服其使用微软软件就更好。于是,盖茨对与IBM合作倾注了满腔热情。合同的第一项订货是操作系统。要完成IBM与微软的合作项目,时间紧迫,软件的成品须在1981年3月底以前设计完成。比尔·盖茨带领自己的伙计们,向IBM交了一份满意的答卷。不久,IBMPC研制成功了,微软DOS也因之而成为行业的唯一标准。自此由于IBMPC销量日增，MS-DOS的影响力也与日俱增，为其开发的应用软件也越来越多，从而更加巩固了其基础地位。微软最终成了最大的赢家。通过与电脑业巨人IBM的成功合作，微软挖到了自己至关重要的一桶金。正是这桶金成就了微软后来的辉煌。

在过去的数年中，微软与SUN之间从市场竞争、技术产品的竞争到两个总裁之间的口水战，明争暗斗从来就没有停止过。2004年4月2日，微软首席执行官斯蒂夫·巴尔默和SUN公司首席执行官兼主席斯科特·麦克利尼尔向全世界宣布："微软和SUN将为产业合作新框架的设置达成一个十年协议。"当人们看到两个巨人，也是一对冤家亲密地坐在了一起，就知道合作已经可以突破很多界限。

精透解析：为竞争而合作，靠合作来竞争

在上面的事例中，微软与IBM的合作诠释了弱者通过与强者合作走上成功之路的道理。而微软与SUN公司之间的合作，则向我们展示了强强合作的一种双赢结局。

没有永远的敌人，只有永远的利益。无论是合作还是竞争，说到底都是为了利益。传统的企业竞争通常是采取一切可能的手段击败竞争对手，将其逐出市场；企业的成功是以竞争对手的失败和消失为基础，"有你无我，势不两立"是市场通行的竞争规则。

双方合作的基础首先是对双方都有价值，而且是对方急切需要的一种价值。因此，合作的实质也就成了"你为我用，我为你用"。企业的竞争与合作关系是非零和博弈的体现。它强调竞争者积极争取多层次、跨领域的战略合作，共享资源，集成要素优势，实现双赢或共赢的市场策略。

强者之间尚且如此，弱者之间更应加强竞争与合作关系。我国的一汽、东风公司和上汽集团要想培育与跨国公司直接抗衡的能力，就有必要实施竞争与合作的战略。通过合作，企业得到了发展，因此也就获得了更多更深层次的合作机会，更多更深层次的合作又让企业可以更快速地发展并壮大，这就是一个合作的效益闭环。

48. 踢猫效应：多沟通，避免团队中坏情绪肆意传染

知识小提示

踢猫效应描绘的是一种典型的坏情绪的传染所导致的恶性循环，是指对弱于自己或者等级低于自己的对象发泄不满情绪，而产生的人与人之间的泄愤连锁反应。

案例

赫布推行"态度雇佣"，经理笑对刁难顾客

美国西南航空公司的前任总裁赫布·凯莱赫说：大部分时间我都在工作，工作是我的嗜好。如果你喜欢你做的事，那你就不会有压力。而每天都是愉快的一天。所以他在西南航空公司内部提出"爱"的口号，创造一种环境，使大家真心想参与进来，根本不必进行监督与控制。西南航空公司有其独特的"态度雇佣"理念：态度第一，技能可以培训。

这种管理使西南航空公司连续多年在"美国100个最佳的工作场所"位居榜首位置，而且在整个航空业低迷的情况下，连续31年盈利。赫布认为："只有人才是最重要的，你怎么对待他们，他们就怎么对待外面的人"。

在一家饮料商店，一名顾客指着面前的杯子，对大堂经理大声喊道："你过来！你看看！你们的牛奶是坏的，把我的一杯红茶都糟蹋了！"大堂经理一边赔着不是一边说："真对不起！我立刻给您换一杯。"新红茶很快就准备好了，碟边放着新鲜的柠檬和牛乳。经理再把这些轻轻放在顾客面前，又轻声地说："我能不能建议您，如果放柠檬，就不要加牛奶，因为有时候柠檬酸会造成牛奶结块。"

顾客的脸一下子红了，匆匆喝完茶就走了。在旁边的一个顾客看到这一场景，笑问大堂经理："明明是他的错，你为什么不直说呢？"大堂经理笑着说："正因为他粗鲁，所以要用婉转的方法去对待，正因为道理一说就明白，

> 所以用不着大声！理不直的人，常用气壮来压人。理直的人，却用和气来交朋友！正因为自己占理，才更不能将负面情绪传递下去。"

精透解析：善待批评从善如流，中止烦恼传播快乐

一般而言，人的情绪会受到环境以及一些偶然因素的影响，当一个人的情绪变坏时，潜意识会驱使他选择下属或无法还击的弱者发泄。受到上司或者强者情绪攻击的人又会去寻找自己的出气筒。这样就会形成一条愤怒传递链条，最终导致这个链条上的每一个人都受到伤害。

现代社会中，工作与生活的压力越来越大，竞争越来越激烈。这种情况很容易导致人们情绪的不稳定，一点不如意就会使自己烦恼、愤怒起来，如果不能及时调整这种消极因素带给自己的负面影响，就会身不由己地加入到"踢猫"的队伍当中——被别人"踢"和去"踢"别人。人认识了自己的情绪之后就要学习控制自己的情绪，消除不良情绪，扩散积极情绪。

管理者要防止踢猫效应在组织中蔓延，以免导致大家心情不愉快。管理者不仅要做到自己善于批评，从善如流，还要教育员工正确对待批评，不能一听到批评的意见就生气，暴跳如雷，四处发泄。批评能让人受益前进。生活中有人批评，是一个人的福气。良药苦口利于病，忠言逆耳利于行。受到批评，心情不好可以理解，但批评之后产生了"踢猫效应"，这不仅于事无补，反而容易激发更大的矛盾。

生活中，每个人都是"踢猫效应"长链条上的一个环节，遇到比自己地位低的人，都有将愤怒转移出去的倾向。当一个人沉溺于负面或不快乐的事情时，就会同时接收到负面和不快乐的事。当他把怒气转移给别人时，就是把焦点放在不如意的事情上，久而久之，就会形成恶性循环。

所以要不断提高自身修养素质，提高职业技能和处理生活事务的能力，找到正确缓解压力、舒缓情绪、发泄情绪的渠道，试着换种角度看问题，让负面情绪在自己这个环节上消失，让快乐在自己这个环节上起航。我们上面列举的两个案例，是处理负面情绪的好借鉴，值得大家一品三思。

初创团队不可不知的100个管理心理学效应

49. 华盛顿合作定律：合作不是人与人简单的相加

知识小提示

华盛顿合作定律是美国人总结出来的定律，其内容是一个人敷衍了事，两个人互相推诿，三个人则永无成事之日。

这个定律告诉我们，在管理中1+1＜2的情况经常出现。对于一件事来说，如果初创团队要求员工单独完成任务，员工的责任感就会加强，并作出积极的反应。如果企业要求一定数量的员工共同完成任务，员工的责任感就会变弱，遇事往后退，互相推诿扯皮。

案例

分工合作才能共赢，责任分散见死不救

一家大企业招聘市场营销人员，6名应聘者顺利通过初试，进入由企业总裁亲自把关的复试。总裁通过这几名应聘者的详细资料和初试表现，对这几个人都很满意。但是由于招用的人数有限，因此，总裁给这6名应聘者出了一道题。

总裁将这6个人随机分成了甲、乙两组，甲组负责调查青少年用品市场，乙组的人负责调查老年人用品市场。在他们调查市场之前，总裁叮嘱他们说："我们企业录用的人是来开发市场的，因此你们必须对市场有敏锐的洞察力。通过这次市场调查，是想考察一下大家对新行业的适应能力。期待每个小组成员的完美表现。为了避免出现盲目的市场调查，秘书已经准备了一份相关的资料，作分析报告时可以参考一下。"一个星期后，6个人将自己的市场分析报告递交到总裁手中，总裁看完后，站起身来走向甲组的3个人，并与之一一握手，公布甲组的3个人被公司录取。看着其余应聘者疑惑的表情，总裁平静地向人们解释道："请大家打开秘书给你们的资料，交换一下看看。"每个人在看到别人的资料后，对自己所调查的市场有了一个全新的认识。

原来每个人手中的资料都是不一样的，也都是不完整的，他们分别得到

的是自己所调查市场的过去、现在及将来的分析。总裁解释说，甲组的3个人非常聪明，他们互相借阅了对方的资料，补全了自己的分析报告，给了我一个比较全面的市场报告。而乙组的3个人却分头行事，离开了自己的团队，给我提供的是一份片面的市场报告。出这样一个题目就是为了看看大家的团体合作意识，团体的合作是企业成功的保障。

精透解析：落实责任细分工，减少内耗多沟通

人与人的合作不是人力的简单相加，任何一个团体都免不了存在钩心斗角的现象，这种现象叫做"办公室政治"，它和"旁观者效应""社会惰性作用"一样，可以直接导致华盛顿合作定律的出现。

钓过螃蟹的人或许都知道，篓子中放一群螃蟹，不必盖上盖子，螃蟹是爬不出来的。因为只要有一只想往上爬，其他螃蟹便会纷纷攀附在它的身上，把它也拉下来，最后没有一只能够出去。但是如果只放一只螃蟹，它会很快轻松地爬出去。

华盛顿合作定律影响了群体关系，降低了组织效能。实际管理中，要破解华盛顿合作定律，必须明确成员分工，落实成员责任，以降低旁观者效应；采用激励机制，实行目标管理，以避免社会惰性作用；注重素质结构，重视组织沟通，以减少组织内耗现象。

例如解决"三个和尚没水吃"的问题，关键是管理。可以采取接力挑水或轮流挑水的方法；还可以提出分工负责，挑水、砍柴、做饭各由不同的人负责，每人明确责任，分工合作；还可以建立一种激励机制，谁主动承担挑水，对寺院贡献大，在资源分配、职务晋升等方面有优先权。谁因为挑水、做饭等不及时，影响了吃饭寺务，就给以明确的处罚。

50. 皮尔·卡丹定理：搭配务求有效，力避1+1=0

> **知识小提示**
>
> 法国著名企业家皮尔·卡丹是世界顶级服装设计大师和商业巨头，他提出，在用人上一加一不等于二，搞不好等于零。有效搭配，方显威力。这一定理被称为皮尔·卡丹定理，广泛应用于管理领域。

人与人的合作不是人力的简单相加，而是复杂和微妙得多。在人与人的合作中，假定每一个人的能力都为1，那么10个人的合作结果有时比10大得多，有时甚至比1还要小。因为人不是静止的物，而更像方向不同的能量，相互推动时自然事半功倍，相互抵触时则一事无成。因此，一个组织必须要考虑合理的人才组合，使各成员之间互相补充协作，各取所长，充分发挥各成员的优势，实现团队的有效合作。

案例

耐克引进斯鲁谢尔，互补成就行业老大

美国著名运动生产商耐克公司引进霍华德·斯鲁谢尔的举措，提供了一个在人才搭配上一加一大于二的经典案例。

20世纪70年代，耐克公司已经渐渐露出了要赶超阿迪达斯公司，成为运动服装界老大的苗头。由于市场需求的不断扩大，耐克公司迫切需要一个对运动有激情，懂策划并极富谈判天赋的人掌舵护航。耐克的老板菲尔·奈特在这些方面显然并不擅长。他需要引进人才，而在他看来，斯鲁谢尔绝对是最佳人选。在菲尔·奈特眼中，斯鲁谢尔的最可贵之处在于"将讨价还价的谈判升华成为一种艺术"。而这正是面临扩大市场后公关事务增多的菲尔·奈特最缺少的东西。

奈特颇费周折终于使斯鲁谢尔同意到耐克服务。奈特做事善于从大处着眼，而斯鲁谢尔则精于"锱铢必较"，一粗一细，构成了一个完整的耐克主体。在业界的眼中，斯鲁谢尔成为了奈特的另一半自我，他与奈特虽然不相

像，却具有神奇的互补作用。正是这种神奇的互补作用，终于成就了耐克的巨大成功：20世纪70年代末80年代初，耐克就超过了阿迪达斯公司，成为了世界体育用品提供企业中当之无愧的老大。

 精透解析：大力精简人员，合理搭配组合

　　对一个管理者来说，不但要做到知人，为组织网罗到尽可能多的人才，还要善任，让每个优秀的人才都能找到他合适的位置。只有这样，才能使人的才能得到最大限度的发挥，使人力资源得到最佳的配置，从而产生一加一大于二的效果。

　　研究表明，在管理中，如果实际管理人员比最佳人数多两倍，工作时间就要多两倍，工作成本多四倍；如果实际管理人员比最佳人数多三倍，工作时间就要多三倍，工作成本多六倍。这说明，管理人员并不是越多越好，只有找到一个最合适的人数，才能最大限度地减少无用的工作时间，降低工作成本，管理才能收到最好的效果。

　　人才搭配要恰当，要尽量使结果最大化，想方设法用最少的人做最多的事，极力减少成本，追求效益最大化。要注重培养员工的人格，具备良好人格的员工，往往具有更高的职业道德。员工的升迁要综合考虑其才能和资历。工龄和才干必须相互配合，这样有才能的员工得以重用时，又能使周围员工信服。提拔年轻人时，不可只提升他的职位，还应支持帮助他建立威信。

　　用人之道，最重要的是要做好不同能力人才的搭配组合。搭配不当，事倍功半；搭配得当，事半功倍。

51. 苛希纳定律：团队规模盲目求大，工作效率低下

知识小提示

苛希纳定律是由西方著名管理学家苛希纳提出来的。这个定律告诉我们，人多必闲，闲必生事，民少官多，最易腐败。在管理上，并不是人多就好，有时管理人员越多，工作效率反而越差。只有找到一个最合适的人数，管理才能收到最好的效果。

案例

沃尔顿严控成本，沃尔玛减员增效

沃尔玛前总裁山姆·沃尔顿有句名言："没有人希望裁掉自己的员工，但作为企业高层管理者，却需要经常考虑这个问题。否则，就会影响企业的发展前景。"他深知，企业机构庞杂、人员设置不合理等现象，会使企业官僚之风盛行，人浮于事，从而导致企业工作效率低下。为避免这些在自己的企业内发生，沃尔顿想方设法要用最少的人做最多的事，极力减少成本，追求效益最大化。

从经营自己的第一家零售店开始，沃尔顿就很注重控制公司的管理费用。在当时，大多数企业都会花费销售额的5%来维持企业的经营管理。但沃尔顿则不这样做，他力图做到用公司销售额的2%来维持公司经营！这种做法贯穿了沃尔玛发展的始终。在沃尔顿的带领下，沃尔玛的员工经常都是起早贪黑地干，工作卖力尽责。

结果，沃尔玛用的员工比竞争对手少，但所做的事却比竞争对手多，企业的生产效率当然就比对手要高。这样，在沃尔玛全体员工的苦干下，公司很快从只拥有一家零售店，发展到拥有全球2000多家连锁店。公司大了，管理成本也提高了，但沃尔顿却一直不改变过去的做法——将管理成本维持在销售额的2%左右，用最少的人干最多的事！

沃尔顿认为，精简的机构和人员是企业良好运作的根本。与大多数企业

不同，沃尔玛在遇到麻烦时，不是采取增加机构和人员的办法来解决问题。而是追本溯源，解聘失职人员和精简相关机构。沃尔顿认为，只有这样才能避免机构重叠、臃肿。

在沃尔顿看来，精简机构和人员与反对官僚作风密切相关。他非常痛恨企业的管理人员为了显示自己地位的重要性，在自己周围安排许多工作人员。他认为，工作人员的唯一职责，就是为顾客服务，而不是为管理者服务。凡是与为顾客服务无关的工作人员，都是多余的，都应该裁撤。

精透解析：精管减政定责任，因事设人裁冗员

鸡多不下蛋，龙多不下雨，人多瞎捣乱。早在1978年，邓小平同志就指出："急需建立严格的责任制。"他主张"任何一项任务、一个建设项目，都要实行定任务、定人员、定数量、定质量、定时间等几定制度"。确定责任人的最佳人数，防止机构臃肿，人浮于事，对于提高工作效率至关重要。

在一个充满竞争的世界里，一个团队要想长久地生存下去，就必须保持自己长久的竞争力。竞争力来源于用最小的工作成本换取最高效的工作效率，这就要求这个团队必须要做到用最少的人做最多的事。只有机构精简、人员精干，团队才能保持永久的活力，才能在激烈的竞争中立于不败之地。

因事用人与因人设事是截然相反的两条用人策略。按照因人设事的思维来考虑问题、处理问题，必然出现以下各种弊端：无用之才出不去，有用之才进不来；人员过多，严重超出实际需要，多头管理，办事环节多，手续复杂，工作效率低；机构臃肿，部分人干着毫无意义的事，工作成本高等。将苛希纳定律运用到管理中，就是要做到：减少管理层次和管理人员，用最少的人做最多的事，除去多余的人，留下有用的人，人尽其能，减少成本，实现利益最大化。

管理不仅仅是压制人、管束人，还应该是引导人、激励人。在用人过程中，管理者应该有什么事要办，才用什么样的人；绝不能有什么人，就去办什么事。管理者可以通过各种渠道，采取各种方式，挑选最合适的人才；在起用人才时，管理者要根据员工的专业特长，将员工分配到合适的部门，最大限度地发挥员工的特长，让员工更加大胆地放开手脚去工作，并在工作中得到提高，从而为初创团队作出创造性的贡献。

52. 刺猬法则：距离产生美，既要合作又要保持距离

知识小提示

刺猬法则强调的就是人际交往中的"心理距离效应"。运用到管理实践中，就是领导者如要搞好工作，就应该与下属保持亲密关系，但这是"亲密有间"的关系，是一种不远不近的恰当合作关系。

为了研究刺猬在寒冷冬天的生活习性，生物学家做了一个实验：把十几只刺猬放到户外的空地上。这些刺猬被冻得浑身发抖，为了取暖，它们只好紧紧地靠在一起，而相互靠拢后，又因为忍受不了彼此身上的长刺，很快就又各自分开了。可天气实在太冷了，它们又靠在一起取暖。然而，靠在一起时的刺痛使它们不得不再度分开。挨得太近，身上会被刺痛；离得太远，又冻得难受。就这样反反复复地分了又聚，聚了又分，不断地在受冻与受刺之间挣扎。最后，刺猬们终于找到了一个适中的距离，既可以相互取暖，又不至于被彼此刺伤。

案例

戴高乐为什么常换身边人

法国总统戴高乐就是一个很会运用刺猬法则的人。他有一个座右铭："保持一定的距离！"这也深刻地影响了他和顾问、智囊及参谋们的关系。在他十多年的总统岁月里，他的秘书处、办公厅和私人参谋部等顾问和智囊机构，没有什么人的工作年限能超过两年。他对新上任的办公厅主任总是这样说："我使用你两年，正如人们不能以参谋部的工作作为自己的职业一样，你也不能以办公厅主任作为自己的职业。"这就是戴高乐的规定。

这一规定出于两方面原因：一是在他看来，调动是正常的，而固定是不正常的。这是受部队做法的影响，因为军队是流动的，没有始终固定在一个地方的军队。二是他不想让"这些人"变成他"离不开的人"。这表明戴高乐是个主要靠自己的思维和决断而生存的领袖，他不容许身边有永远离不开

的人。

只有调动，才能保持一定距离，而唯有保持一定的距离，才能保证顾问和参谋的思维和决断具有新鲜感和充满朝气，也就可以杜绝年长日久的顾问和参谋们利用总统和政府的名义营私舞弊，戴高乐的做法是令人深思和敬佩的。

 精透解析：疏者宜密之，密者宜疏之

刺猬法则强调的就是人际交往中的"心理距离效应"。与下属保持心理距离，可以避免下属的防备和紧张，可以减少下属对自己的恭维、奉承、送礼、行贿等行为，可以防止与下属称兄道弟、吃喝不分。这样做既可以获得下属的尊重，又能保证在工作中不丧失原则。

一个优秀的领导者和管理者，要做到"疏者密之，密者疏之"，这才是成功之道。与员工保持一定的距离，既不会使你高高在上，也不会使你与员工互相混淆身份，这是管理的一种最佳状态。没有距离感，领导决策过分依赖秘书或某几个人，容易使智囊人员干政，进而使这些人假借领导名义，谋一己之私利，最后拉领导干部下水，后果是很危险的。两相比较，还是保持一定距离好。

距离的保持靠一定的原则来维持，这种原则对所有人都一视同仁：既可以约束领导者自己，也可以约束员工。掌握了这个原则，也就掌握了成功管理的秘诀。

美学上有句名言：距离产生美。事实上，现实生活中人与人之间也总是保持着一定的空间距离和时间距离。陌生人之间一般会保持一米以上的空间距离，否则就会构成对别人的威胁，这种现象在心理学上叫"空间侵犯"。

第6章
团队沟通：积极、及时的沟通是解决所有问题的法宝

所有的管理问题归结到最后都是沟通问题，管理者的真正工作就是沟通。在一个企业和团队中，下情上知，上情下达，横向交流，所有的决策和共识都要通过沟通达成。沟通能够减少冲突、化解矛盾、澄清疑虑、消除误会，能够赢得员工的认同感、责任感，创造忠诚和谐、凝聚如一的团队。得民心者得天下，善沟通者赢未来。

53. 金鱼缸法则：管理要像玻璃缸里养鱼一样公开透明

知识小提示

金鱼缸法则，又称金鱼缸效应、透明效应。这一法则是由日本电器株式会社社长北田光男始创的。北田光男要求企业各级领导者的经济收入、费用报销要如实向企业利益相关者及其员工公开，接受他们的批评建议和意见，并据此对经营管理进行改进。

这个法则中，其实不仅仅是指管理者的经济收入、费用报销要透明，而是泛指一切，所有的管理都要透明化，接受员工的监督。金鱼缸是玻璃做的，透明度很高，不论从哪个角度看，都可一清二楚地看到里面的情况。因此，这个效应多是一种比喻，泛指具有极高透明度、民主的管理模式，在理解和应用上千万不可有所偏颇。

案例

中储粮曝配方赢市场，史塔克晒账目渡难关

2012年年初，一个名为中储粮油脂有限公司的企业杀入了传统粮油市场，推出名为"金鼎"的小包装食用油品牌。

在这个年产值超过600亿元的传统粮油市场里，中粮集团、益海嘉里、鲁花等传统巨头已形成较强的区域及部分垄断优势，如何与巨头们在较量中"破茧"，中储粮油脂给出了一条"另类"的答案：捅破行业"潜规则"，公开调和油比例。

此做法引发了行业轩然大波，被认为是一种非常高明的营销手法，取得了良好的社会效果。对于调和油有一种广泛存在的看法，就是认为调和油不是好油，觉得调和油中添加了廉价甚至是劣质的油。

造成这种误解最主要的原因就是调和油配方的不公开、不透明，消费者不知道各种成分的比例，无法形成信任。在这种形势下，中储粮"金鼎"品牌决定以企业信誉为担保，实行透明式营销，向社会公众公开调和油配方，

让消费者明明白白消费，安安心心用油。这一举动既促进了自身产品的销售，又强化了整个食用油行业的自我约束和督促。

企业界常采用"开诚布公管理法"，其哲学基础就是"金鱼缸法则"。史塔克是业界施行"开诚布公管理法"的先驱之一。史塔克接掌春田重整公司（SRC）时，SRC刚从母公司国际丰收公司脱离出来，整个公司的经营状况可说是摇摇欲坠。

史塔克认为，唯一能使公司长久维持正常经营的方法，就是以真相为基础。他决定让公司里的每一位员工都了解公司整体的经营状况。他亲自教员工看懂、了解公司的财务报表，而且定期公布公司的账册与各项财务资料，让全公司上上下下都知道公司的状况及未来的目标。大家齐心协力，共渡难关，使公司迅速走上了良性发展轨道。

 精透解析：公开透明释疑防腐，换位思考解决问题

透明公开是防止腐败和不正之风的法宝之一。金鱼缸法则作为现代管理制度的一项基本原则在各个领域都有很好的运用。

金鱼缸法则运用到企业管理中，就是要求企业领导增加企业各项工作的透明度。企业的各项工作有了透明度，企业领导的行为就会置于全体下属的监督之下，就会有效地防止企业领导享受特权、滥用权力，从而强化企业领导的自我约束机制。在企业管理工作中要始终遵循和执行"公平、公正、公开"的原则。企业管理的公开、透明又会对企业管理本身起到巨大的推动作用，使企业得到持续、良性的发展。

金鱼缸法则运用到政务管理中，要求政府的工作内容公开化，对于政府筹划或正准备进行的各项工作，如城市建设、道路规划、医疗保健措施、事务处理等分类进行公开，并对各项工作内容及进程予以公开，任何公民都可以通过特定途径，如政务公开栏、政务公开网络等进行查询、监督。政务信息本身就是政府信息的一部分，政务公开有利于政府信息公开的进一步透明化。

全球全面质量管理（TQM）的先驱者和推广活动家、日本TQM专家司马正次曾提出另类的"金鱼缸法则"。金鱼缸就象征着企业所面对的经营环境，而鱼就是目标客户。经营者要做的就是忘却原本根植在头脑中的传统观念，先跳进金鱼缸，实际深入到用户所处的环境，接触那些用户，学着和金鱼一起游泳，了解他们所处的环境和真正体验。

然后，经营者要跳出金色缸，站到一个更高更广的环境中，用立体思维方式来换位思考问题，重新审视和分析客户状况，以发现他们最本质的需求。司马正次另类的"金鱼缸法则"，引导企业行之有效地了解目标客户的所需所想，进而完成由"消费者请注意我们的商品"到"请注意消费者"的换位经营，具有较强的现实借鉴意义。

54. 戴伯尔法则：多沟通，才能实现民主决策

知识小提示

戴伯尔法则的提出者是英国戴伯尔公司总裁I.戴伯尔。其内容为：民主是现代管理的潮流，但是若事事要求民主，效果反而不好。

因此，团队在实现高度透明的管理模式上不可一刀切，需要多方沟通，不仅仅是同级之间，还包括上下级、企业内外部等。只有企业中有完善的、畅通无阻的沟通机制，才能实现所谓的民主管理。

案例

凭投票冤死苏格拉底，排众议力推四九足金

雅典作为古希腊最著名的城邦，其民主制度在伯里克利时代臻于巅峰。雅典公元前399年，古希腊最伟大的哲学家苏格拉底因主张言论自由，而被诬陷引诱青年、亵渎神圣，由500名雅典公民组成的民主陪审法庭，通过表决的方式决定是不是处死苏格拉底。苏格拉底在申辩中提出"三十命那"（命那是货币单位）的处罚。雅典民主法庭以360票对140票表决的结果，判处苏格拉底死刑。

在狱中，苏格拉底拒绝了友人克力同逃亡他邦的劝说，饮鸩而亡。苏格拉底经民主陪审法庭的审理而被处死以及他在狱中的言说与所为引出了西方法哲学中几个重大的理论问题，诸如"公民为什么要遵守法律""司法应精英化还是民主化"以及"民主制下的多数人暴政"等问题。西方文明史上对苏格拉底的审判和处死，激发了学者数千年的讨论，至今仍余波荡漾。

香港著名富豪珠宝大王、地产大亨郑裕彤，敢于冒险创新，敢于与众不同，人送给绰号"鲨胆彤"。1956年成为周大福金店王国的主宰。当时香港的金铺数不胜数，做金饰的业主大多克勤克俭，竞争十分激烈。考虑到一般金铺的黄金成色都是99%，即九九金，为了在竞争中取胜，郑裕彤决定首创推出四条九（即含金量99.99%）足金，较三条九金（即99.9%）含金量更高，虽然立即顾客盈门，可付出的代价也是巨大的，每卖出一两金，都要亏几十块。

但郑裕彤却力排众议，他认为，这是一种免费广告，亏就是赚，虽然成本一定会高出几十万。但权当把这几十万当作广告费。过了两年，果然不用做宣传，周大福铸造的金饰各家店都争相取货。四九金的成功，既为周大福带来丰厚的盈利，更为他带来良好的信誉。顾客皆说周大福的金不"煲水"！

精透解析：听人不蔽于人，谋众勿拘于众

有时，真理掌握在少数人手里。作为管理者，既要广泛听取意见，又不能随波逐流，而要敢于决策，勇于拍板。看准了的事，即使支持人数不多，也要坚决地去做。少数服从多数的原则并不是一条放之四海而皆准的真理。

少数服从多数在责任不明确的状态下，民主的漏洞足以破坏社会效率和决策的价值，甚至伤及组织赖以生存的基础。把多数视为正确，也容易让民主流于形式。

集中是民主基础上的集中，民主是集中指导下的民主。由于管理者和员工掌握信息的不对称性，管理者在做出重大抉择的时候，一定要做到听人不蔽于人，谋众勿拘于众，综合考虑各方面的因素，民主一定是受限制的民主，正确处理参谋人员的意见十分关键。

55. 杰亨利法则：亮出真诚，坦率沟通

知识小提示

杰亨利法则取自于其提出者杰瑟夫·卢夫特和亨利·英格拉姆的名字。它的核心是坚信相互理解，是指运用坦率真诚的沟通方式，能够提高知觉的精确性，并促进沟通的效果。

杰亨利法则从两个纬度上分析了促进或阻碍人际沟通的个体倾向性。这两个维度分别为揭示和反馈，揭示是指个体在沟通中坦率公开自己的情感、经历和信息的程度；反馈指的是个体成功地从别人那里了解自己的程度。根据这两个纬度可以划分出四个窗口——开放区、盲目区、隐藏区和未知区。

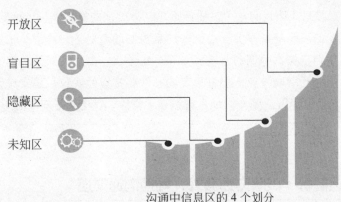

沟通中信息区的 4 个划分

（1）开放区信息是指自己和别人都知道的信息。

（2）盲目区是指那些别人很清楚而自己却不知道的事情，这种情况往往是由于别人没有告诉你或由于你的自我防卫机制拒绝接受这些信息而造成的。

（3）隐藏区是自己知道而别人不知道。

（4）未知区是那些自己和别人都不知道的情感、经验和信息。

杰亨利法则基于这样的假设进行设想，认为当开放区的信息量增加时，人们之间会更好地相互理解。因此他们建议运用坦率真诚的沟通方式。要通过揭示和反馈来增加开放区的信息量，即通过提高自我揭示的水平和倾听来自他人的反馈这两种方式扩大开放区的面积，从中获益。

宴请诚征新点子，开通建议直通车

英国的著名企业维京集团是一家年营业收入高达数十亿美元的大企业。企业创始人兼董事长理查德·布兰森建立起一种"把你的点子大声说出来"的创意机制。这种机制包括：该公司所有员工都知道布兰森的电话，董事长理查德·布兰森建立了"直通车"。员工一有好的构想，就能通过各种渠道让他知晓。

集团每年举办的一次"家宴"，为那些想要贡献创业点子、平时较不易碰到布兰森的员工创造了毛遂自荐的机会，"家宴"为期一周，参加人数多达3500人。集团旗下的每一个企业都有一套可以使员工的建议、点子上达的渠道。如财务服务机构，常务董事在当地一家餐厅常年预留8个空位子，任何员工认为自己的新点子够好，都可以申请和常务董事共进午餐，在用餐时商讨经营大计。

另外，维京集团还有一个性质接近总部办公室的机构——维京管理团队，协助新事业的实际开发作业。在这一创意机制的激励下，维京员工的创造性和积极性得到了极大的调动，各类点子层出不穷，如维京新娘公司、维京日益壮大的国际互联网事业，都是员工向布兰森提出的建议。维京集团鼓励开放的氛围，鼓励相互之间自由地进行揭示、交流，这使企业受获颇丰。

精透解析：破除沟通藩篱，畅通沟通渠道

约翰·奈斯比特指出"未来竞争将是管理的竞争，竞争的焦点在于每个社会组织内部成员之间及其与外部组织的有效沟通之上。"更有一种说法已经被许多人认同：一个人事业上的成功，只有15%是由于他的专业技术，另外的85%则取决于他的人际交往技巧。95%的矛盾是由于沟通不畅和误会引起的。

了解与掌握有关人际关系的原理和规律等心理学知识，提高自身的心理素质，已经成了现代人的急迫需求。在社会生活和管理活动中，人际沟通是无可避免的，沟通问题也同样无可避免，开放、真诚、坦率是人际关系中的重要元素，是促进沟通渠道畅通的有效保证。有时候坦率地直陈困难比花言巧语更能打动人心。

营造良好的沟通氛围，畅通沟通渠道，对于管理人员来说，更是迈向成功的必修课。

56. 斯坦纳定理：先多听，再少说

知识小提示

斯坦纳定理是美国心理学家斯坦纳提出来的，其含义为：在哪里说得愈少，在哪里听到的就愈多。这一定理告诉我们：只有很好听取别人的，才能更好说出自己的。说得过多了，说的就会成为做的障碍。

可见，沟通是有技巧的，作为管理者在与下属沟通时，尤其自己就某件事情进行表态和决策前，一定要先多听，再少说，认真听取各方面的意见。

案例

善倾听化解客户投诉，重沟通激发员工热情

一家电话公司曾碰到一个很难对付的客户，这位客户对电话公司的服务非常不满，对相关工作人员破口大骂。他怒火中烧，威胁要拆毁电话；他拒绝支付某种电信费用；他写信给报社，到消费者协会去申诉，到处讲电话公司的坏话。电话公司想尽快解决这一麻烦，于是派人去和那位客户交涉。说是交涉，其实就是想劝服对方不要继续闹下去。尽管被派去的那个人口才很好、思维敏捷，摆事实讲道理，把对方说得无言以对，但并没有达到目的，那个客户反而闹得更加厉害。接着，电话公司又派一个善于倾听客户意见的调解员去。当客户怒斥电话公司及相关人员时，他只是静静地听着，说着简短的"是"，对客户的遭遇表示同情，让他尽量把不满发泄出来。调解员整整听客户唠叨了3个小时。此后，调解员还上过两次门，继续听他的不满和抱怨。当调解员第四次上门倾听时，客户非常热情地接待他，表示不会继续追

初创团队不可不知的100个管理心理学效应

究下去,并且撤销了向有关部门的申诉。

美国辉瑞公司平时十分注重与员工的沟通。为了更好地从员工那里得到最直接的反馈,公司不仅设有总经理网站,还设立了各种意见箱,来收集员工的各种意见;还会不定期召开总经理与普通员工的对话,积极了解普通员工的情况。另外,为了加强沟通,公司专门设立了内部沟通经理的职位,并不是每个公司都有这样的职位。正是通过这种独特的沟通方式,使辉瑞公司的文化、战略、政策、目标融入公司每一位员工的心中,使每一位员工都将公司当作自己的家,并在工作中积极表现,使辉瑞公司成长为国际知名大公司。

精透解析:先倾听调查,再研究决策

尺有所短,寸有所长,兼听则明,偏听则暗。智者千虑,必有一失;愚者千虑,必有一得。一个人的智慧是有限的,只有不断地从别人的见解中吸取合理、有益的成分,以弥补自己的不足,才能减少失误,取得成绩。故善于倾听别人的意见是每一个社会人特别是管理者必须具备的品格。先倾听调查,再研究决策,这是一个正确方案出台的必须程序。

上帝给我们两只耳朵,一张嘴巴,是要我们多听少说。著名励志大师戴尔·卡耐基曾经说过:"专心听别人讲话的态度是我们所能给予别人最大的赞美,也是赢得别人欢迎的最佳途径。"善于倾听让你受人欢迎。倾听能使他人感到被尊重和欣赏,倾听才能了解别人、提高沟通效率,多听少说可以保护你的秘密。倾听对别人、对自己都是有好处的。

毛泽东主席是一位善于倾听群众意见的伟大领袖,他告诫身边的人到群众中去倾听群众意见;倡导"要做群众的先生,先做群众的学生";鼓励群众"知无不言,言无不尽";教导每一位领导干部重视群众的意见,要"有则改之,无则加勉"。在延安,毛主席倾听了李铭鼎先生关于精兵简政的建议,开展大生产运动,获得了极好的效果。

无论是在日常生活中闲谈趣事,还是在生意场上向人推销商品,有效的说话方式是自己只说1/3的话,把说2/3话的机会留给别人。在对方说话的时候,你需要做的只是认真倾听,倾听使你了解对方的想法,使你了解对方对你产品的反映,这样就能很好地避免误解,使沟通的效率大大提高。

倾听并不是单纯地听,倾听也有技巧,要取得完美的倾听效果,要心怀诚

意去听，并集中注意力。如果你没有时间或其他一些原因导致你不能倾听别人讲话，最好礼貌地表达歉意。倾听要表现出极大的耐心。当你遇到不能接受的观点，甚至是有些伤人感情的话时，你应该保持冷静，耐心听完别人的话。虽然你不一定同意对方的观点，但是你的耐心倾听能给对方留下好感。随便插话，改变别人的思路和话题，任意评论和表态，把话题拉到自己的事情上来，一心二用做其他事等，这些都是常见的不良的说话习惯，会严重妨碍倾听和交流。想要取得好的谈话效果，就必须改掉这些坏习惯。倾听的过程中要适时做出回应。

管理者征求意见的有效方式有以下几种：一是个别访谈，召开座谈会；二是召开员工大会；三是进行员工民意测验和满意度调查；四是进行公示等。

57. 卢维斯定理：放低姿态，多与一线员工沟通

知识小提示

卢维斯定理是由美国心理学家卢维斯提出的，其主张一个人要懂得谦虚，不懂得谦虚的人，往往把自己想得太好，而将别人想得很糟。

很多管理者都希望自己高高在上，摆出一副盛气凌人的气势，殊不知，这样只会与基层越来越远，造成信息的闭塞。其实，很多宝贵的有价值的建议，都出自一线实践，多与基层员工沟通，可及时掌握企业发展的一手资料，及时发现问题，改进问题。

纵观那些优秀的管理者，都善于放低姿态，深入一线，与员工进行沟通。

案例

与万名员工聊天，靠一线建议改进

奥田是丰田公司第一位非丰田家族成员的总裁，在长期的职业生涯中，

> 奥田赢得了公司员工的爱戴。他有1/3的时间在丰田城里度过，和公司里的1万多名工程师聊天，聊最近的工作，聊生活中的困难。另有1/3时间用来走访5000名经销商，听取他们的意见。他谦虚亲和务实的风格，为丰田赢得了广泛的市场和客户。
>
> 某印刷厂流水线的工作效率不高，远远没有达到设计标准，而总经理独断专行，听不得不同意见，他总是提出各种不同方案，却一直没有改善。总经理不征求员工的意见，下面的人也不敢说话。一天，总经理偶然间发现桌上的文件中深埋了几个月的一张纸，上面写着一位一线具体操作的技术人员对于生产线的改进意见，原来只是几个小的环节问题。总经理遵从了意见，问题马上得到了解决，流水线的工作效率得到了大幅度提高。

精透解析：放低姿态，欣赏员工

谦虚使人进步。但是在现实中，谦虚的尺度难以把握，要么把自己想得太糟了，要么又把自己想得太好，或者把自己估计得过高了，要么装谦虚又不符合做人诚信原则和实事求是的精神。卢维斯提出让人们"完全不想自己"，进入一个全新的忘我的精神境界。

当一个人把自己的一切，包括得失、荣辱、成败等个人利益都暂时抛开，置个人的一切于度外时，心胸就会顿时豁然开朗，没有了拘束、怯场，也没有了做作、虚伪，变成了一个诚实的观望者和虔诚的倾听者，就能步履轻盈自如地走进他人的心灵，努力寻找着与他人合拍、搭脉的共振频率，寻求与他人的合作或同行。

管理者要善于听取最基层员工的意见，要谦虚为怀，迈开大步干工作，俯下身子听意见，特别要多听具体从事工作的一线工作人员的意见。多方调节好心态，多信任下属。沟通是合作的基础。而保持低调和谦虚是促进沟通的有效方式。

谦虚的管理者要重视每个员工提出的意见和建议，欣赏每一名员工，关注员工的成长，对其在工作中的良好表现给予表扬，鼓励员工在工作中有更好的表现；不断发现和学习员工身上的优点；充分信任员工，使员工更加自信地面对工作；对员工身上的缺点要多包容。通过肯定调动员工的积极性，促进工作的良性发展。

管理者必须懂得运用沟通的方法，保证来自同事和下级的最大限度的合作。拒绝沟通，也就意味着拒绝与别人的合作。在企业管理中，善于与人沟通的人，一定是善于与人合作的人；不善于与人沟通的人，也一定是不善于与人合作的人。善于与人沟通的管理者，能用诚意换取下属的支持与信任，即使管理过于严厉，下属也会谅解而认真地执行；不善于与人沟通的管理者，即使命令再三，下属也不愿意接受，其结果必然怠慢工作。

牢记卢维斯定理，在需要暂时忘却自己的时刻，千万不要轻易把自己记起，尤其不要把自己想得太好或太糟。

58. 肥皂水效应：批评夹在赞美中，接受批评变轻松

知识小提示

肥皂水效应由美国前总统约翰·卡尔文·柯立芝提出，又称三明治式谈话法，是指将批评夹在赞美中，对某个人先表扬、再批评、接着再表扬的一种谈话方式。将对他人的批评夹裹在前后肯定的话语之中，可以减少批评的负面效应，使被批评者愉快地接受对自己的批评。以赞美的形式巧妙地取代批评，以看似简捷的方式达到直接的目的，用在批评、激励方面，效果显著。

案例

柯立芝巧赞女秘书，麦金利妙改演讲稿

约翰·卡尔文·柯立芝于1923年成为美国总统，他有一位漂亮的女秘书，人虽长得很好，但工作中却常因粗心而出错。

一天早晨，柯立芝看见秘书走进办公室，便对她说："今天你穿的这身衣服真漂亮，正适合你这样漂亮的小姐。"这句话出自柯立芝口中，简直让女秘书受宠若惊。柯立芝接着说："但也不要骄傲，我相信你同样能把公文处理得

像你一样漂亮的。"

果然，从那天起，女秘书在处理公文时就很少出错了。一位朋友知道这件事后，便问柯立芝："这个方法很妙，你是怎么想出的？"柯立芝得意洋洋地说："这很简单，你看见过理发师给人刮胡子吗？他要先给人涂些肥皂水，为什么呀，就是为了刮起来使人不感觉痛。"

麦金利在1856年竞选总统时，共和党一位重要党员绞尽脑汁撰写了一篇演讲稿。这位党员觉得自己写得非常成功，很高兴地在麦金利面前把这篇演讲稿朗诵了一遍。演讲稿虽然有可取之点，但麦金利感到并不合适，如果发表出去，可能会引起一场批评的风波。麦金利不愿辜负他的一番热忱，可是他又不能不否定这个演讲稿。略加思索后，麦金利这样说："我的朋友，这真是一篇少有见到、精彩绝伦的演讲稿。就许多场合来讲，这确实是一篇非常适用的演讲稿，可是，如果在某种特殊的场合，是不是也很适用呢？从你的立场来讲，那是非常合适、慎重的；可是我必须从党的立场来考虑这份演讲稿发表所产生的影响。现在你回家去，按照我特别提出的那几点，再撰写一篇，并送一份给我。"麦金利用蓝笔把他的第二次草稿再加以修改，发表后取得了良好的社会效果。那位党员在竞选活动中，也成了最有力的助选员。

 精透解析：炮弹裹糖衣，批评讲技巧

美国钢铁公司的第一任总裁查尔斯·史考伯曾说："我拥有的最大资产，是我有能把员工鼓舞起来的能力，而使一个人发挥最大能力的方法，就是赞赏和鼓励。"用赞美包装的批评既能够让员工在平静的心情下发现自己的错误，又不会打击到员工。

虽然"良药苦口利于病"，但毕竟让人望而却步。如果在苦药的外面抹上一层糖衣，病人就会在"糖衣炮弹"的攻击下非常开心地把药吞下去，既达到了治病的目的，又不失为一次愉快的经历。

人人都会犯错，犯错后，大多数人都需要别人的批评和指正来改正错误。批评是进步的明灯，有批评才有进步。赞美要看时机，批评要靠技巧。我们不要用恶语中伤他人，劝告他人时，如果能态度诚恳，语出谨慎，那我们将会得到更多的友谊，为我们的人缘加分。

59. 马斯洛理论：需求分五层，得陇方望蜀

> **知识小提示**
>
> 马斯洛理论全称为马斯洛需求层次理论，由美国心理学家亚伯拉罕·马斯洛在1943年在《人类激励理论》论文中所提出。书中将人的需求从低到高按层次分为五种，分别是生理需求、安全需求、社交需求、尊重需求和自我实现需求。
>
>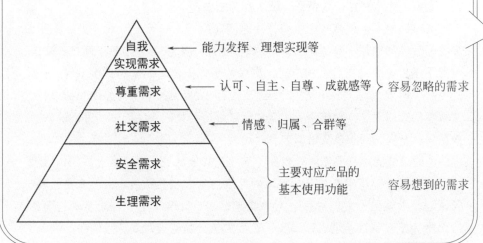

马斯洛需求层次理论指出了人在每一个时期，都有一种需求占主导地位，而其他需求处于从属地位。该理论问世后产生了深远影响，在团队管理、教育、心理学等很多方面都有应用，尤其是在企业管理方面具有更大的意义。

不同员工，在不同的阶段，需求不一样，管理者要尊重每位员工的个性化需求，尊重员工的个人意愿，尊重员工的选择权利，创造条件努力实现员工的高层次需要。

案例

HP重员工超过挣钱，IBM总裁与员工同欢

1949年，37岁的大卫·帕卡德参加了一次美国商界领袖们的聚会。与会

者就如何追逐公司利润侃侃而谈，但帕卡德不以为然，他在发言中说："一家公司有比为股东挣钱更崇高的责任，我们应该对员工负责，应该承认他们的尊严。"帕卡德在造就硅谷精神方面的贡献，恐怕超过了任何CEO。

就像希腊的民主遗产一样，他的以人为本的理念，影响至深至远。正是创始人帕卡德这种以人为本——至今这都是惠普之道的核心价值——的思想和精神，缔造出了今天惠普（HP）这个产业帝国。

惠普中国公司总裁陈翼良对媒体说："我不敢不尊重我的员工。"惠普的人性文化的第一条就是相信人、尊重人，在这样的一个环境下，每个人都能得到充分的尊重。惠普的人性化的文化，很容易把一个企业凝聚起来，这样的一家好公司，往往使人情愿一辈子都为它做事。

IBM创始人老沃森一生中有一半时间在旅行，一天工作16小时，几乎每个晚上都参加他数不清的员工俱乐部举办的仪式和庆典。他乐于同员工交谈，当然不是以一个好奇的上司自居，更多的是以一位老朋友的身份出现——这是他那个时代人写下的记录。今天我们还可以听到关于沃森先生的故事，这些故事已经成为这个卓越企业的文化组成部分，如"不关门"制度、俱乐部、简单化、布道、狂欢以及培训等。

他的继任者小托马斯·沃森在《商业及其信念》一书中讲道："IBM经营哲学的大部分都集中在其三个简单的信条当中，我要从我认为最重要的那一条说起，那就是，我们对每个人都要尊重。尽管这只是一个很简单的理念，但IBM为了实现这条理念，确实耗费了大部分的管理时间。我们在此投入了比做其他任何事情都要多的精力。实际上，这一信条在我父亲的脑子里就已经根深蒂固了。"沃森又说："我们几乎每一种鼓励措施都是用来激发人们的热情的，我们早先强调人际关系并非受利他主义的影响，而是出于一条简单的信条——如果我们尊重员工，而且帮助他们自尊，这将会使公司的利润实现最大化。"

 精透解析：实行人本化管理，聚焦高层次竞争

马斯洛理论告诉管理者，生理需求只是人们的最基本需求，了解员工的需要是应用需要层次论对员工进行激励的一个重要前提。所以，在对待员工上，物质奖励只是最基本的奖励。随着社会的发展，人们的要求会不断提高，会更多地向求得社会认同和尊重这个方向努力。反映在企业管理理论上，自泰勒的科学管理之后，一个再也没有改变的主题，就是对人的尊重。在现在的企业组织中，已经没有比尊重个人更为普遍和明确的价值观了。它要求我们在企业管理中，应该进行一种人性的回归，实行以尊重员工为核心的人本管理。

在不同组织、不同时期的员工以及组织中不同的员工的需求充满差异性，而且经常变化。因此，管理者应该经常性地用各种方式进行调研，弄清员工未得到满足的需求是什么，然后有针对性地进行激励。

根据马斯洛理论，从企业经营消费者满意（CS）战略角度来看，每一个需求层次上的消费者对产品的要求都不一样，即不同的产品满足不同的需求层次。将营销方法建立在消费者需求的基础之上考虑，不同的需求也即产生不同的营销手段。

根据五个需求层次，可以划分出五个消费市场。

（1）生理需求→满足最低需求层次的市场，消费者只要求产品具有一般功能即可。

（2）安全需求→满足对"安全"有要求的市场，消费者关注产品对身体的影响。

（3）社交需求→满足对"交际"有要求的市场，消费者关注产品是否有助提高自己的交际形象。

（4）尊重需求→满足对产品有与众不同要求的市场，消费者关注产品的象征意义。

（5）自我实现→满足对产品有自己判断标准的市场，消费者拥有自己固定的品牌。

需求层次越高，消费者就越不容易被满足。消费者愿意支付的价格与消费者获得的满意度成正比，也就是说，同样的商品，满足消费者需求层次越高，消费者能接受的产品定价也越高。市场的竞争，总是越低端越激烈，价格竞争显然是将"需求层次"降到最低，消费者感觉不到其他层次的"满意"，愿意支付的价格当然也低。企业管理者在选择竞争领域时，应当定位在人的需求的高层次上。

60. 波克定理：无摩擦便无磨合，有争论才有高论

知识小提示

波克定理的提出者是美国庄臣公司总经理詹姆士·波克，其内容是，只有在争辩中，才可能诞生最好的主意和最好的决定。

案例

南山决策要靠吵，批评争论是法宝

南山集团是山东省龙口市一个村企合一的大型国家级集团，始创于改革开放初期，经过多年的发展，现已发展成为稳居中国企业500强前列的大型民营股份制企业，形成了以铝业、纺织服饰、金融、航空、地产、健康、教育、旅游等为主导的多产业并举发展格局。2016年南山集团综合实力位居中国企业500强第167位，中国制造业500强第70位。

南山集团的成功离不开两大法宝：一是批评、二是争论。领导班子成员、厂长经理每天早晨集中到集团办公室开碰头会，汇报工作不准表扬自己，更不准赞扬领导，只讲问题、讲办法，领导深度概括只批评，不表扬。

南山最怕的不是批评，而是宣传表扬。南山集团董事长宋作文有两句名言："一边跑一边喊的人跑不快。""不该你得的荣誉你得了，很危险。"南山的争论，是民主决策的过程。凡重大问题，党委成员必须调研、讨论、集体决策，尤其是涉及项目、投资等发展大计，班子成员往往争论得面红耳赤，用他们的话说，都是"吵"出来的，不"吵"透了不罢休。最后提交党员大会、村民代表大会讨论通过。宋作文做事果敢，但从不盲目地一锤定音。他说："争论出真知，争论少失误。"

精透解析：勇于争论批评，敢于揭短亮丑

俗话说：泉不汲不清，理不辩不明。争论才能碰撞出灵感的火花，才能比较出方案的优劣。俄罗斯生理学家巴甫洛夫说："争论是思想的最好触媒。"通过争论，可以明事理，现真相，得到真理。南山集团成功的两大法宝一是批评，二是争论，告诉我们不但不要怕不同的意见，而且要欢迎不同的意见。只有通过不同意见之间的碰撞、磨合，才能更好地改进方案，完善方案，弥补方案的不足，避免工作和决策的失误。强调充分发扬民主，领导班子成员之间开诚布公，畅所欲言，敢于批评与自我批评，敢于揭短亮丑。强调发表个人观点，鼓励员工积极参与决策，群策群力是一个初创团队的事业成功之本。当然，优秀的理念还需要优秀的制度来保证实施，大鸣、大放、大辩论必须有强有力的领导集体和民主决策制度来保证实施，需要防止争吵影响团结和争论不下而无法决策的恶性局面。

尊重员工建议，缔造"交流"桥梁。管理者可以让员工公开讨论方案，也可以广泛开展征集职工合理化建议的活动，进一步推进民主建设，集思广益。一方面通过定期收集员工的合理化建议，鼓励员工建言献策，从员工的视角去发现和弥补初创团队在管理制度和实际操作中的不足。另一方面，如果员工提出的建议得到初创团队的重视和采纳，也会激励员工的主人翁意识和工作积极性。

成功的管理者只有想方设法将员工的心里话掏出来，才能使部门的管理做到有的放矢，才能避免因主观武断而导致的决策失误。鼓励员工畅所欲言的方法很多，如开通员工热线、设立意见箱、进行小组讨论、部门聚餐等方式。管理专家认为，管理者无论选择哪种方式，都必须让员工能够借助这些畅通的渠道，提出问题与建议，或能及时获得回复。

第 7 章

运营管理：以最好的企业形象、产品质量征服消费者

当企业完成团队组建后就正式进入了运营阶段。如何打造企业形象、品牌影响力、高质量的产品以及服务就成了重要任务。因为这直接关系着能否打开市场，能否赢得消费者的认可。做企业其实就是一个做市场认可、消费者认可的过程，只有得到市场、消费者的认可，企业才有立足之地。

61. 飞轮效应：起始时困难，转起来省力

> **知识小提示**
>
> 飞轮效应是指为使静止的飞轮转动起来，一开始必须使很大的力气，反复推，每转一圈都很费力。但达到某一临界点后，飞轮的重力和冲力会成为推动力的一部分，这时则无须再使太大的力气，飞轮也会依旧快速转动。

众所周知，创业难，其实难就难在开头，万事开头难。飞轮效应告诉我们，在每件事情的开头都必须付出艰苦的努力才能使你的事业之轮转动起来，而当你的事业走上平稳发展的快车道之后，一切都会好起来。

案例

坚持不懈吉姆获成功，频繁转产华纳被兼并

克罗格公司的总裁、著名管理专家吉姆·柯林斯就是运用飞轮效应让公司的5万员工接受他的改革方案的。他没有试图一蹴而就，也没有打算用煽情的演讲打动员工。他的做法是组建了一个高效的团队来"慢慢地但坚持不懈地转动飞轮"——用实实在在的业绩来证明他的方案是可行的，也是会带来效益的。

员工看到了吉姆的成绩，越来越多的人对改革充满信心，他们以实实在在的行动为改革做贡献，到了某一时刻，公司这个飞轮就基本上能自己转动了。此后，吉姆·柯林斯调查了1435家大企业的名单，经过调查、比较、研究，吉姆吃惊地发现：在从优秀公司到伟大公司的转变过程中，根本没有什么"神奇时刻"，成功的唯一道路就是清晰的思路、坚定的行动，而不是所谓的灵感。成功需要每个人排除一切干扰，把精力集中在最重要的事情上，全力以赴去转动飞轮，实现目标。

美国华纳兰博特公司曾是世界著名的跨国集团。1979年，华纳兰博特公司告诉《商业周刊》，它们要做消费产品的领导性厂商。仅一年之后，它的目光就转向了医疗保健行业。到1981年，它开始多元化。不久，它的主业又转

回到消费品。在1987年，它开始宣称要和默克制药竞争。

20世纪90年代早期，由于政府医疗改革方案迟迟没有通过，它又开始了多元化。在1979年到1998年期间，华纳兰博特公司换了三个CEO，每个CEO都实行一个新的战略，而不是继承前任的战略。由于频繁转产，华纳兰博特公司没有形成自己的主导产业和拳头产品，到2000年公司被辉瑞公司兼并了。

 精透解析：初始启动须奋力，储能蓄势靠坚持

人在进入某一新的或陌生领域的时候，都会经历这一过程，如果要让飞轮转起来而不花太大力气，条件是要有足够的坚持，这也意味着得用足够时间来保证。不能转一会停一会，只要我们坚持不懈地推动事业的飞轮，终有一天，它会自己飞快地旋转起来，而无需费多大力气。努力再努力，光明就在前头，持续的改善和提升绩效中蕴藏了巨大的力量。

在现实管理中运用飞轮效应，要把握好以下四个阶段。

（1）开始阶段。要制定清晰的职业目标，做好失败的准备，养成成功的习惯，具备良好的学习态度，做好职业的规划及计划。

（2）基础阶段。要脚踏实地地做好基础工作，打好根基，为以后的发展提供有效的保障。就像我们不管用什么方法，都必须让飞轮主受力方向与想让它转动的方向一致才可以达到让它转动的目的。

（3）发展阶段。通过前面的准备，飞轮是可以在力的作用下转动起来，但是这个时候的转动是非常被动的，非常吃力的。一旦它失去受力的话，马上就会停止下来，只有不断地加力或使力持之以恒，才可以使所受的力越来越接近临界点。

（4）辉煌阶段。当飞轮所受力达到临界点时，由于牵引力和惯性的存在，即使飞轮所受力失去的时候，飞轮也可以在一定的时间内转动。当做好所有准备后，获得的将是很好的发展，在发展的背后，将是许多许多的认同、认可与依赖。即使在某个时刻或在某个方面发生一点点失误时也不会导致完全的失败，因为我们已经被接受了，只要在失误之后能够及时地意识到失误，及时地更正，别人就会愿意继续地认可与依赖。

62. 二八定律：控20%少数，定80%局面

> **知识小提示**
>
> 二八定律又名80/20法则、帕累托法则（定律），也叫巴莱特定律、最省力的法则、不平衡原则等，被广泛应用于社会学及企业管理学等。

二八定律，是20世纪初意大利统计学家、经济学家维尔弗雷多·帕累托提出的。他指出：在任何特定群体中，重要的因子通常只占少数，而不重要的因子则占多数，因此只要能控制具有重要性的少数因子即能控制全局。这个原理经过多年的演化，已变成当今管理学界所熟知的二八法则——即80%的公司利润来自20%的重要客户，其余20%的利润则来自80%的普通客户。该定律告诉我们，不要平均地分析问题、处理问题，要把精力花在解决关键的问题上。

案例

穆尔卖漆盯重点客户，摩托罗拉抓两头员工

犹太人认为，存在一条78/22宇宙法则，世界上许多事物，都是按78/22这样的比率存在的。比如空气中，氮气占78%，氧气及其他气体占22%。人体中的水分占78%，其他为22%等。他们把这个法则也用在生存和发展之道上，始终坚持二八法则，把精力用在最见成效的地方。美国企业家威廉·穆尔在为格利登公司销售油漆时，头一个月仅挣了160美元。此后，他仔细研究了犹太人经商的"二八法则"，分析了自己的销售图表，发现他80%的收益却来自20%的客户，但是他过去却对所有的客户花费了同样多的时间——这就是他过去失败的主要原因。于是，他要求把他最不活跃的36个客户重新分派给其他销售人员，而自己则把精力集中到最有希望的客户上。不久，他一个月就赚到了1000美元。穆尔学会了犹太人经商的二八法则，连续九年从不放弃这一法则，这使他最终成为凯利–穆尔油漆公司的董事长。

不仅犹太人是这样，许多世界著名的大公司也非常注重二八法则。比如，

初创团队不可不知的100个管理心理学效应

> 通用电气公司永远把奖励放在第一，它的薪金和奖励制度使员工们工作得更快，也更出色，但只奖励那些完成了高难度工作指标的员工。摩托罗拉公司认为，在100名员工中，前面25名是好的，后面25名差一些，应该做好两头人的工作。对于后25人，要给他们提供发展的机会；对于表现好的，要设法保持他们的激情。

 精透解析：解决主要矛盾，力求重点突破

在原因和结果、投入和产出、努力和报酬之间存在的这种不平衡关系。多数，它们只能造成少许的影响；少数，它们造成主要的、重大的影响。没有任何一种活动不受80/20法则的影响。以下是二八定律的一些表现。

一个企业80%的利润来自它20%的项目。

20%的产品或20%的客户，为企业赚得约80%的销售额。

20%的人手里掌握着80%的财富。

20%的人身上集中了人类80%的智慧。

20%的人成功——80%的人不成功。

20%的人用脖子以上赚钱——80%的人脖子以下赚钱。

20%的人买时间——80%的人卖时间。

20%的人支配别人——80%的人受人支配。

20%的人做事业——80%的人做事情。

20%的人重视经验——80%的人重视学历。

20%的人我要怎么做才有钱——80%的人我要有钱我就怎么做。

20%的人在问题中找答案——80%的人在答案中找问题。

20%的人在放眼长远——80%的人只顾眼前。

20%的人把握机会——80%的人错失机会。

20%的人计划未来——80%的人早上起来才想今天干吗。

20%的人按成功经验行事——80%的人按自己的意愿行事。

20%的人明天的事情今天做——80%的人今天的事情明天做。

20%的人相信自己会成功——80%的人不愿改变环境。

20%的人会坚持——80%的人会放弃。

世界上大约80%的资源，是由世界上20%的人口所消耗。

在一个国家的医疗体系中，20%的人口与20%的疾病，会消耗80%的医疗资源。

二八定律可以解决时间管理问题、重点客户问题、财富分配问题、资源分配问题、核心产品问题、关键人才问题、核心利润问题、个人幸福问题等。它不仅在经济学、管理学领域应用广泛，对人的自身发展也有重要的现实意义。

一个人特别是管理者，要学会避免将时间和精力花费在琐事上，要学会抓主要矛盾。一个人的时间和精力是非常有限的，要想真正做好每一件事情几乎是不可能的，要学会合理分配时间和精力。要想面面俱到还不如重点突破。鼓励特殊表现，而非赞美全面的平均努力；寻求捷径，而非全程参与；选择性寻找，而非巨细无遗的观察；在几件事情上追求卓越，不必事事都有好表现；不必苦苦追求所有机会。当我们处于创造力巅峰，幸运女神眷顾的时候，务必善用少有的二八定律，把80%的资源花在能出关键效益的20%的方面，这20%的方面又能带动其余80%的发展。同时要注意能够造成主要且重大影响的"少数人"或"少数事"。

控20%少数，定80%局面。在企业和市场营销管理中，管理者要注意用80%的精力管理20%的重点员工，用20%的精力去管理80%的普通员工；营销人员要用80%的精力去开拓20%的重点市场，用20%的精力去维护80%的普通市场。作为管理者，要把好钢用在刀刃上，把主要精力用在解决关键问题上。

63. 摩斯科定理：重视对市场的调研

知识小提示

摩斯科定理由美国管理学家 R.摩斯科提出，其内容是：你得到的第一个回答，不一定是最好的回答。当你询问他人问题时，他人的第一反应往往是不假思考或者随意应付，只有继续追问下去才能得到想要的答案。

打破砂锅问到底是摩斯科定理的精髓，其主张刨根得根，问底知底。做市场也要有这种精神，这是发现问题、解决问题必经的过程。

案例

赤脚族正堪卖鞋，肯德基精准调研

温州一家鞋子制造厂，为了扩大市场，老板派一名市场经理到非洲一个孤岛上调查市场。这名市场经理到达后，发现当地人都没有穿鞋子的习惯。他马上拍发电报告诉老板："这里的居民从不穿鞋，所以没有市场。"老板接到电报后，思索良久，又委派另一名市场经理去实地调查。当这名市场经理见到当地人赤足，没穿任何鞋子的时候，心中兴奋万分，马上电告老板说："此岛居民无鞋穿，市场潜力巨大，快寄一百万双鞋子过来。"果然销路大好。

在市场调查的细致和准确性上，肯德基备受称道。在进入每个新的市场前，肯德基在选址方面都要做极为细致科学的调查研究。调查的第一步，他们往往通过有关部门或专业调查公司收集这个地区的资料，然后根据这些资料开始划分商圈。

商圈规划采取记分的方法。比如有一个大型商场，商场营业额在1000万元的加一分，5000万元算5分。一条公交线路加多少分，一条地铁线路加多少分，肯德基的调查部门都有相关标准。这样，通过细致的打分，调查人员把商圈划分成几大类。以北京为例，有市级商业型、区级商业型、定点消费型、社区型、社区商务两用型、旅游型等。在商业圈的选择上，肯德基既考虑餐馆自身的市场定位，也会考虑商圈的稳定度和成熟度。肯德基的原则是一定要等到商圈成熟稳定后才进入。在商圈得到确定之后，调查人员接着要考察这个商圈内最主要的人群聚集点在哪里。

比如北京的王府井，它是个热闹的商业区，但并不是王府井的每一个地方都会是聚客点。肯德基所追求的目标，就是力争在人群最集中的地方开店。地点确定下来后，调查人员还要搞清楚这一区域人的流动线路是怎样的。比如在地铁口，人们出来后都会向哪些方向走，每个方向的人流量会是多少，调查人员都要实地掐表测量。得到数据后，再将采集到的数据输入专用的计算机软件，这样就可以测算出在此地开店的前景以及投资额最多是多少了。实践证明，这样的市场调查极少失误，所以肯德基每新开一个店铺，基本上都能取得成功。

值得一提的是，肯德基的竞争对手麦当劳正是看到了肯德基调查的精确性，钻了一个竞争的空子：它自己不进行市场调查，而是采取跟进战略——肯德基开到哪里，它就跟到哪里！这从反面说明了肯德基市场调查的成功。

精透解析：广泛深入调查，及时靠上监管

广泛调查、深入发掘才能得到真实的东西。浅尝辄止、简单调查出来的数据是不可靠的。管理者运用摩斯科定理，要多方面了解事实，多层次调查问题，多角度思考问题，才能获得卓有成效的方案。

对企业而言，市场是一个很难捉摸的东西，若不在市场调查上苦心经营，下透功夫，那么新商品很可能就会遭到消费者的冷落。长此以往，企业的声望和品质就会在消费者心目中大打折扣，再牛的企业也会被市场淘汰。市场调查受很多的变数决定，要想得到准确全面的信息，在进行调查时一定要慎重。只有有了准确全面的市场调查，企业才能就此推出适销对路的产品，或是某项新战略才能取得成功。

失去监督的权力导致腐败，没有监督的员工难免懒惰。在日常管理中，管理者要加强对各部门的监管。为了避免员工拖拖拉拉，不求上进，管理者可以定期对基层部门进行巡视，适当增加巡视的频率，否则员工掌握领导巡视的规律，就会提前做出准备，领导来的时候表现积极，领导走后就又恢复成原来的样子；管理者还可以进行不定期巡视，这样员工不确定领导什么时候来，一直提心吊胆，不敢放松自己的工作。管理者要将视察员工的工作作为自己一项很重要的工作，并注意与员工做好沟通，征求寻找问题的解决方法。

64. 威尔逊法则：走动管理的"魔力"

知识小提示

威尔逊法则的提出者是美国行政管理学家切克·威尔逊。该法则认为，如果部下得知有一位领导在场负责解决困难时，他们会因此信心倍增。领导的指导是员工克服困难的后盾。

案例

惠普敞开式办公，麦当劳走动管理

最先创造"走动式管理"模式的是惠普公司，为推动部门负责人深入基层，又创造了一种独特的"周游式管理办法"。为达此目的，惠普公司的办公室布局采用美国少见的"敞开式大房间"，即全体人员都在一间敞厅中办公，各部门之间只有矮屏分隔，除少量会议室、会客室外，无论哪级领导都不设单独的办公室。这样，哪里有问题需要解决，部门负责人就能以最快的速度赶到现场，带领自己的员工以最快的速度解决问题。正是这种管理方式保证了惠普公司对问题的快速反应能力和解决能力，并成就了它的辉煌。

麦当劳快餐店创始人雷·克罗克是美国社会最有影响的十大企业家之一。他不喜欢整天坐在办公室里，而是大部分工作时间都用在"走动管理"上，即到所有分公司部门走走、看看、听听、问问，随时准备帮助下属解决工作中遇到的问题。麦当劳公司曾有一段时间面临严重亏损的危机，克罗克发现其中一个重要原因是公司各职能部门的经理有严重的官僚主义，习惯躺在舒适的椅背上指手画脚，把许多宝贵时间耗费在抽烟和闲聊上。于是克罗克想出一个"奇招"，将所有经理的椅子靠背锯掉，并立即照办。开始很多人骂克罗克是个疯子，不久大家开始悟出了他的一番苦心。管理者们纷纷走出办公室，深入基层，开展"走动管理"，及时了解情况，帮助员工们现场解决问题，终于使公司扭亏转盈。

精透解析：指导帮助，互动协作

领导要帮下属解决问题，这是当领导的责任，这个责任是推不掉的。有的企业明确规定："如果下属在工作中犯错，下属只承担20%的责任，剩下80%的责任由直接领导承担。"目的就是要让领导也明白：下属解决不了的问题，一定要帮他，这样下属在工作中就不会有太多顾虑，工作也会更加积极主动。

现场指导要想取得好的效果，还要注意技巧。指导是一个互动的过程。当你指导员工时，你需要积极倾听、提出问题、交流观点以及讨论切实可行的解决方案。你提出自己的反馈意见同时接收员工的反馈意见，关注哪些方面有待提高以及哪些方面做得比较好。总的目标是帮助大家提高效率。指导是帮助他克服个人缺点，使他的个人能力最大化，并发挥出最大的潜力。只有这样，指导才能起到积极的效果。

手把手的现场指导可以及时纠正员工的错误，增强员工解决问题的信心，是提高员工素质的重要方式之一。如果对员工的指导很出色，绩效管理就转变成为一个协作的过程，这个过程可以让每一个人受益。

火车跑得快，要靠车头带。管理者要重视自己"行动"的作用，在一个企业当中，各级管理者都起着至关重要的作用，所以，企业每一级的负责人在提出工作要求、颁布管理规则时，凡要求员工做到的，管理者自己必须首先做到，而且做得要好。

65. 水库经营法则：留好备用，调节亏盈

知识小提示

水库经营法则，又称水坝式经营方法、水坝式经营哲学，是日本著名企业家松下幸之助提出的一个经营管理理论。水库的目的是拦阻和储存河川的水，随着季节或气候的变化，经常保持必要的用水量。

企业也需要有这种调节和运用的机制，才能稳定发展。松下把建造水库的道理，充分运用在企业经营上，提出了水库式经营法则，即在经济景气、资金充足的时候，把一部分剩余资金储存起来，以应付不景气时的需求，就如同管理水库里的水一样。不论设备、资金、人员、库存、技术、企划或新产品的开发等各方面，都要保留宽裕的运用弹性，永远留有某种比例的余裕状态。

借款两万存一万，能载五十载四十

日本在一段时期内流行过银行要求公司把从银行贷款中的一部分再存入银行的做法，许多企业指责银行的做法太过分了。松下说："50多年来，我一直是这样做的，我从银行借钱的时候，只需借1万元就够了，可是我多借些，借了2万元，然后把剩余的1万元钱又原封不动地作为定期存款存入银行。看起来是赔钱的，但是我却不那么认为。我是把它当成保险金。有了这笔保险金，在需要的时候，随时都可以提出来使用，而且银行总是十分信任我。"松下进一步解释说："经营者就像在高空走钢索，随时有摔死的可能。所以他应该评估自己的实力，即使能载得动五十公斤重，也只载四十公斤重好了。"

 精透解析：留有回旋余地，适度运用资源

松下特别强调水库式经营是基于正确的估计，事先保留10%或20%的准备。建立资金水库，意即进行一个10亿元的项目，最好需要11亿~12亿元的准备金。建立设备水库即生产设备的使用率应维持在80%~90%，而非100%。建立库存水库意即产品应保有适量的库存，其一可解决产量减少或生产停滞之急，其二在市场需求激增时可实时供应。建立新产品水库意即在这项新产品推出时，应立即研制更新的产品，甚至下一个新产品都已研制完成。松下同时认为，除了有形的经营水库，还有更加重要的"心理水库"，也就是企业经营者要具有水库经营观念。如果能以水库意识去经营，就会根据各个企业的具体情况而拟订不同的水库式经营方法。

需要注意的是，企业管理者千万别将"设备水库"与"库存水库"，跟"设备闲置"与"库存过多"混淆。前者是基于正确的预估，事先保留一成或二成的设备或是库存；而后者是因为预估错误造成产品滞销，导致库存过多，设备闲置。

在我国有许多民营企业取得一时性成功之后，往往没有多长时间就走向衰退，企业的平均寿命只有3年左右，形成了各领风骚三五载，你方唱罢我登台的局面。造成这种局面的原因很复杂，但是，过度扩张，没有给企业建立"水库"，没有给自己留下回旋的余地，却是一个共同的原因。不少企业主背着超过自己负重能力的包袱，走投无路，自己把自己累死了。松下的水库经营法则为企业的长远发展、永续经营提供了重要的保证，值得我们的民营企业经营者借鉴和学习。

66. 艾奇布恩定理：不可盲目追求团队规模

知识小提示

艾奇布恩定理的提出者是英国史蒂芬·约瑟剧院的导演亚伦·艾奇布恩。艾奇布恩定理是指，如果你遇见员工而不认得，或忘了他的名字，那你的公司就太大了点。艾奇布思定律告诫管理者，摊子一旦铺得过大，就很难照顾周全。

案例

盲目扩张柯维特破产，全面收缩海航渡危机

美国吉纳·法考夫的零售生涯是从他父亲的皮箱店生意开始的。他在曼哈顿的一幢楼房里开了一个皮箱铺，起名为E.J.柯维特，利用薄利多销增加利润收入的经营理念，他以接近成本的低廉价钱出售商品，取得了一定收益

后,又扩大经营,出售钢笔、照相器材等商品。由于价格便宜,人们纷纷来到法考夫的店里消费,前来购买商品的顾客排起了长龙。法考夫意识到,按照这种运作方式,每年可以赚取的利润将相当可观。1951年年底,他在韦斯特切斯特又开了一家分店,此后,法考夫的生意越做越大。一度成为了美国零售业史上发展最快的公司之一。

然而,摊子越来越大的柯维特公司最后还是难以逃脱破产倒闭的命运。为达到扩张市场的目的,法考夫采取了不断开设分店的策略。但随着柯维特公司越做越大,分店开到芝加哥、圣路易斯、底特律等地时,分店与总公司之间的联系越来越难以维系,总公司无法对纽约市场以外的分店进行及时的监督管理。同时,由于芝加哥等地的同行竞争者,对柯雄特公司采取了排挤对策,最终加剧了柯维特公司竞争实力的不断受损。为了使柯维特公司经营行业更广,获取更大的利润,法考夫制定了涉足服装产业的策略,但是又造成了大量资金和服装的积压。

1963年,由于接二连三管理决策上的失误,柯维特公司实力受到了极大的创伤。在出现重大财务问题的情况下,柯维特公司仍然急速扩张,由于运输、存货等方面的问题,家具经营部门出现危机。柯维特公司的家具部门是法考夫向克灵公司租赁的,法考夫决定采用买下克灵公司、并购联邦地毯公司的策略,挽救公司濒临破产的局面。但合并决策没有给柯维特公司带来转机,公司获取利润仍然持续下降,出现了更为严重的财政赤字。经济上的重创使法考夫不得不放缓扩张策略,1966年,柯维特公司只新设了3家分店。1966年,迫于形势,法考夫将柯维特公司与比它小很多的斯巴达公司合并,法考夫也宣布退出管理部门。此后,柯维特公司继续亏损,1980年,为偿还巨额债务,公司进行逐步清算,到了1981年,最后的12家分店也被迫关闭。

1993年,由海南省政府委托,陈峰以1000万元资产,着手组建海南省航空公司,同年5月正式成立。1997年,陈峰将海南省航空公司改名为海南航空股份有限公司。2000年,又组建海航集团有限公司(简称为海航)。陈峰历经十多年的努力,取得了巨大成绩,海航集团的总资产从1000万元提升到423亿元,形成了以航空运输为主体,酒店旅游、机场管理及相关产业延伸发展的一体化企业集团。

陈峰卓越的管理能力,不仅为海航获取了极大收益,还为海南经济的腾飞,中国民航业的调整改革起到了极大的促进作用。2008年金融危机爆发,由于油价变动、需求减弱等因素影响,全球航空业面临生存重压,国内外很多航空公司接二连三地倒闭。但陈峰对海航持乐观态度,并曾在2008年发表演说指出，海航能够挺过严冬，等待春天的来临。事实上，早在2007年，陈峰就已经开始调整企业结构，做出预防危机的准备。

陈峰的主要策略是：采取多种办法节省燃油，加快飞机速度，降低燃油成本，将海航一部分服务外包给其他专业性企业，以大力降低海航的运作成本；调整管理机构，裁员，为提高管理效率而削减臃肿的管理机构及管理人员；成本控制，减少市场成本和投资，增加现金的存储量。经营上曾经涉及酒店、机场、旅游、金融、商业等众多领域的海航，以这种实行全面收缩的战略，收起拳头应对危机的做法，最终成功躲避了经济上的"冬天"，保存了企业实力。

精透解析：贪大贪多嚼不烂，做优做精好发展

经营管理企业，小有小的好处，大有大的难处。企业在做大过程中，难免会出现管理瓶颈。

增加企业规模，把企业"蛋糕"做大，这几乎是每个管理者的追求目标。但企业摊子并不是越大越好。俗话说船大不好掉头，企业摊子过大，往往会造成企业决策的灵活性降低，甚至丧失，最终导致企业这条"大船"不仅无法在海上驰骋，反而还会沉没海底。管理中，小企业的管理模式有"小船"的好处，遭遇风浪时，小船可以比大船更加轻松地调整方向，面对浅水时，小船没有大船的沉重，可以适时地放慢速度向前行驶。企业的"蛋糕"做得越大，保质问题就越困难，一旦蛋糕变质，企业遭遇的将是无可挽回的巨大损失。

当然，艾奇布恩定律并不是要管理者们放弃追求企业做大的目标，而是强调，管理者要走出"大企业"管理的误区，在企业内部实行小企业的经营模式。双手在握成拳头的时候是最有力的。只有集中企业实力，向一个重点方向用尽全力，才有可能达到目标。管理者一旦犯了"张开双手一把抓"的错误，只片面看重企业规模的扩大，侧重于手下拥有多少产业，涉及多少部门的话，必然会使企业大而不实，经受不起一点打击，容易被一些突发危机轻易地击倒。企业涉及部门行业多，可以分担单一行业的经营压力，降低风险。但管理者如果对企业经营业务了解程度较少，没有建立完善、正确的管理观念，很可能会制定出错误决策，给企业造成无法弥补的损失。管理者要调整企业经营业务，放弃自己所"力不能及"的行业部门，以相对集中的运作成本，投入到企

业技术的擅长行业。

企业摊子的过度膨胀不仅表现在其涉足的产业上，还会表现在企业的人员结构上。管理者要注意调整企业内部管理结构，避免出现管理人员过度饱和的现象。可有可无的中间部门，或其作用可以被其他部门代替的管理机构，要及时清除；与企业整体运作无法协调，工作效率低，甚至影响到企业成本的落后部门，要及时清除或整顿。

67. 自来水哲学：做产品的哲学

> **知识小提示**
>
> 自来水哲学，是日本松下电器创始人松下幸之助先生通过对经营实践的总结和自己的感悟思考，提出来的一种企业经营理念。自来水哲学的核心，按松下幸之助自己的说法，就是永远为民众服务，即通过丰富和不断增多的物质使人们得到生活的安定和幸福。

从本质来看，"自来水哲学"，就是面向大众，物美价廉。通过工业生产手段，把原来只能供少数人享受的奢侈品变成普通大众都能享受的普及品。把大众需要的东西，变得像自来水一样便宜，像自来水一样源源不断地为顾客提供出来。使顾客常受益，乃是企业获益的最大源泉。由此，奠定了松下经营的基本方针：质量必须优先，价格必须低廉，服务必须周到。

案例

松下降价占市场，戴尔直销拓新路

电熨斗的生产是松下幸之助运用自来水哲学的一个很好的例子。早在1927年，松下电器首次成立电热部，计划生产电熨斗。当时全日本电熨斗每年销量不超过10万个，每个价格在4～5元。松下幸之助认为："这么方便的东西，但因为价钱贵，很多想用的人都买不起。因此，只要降低价钱，就会有许多人去买。如果很多人要买，乍看起来月产一万个似乎多，但实际上是能够卖出去的；先决条件是，降低价格，使大家都能买得起。"于是松下幸之助决定，以大量生产来降低价格，每月生产1万个，销售价格3.2元，结果大获成功。

对此，松下幸之助自己总结说："生产大众化的产品时，不但要推出更优良的品质，售价也要便宜至少三成以上。"松下先后设计生产的双灯用的插头、炮弹形电池式电灯、方形电灯、电熨斗、收音机、电唱机等生活用品，为人们提供了极大的方便，顾客争相购买。

迈克尔·戴尔则演绎了美国的自来水哲学版本。早在20世纪80年代初迈克尔·戴尔就开始关注个人电脑生产企业的工作模式，并且发现了一条更好的路子。这种方法可以免除许多不必要的成本，让人们以更低的价格买到自己想要得到的电脑。

这条更好的路子就是向客户直销，绕过了分销商这个中间环节。戴尔电脑公司从消费者那里直接拿到订单，接下来自己购买配件组装电脑。这就意味着戴尔电脑公司无需车间和设备生产配件，也无需在研发上投入资金。消费者得到了自己想要的电脑配置，戴尔电脑公司也避免了中间商的涨价。戴尔电脑公司的直销商业模式就是利用现有的价值链，并且除去了一个不必要的、成本昂贵的环节（在经济学术语中，称之为"非居间化"或"脱媒"）。从消费者的角度看，这种新价值链更有意义。戴尔电脑畅销全世界，戴尔电脑公司所采用的商业模式被认为是过去20年来世界上最好的商业模式之一。

 精透解析：服务社会尽责任，大众受益企业兴

松下幸之助和迈克尔·戴尔的经营故事，意义其实相当简单：为客户提供价廉物美的产品和服务的同时，自己的公司也会得到长足的发展和丰富的利润回报。使顾客常受益，乃是企业获益的最大源泉。

尽管现在的松下公司已经有限度地改变了松下幸之助当年的经营策略，然而，自来水哲学中蕴含的服务思想、顾客至上观念、推动社会走向繁荣和富裕的愿望并不过时。自来水哲学的深层价值，在于把企业使命最终定位于社会责任上。松下幸之助自己说："经营的最终目的不是利益，而只是将寄托在我们肩上的大众的希望通过数字表现出来，完成我们对社会的义务。"

试图把松下的经营方法原封不动地移植到其他企业，延续到21世纪，则很有可能是邯郸学步，但由此而否定松下经营思想的未来价值，则肯定是买椟还珠。尤其是"自来水哲学"，被松下幸之助看作经营的根本理念，并以此作为他的自传书名。面向最广大的顾客群，让顾客像需要自来水一样离不开你的产品，而你的产品又像自来水一样便宜，又像自来水运送系统一样网络健全、服务周到，直达千家万户，那么，你的企业和产品将会长盛不衰。直到今天，松下的经营秘诀仍在世界范围内发挥着极大的作用，造就出一批又一批巨贾富商。

68. 哈默定律：买卖好和差，全靠人当家

> **知识小提示**
>
> 哈默定律是由美国著名企业家、西方石油公司董事长犹太人阿曼德·哈默提出的。它告诉人们，经营得好差，关键在于求异创新，选准突破口和切入点。

 案例

巧推销和尚买梳子，找冷门卖水赛淘金

经理考验推销员，给他们一天的时间去向和尚推销梳子。第一个推销员宣传梳子质量如何好，对头发是如何好，还可以按摩，最后他忽悠一个头上长癣的小和尚说梳子可以抓痒，终于卖出了一把。第二个推销员聪明一点，他提醒和尚说香客们的头发被风吹乱了是对佛大不敬，而和尚如果听之任之的话就是一种罪过了，结果他卖出了十把。和尚在每座佛像前放了一把。而第三个推销员竟然卖出了三千把！经理问是怎么做到的，他说：我到了最大

的寺庙里，直接跟方丈讲，你想不想增加香火钱？方丈说想。我就告诉他，在寺里最热闹的地方贴上告示，捐钱有礼物拿。什么礼物呢？一把功德梳。这个梳子有个特点，一定要在人多的地方梳头，这样就能梳去晦气梳来运气。于是很多人捐钱后就梳头，这样又使得更多的人去捐钱。三千把一下就卖光了。

19世纪中期，美国加州发现金矿，这一消息让很多人蠢蠢欲动，他们都想在这千载难逢的机会中一展身手，于是纷纷赶往加州。17岁的农夫亚默尔也在这个时候加入了这支淘金的队伍。在很短的时间内，美国加州到处都是淘金子的人，他们从世界各地赶来，来圆自己发财的梦。随着淘金人数的增加，金子也越来越不容易淘，并且由于长途跋涉，让很多人在淘金的过程中疲惫不堪；加州地区气候干燥，水源极其缺乏，由于水土不服，再加上缺水，有很多淘金者不但没有淘到金子，反而在淘金的过程中葬送了性命。

和大多数人一样，亚默尔经过长途跋涉来到加州，由于加州水资源贫乏，经常遭受饥渴的折磨。每次取水都要走很远的路，经历一番艰辛，取水过程不亚于淘金的艰难。越来越多的人对缺水产生了怨气，他们一面不断抱怨着这个没有水的地方，一面加紧淘金，想尽早离开。一天，亚默尔望着自己身上水壶中舍不得喝的水，想想自己每次取水的艰辛，他想出了一个赚钱的好方法。他想淘金的人那么多，即使有金子也都被别人淘走了，自己还不如卖水呢，这样既可以保证自己有水喝，还能赚到不少钱。

于是亚默尔毅然决然地放弃了寻找金矿，用自己携带的淘金工具，到远方去取水。他将浑浊的河水引入水池，在水池中加入细沙以便过滤，并将过滤好的水装进桶中，将水送到每个淘金者的身边。在卖水的过程中，亚默尔经常受到其余淘金者的嘲笑，他们嘲笑亚默尔没有远大理想，千里迢迢来到加州，不想方设法挖金子，却干起了卖水的小买卖。这种卖水的生意在哪里都可以做，偏偏跑到这个环境恶劣的地方来做。面对身边的嘲笑和讥讽，亚默尔没有动摇，继续卖他的水。事实证明亚默尔的决策是对的，在很短的时间内，他就通过卖水赚了6万美元，这在当时是一笔不小的财富。当其他的淘金者没有淘到金子，空手而归的时候，亚默尔已经积累了不少财富。

 精透解析：思路决定出路，锻造阳光心态

脑袋决定口袋，态度决定高度，思路决定出路，思路决定成败，思路可以改变世界。换一个角度去思考问题，就会换一种心态；换一种思路去考虑事情，就会增加一个出路。可以说，没有思路就没有出路，思路决定出路，思路是出路的源头。

或取或舍显高下，一买一卖见智愚。同样一个事情，有的人处理不好，有的人处理得很完美。同样一个企业，工人和设备都没有变动，只是换了总经理，就可能局面大变。这都是因为每个人处理问题的思路不同造成的。开动脑筋、转换思路，注重创新，转换角度，一些事情就能迎刃而解。

在变化多端的市场中，企业喜欢"一窝蜂"挤"独木桥"，看到别人卖什么自己就卖什么，发现哪个行业赚钱了，赶紧对那个行业进行投资，跟风现象特别严重，这样不仅不会取得好的收益，还有可能使自己陷入危机。市场中蕴涵着无数的机会与挑战，只有具有创新精神、创新能力的管理者，才能及时发现并利用好这些机会。

人的一生总会遇到这样或者那样的困难，这时，我们应该学会乐观地思考和面对，凡事往好处想。思路决定我们的生活，有什么样的思路，就有什么样的生活，就有什么样的未来。消极的思路会导致消极的结果，积极的思路会带来美好的结局。世间积极的人，就像太阳一样，照到哪里哪里都是亮，所以总有光明照亮他们的出路。而消极的人，他们会像月亮一样，初一和十五总是不一样，每当遇到初一的黑暗时光，他们就看不到光明的出路了。

人生要有好的出路，最重要的就是要提升自身的素质，培养积极的心态，只要具有了积极的心态，也就拥有了积极的思路，自然也就有了令人振奋的出路。在现实中突破思维方式，克服心理与思想障碍，确立良好的解决问题的思路，把握机遇，灵活机智地处理复杂和重要问题，从而开启成功的人生之门，谱写卓越的人生乐章。

69. 凡勃伦效应：价格越高越好卖，炫耀消费爱搞怪

知识小提示

美国经济学家凡勃伦在其著作《有闲阶级论》中提出：商品价格定得越高，越能受到消费者的青睐，越能畅销。它是指消费者对一种商品需求的程度因其标价较高而不是较低而增加。

款式、皮质差不多的一双皮鞋，在普通的鞋店卖80元，销路不一定好；进入大商场的柜台，标价480元，却总有人愿意买。上万元的眼镜架、百万元的顶级钢琴等天价商品，往往也能在市场上走俏。这种奇特的经济现象，被称为"凡勃伦效应"。其实，消费者购买这类商品的目的并不仅仅是为了获得直接的物质满足和享受，更大程度上是为了获得心理上的满足。它反映了人们进行挥霍性消费的心理愿望。

由于消费者可能是想要通过使用价格高昂、优质的产品来引人注目，具有一定的炫耀性，因此"凡勃伦效应"又被称为"炫耀性消费"现象。这种消费随着社会发展有增长的趋势。后来，"凡勃伦效应"被美国著名学者约瑟夫·派恩和詹姆斯·吉尔摩在《体验经济》一书中称为"体验销售"。

案例

老禅师贵卖石头，星巴克增值咖啡

一位老禅师为了启发他的门徒，给了他一块美丽的石头，叫他去蔬菜市场，并且试着卖掉它。老禅师说："不要卖掉它，只是试着卖掉它。注意观察，多问一些人，然后只要告诉我在蔬菜市场它能卖多少。"

在菜市场，许多人看着石头想：它可作为很好的小摆件，孩子可以玩，或者可以把它当作称菜用的秤砣。于是他们出了几个硬币的价格。门徒回来报告说："它最多只能卖几个硬币。"老禅师说："现在你去黄金市场问问价。"从黄金市场回来，门徒高兴地说："人们乐意出到1000块钱。"老禅师对门徒说："现在你去珠宝市场那儿，低于50万元不要卖掉。"到了珠宝商那儿，门

徒简直不敢相信,珠宝商竟然乐意出5万块钱。

门徒表示不愿意卖,珠宝商们一路抬高价格,最后出到50万元。门徒觉得不可思议,他自己觉得蔬菜市场的价已经足够了。最后,门徒以50万元的价格把这块石头卖掉了。回来后,老禅师告诉他说:"如果你不要更高的价钱,你就永远不会得到更高的价钱。"

星巴克咖啡是近年来迅速扩张的公司之一,其不断获得成功的重要因素是将咖啡这种功能型商品转化成了情感型商品。星巴克的价值主张是:我们销售的不是咖啡,而是对咖啡的体验。

星巴克公司没有将咖啡当作是功能产品,像其他咖啡公司一样销售听装咖啡,而是开设咖啡店。星巴克提供的是高雅时尚的聚会场所、身份的象征以及独特的咖啡享用方式,让顾客感受浪漫,把星巴克咖啡变成了一种情感经历,将普通人变为咖啡鉴赏家,使得这些人认为星巴克咖啡的高价合情合理。

人们每次光顾星巴克咖啡店,都能得到精神和情感上的满足。几乎没有做任何广告,星巴克就成为了世界著名品牌,其利润约等于该行业平均利润的5倍。

 精透解析:环境影响价位,体验提升价值

随着社会经济的发展,人们的消费会随着收入的增加,而逐步由追求数量和质量过渡到追求品位格调。只要消费者有能力进行这种感性的购买,"凡勃伦效应"就会出现。因此,在经营活动中,要勇于探索新的经营策略,敢于善于利用"凡勃伦效应"。在价格定位时要抓住消费心理,注重感情因素。比如设法提高商品或服务上的声誉,增加消费场所的豪华程度,为顾客提供附加的体验服务,使商品附带上名贵和超凡脱俗的印象,从而加强消费者对商品的认同和好感。

从某种意义上讲,"凡勃伦效应"是一种社会心理效应,而不完全是一种经济效应。因为凡勃伦所说的炫耀性消费,实际上必须依赖于个人对群体的预期才能真正起作用。因此其应用领域不仅限于企业经营和商品营销,在社会生活和日常管理中也可灵活运用,以达到事半功倍之效。

70. 布里特定理：欲推而广之，先广而告之

> **知识小提示**
>
> 布里特定理是指：商品不做广告，就像姑娘在暗处向小伙子递送秋波，脉脉含情，只有她自己知道。它是英国广告学专家S.布里特提出的。

这一定理说明了广告在促销中有着特殊的功能和效用，要推而广之，先广而告之。这与中国传统的"酒香不怕巷子深"，认为"真金不怕火炼"理念是相对应的。

案例

斥巨资打造第一名可，多渠道叫响天厨味精

可口可乐公司的前任老板伍德拉夫有句名言："可口可乐99.1%是水、碳酸和糖浆，如若不进行广告宣传，谁去喝它呢？"可口可乐畅销全世界，打进了一百三十五个国家和地区的市场，被人们视为是美国精神的象征。可口可乐如此受人们喜欢，除其他原因外，广告作用不可低估。"可口可乐"公司从1886年开始，就不惜工本，充分利用广告手段来扩大产品销路。1886年可口可乐公司的营业额仅有50美元，广告费就花了46美元；1901年其营业额为12万美元，广告费花了10万美元；如今的广告费每年平均6亿美元以上。我们细算可口可乐广告费占营业额的比例：1886年为92%，1901年为83%。可能正是这个惊人之举使99.1%都是水、碳酸和糖浆的饮料，卖了个世界第一名。

天厨味精厂是中国第一家味精厂，产品热销海内外。"天厨味精"开始时是由吴蕴初和"张崇新酱园"合作，由"张崇新酱园"出资，吴蕴初出技术开厂制造的。吴蕴初想到，最香的香水叫香精，最甜的东西叫糖精，那么，味道最鲜的可以叫味精。当时日本的"味之素"在中国倾销，他从"味之素"这个"素"字上又引起了一系列的遐想：味精由植物蛋白制成，是素的，但有肉味，吃素的人最相宜；吃素的人当然信佛，要与佛教联系起来，佛在天

上,珍奇美味,只有天上有,天上庖厨——天厨。

于是,取名"天厨味精",采用佛手商标,拟制了"天厨味精,鲜美绝伦,质地净素,庖厨必备,完全国货"的招贴广告;还在国际饭店屋顶上装了"天厨味精"四个字的大型霓虹灯广告;又在《申报》自由谈栏中,配合"天厨味精"刊登"每周食谱",得到了家庭主妇的欢迎;并用一辆彩车在街头巡回做宣传广告,响亮地叫卖:"天厨味精,完全国货,胜过'味之素',价廉物美,欢迎试用",终于把日本"味之素"从中国市场上排挤了出去。以后,上海制造的同类产品陆续出现,但天厨味精始终占总销售额最大的比重。

 精透解析:注重宣传造势,善用广告促销

广告是通过一定媒体向用户推销产品或招徕、承揽服务以达到增加了解和信任以至扩大销售目的的一种促销形式。广告作为商品经济的产物,无疑正日益在搞活经济的舞台上,扮演着越来越重要的角色。俗话说,货好还得宣传巧,酒好也怕巷子深。一则好的广告,能起到诱导消费者的兴趣和感情,较好地介绍产品知识、指导消费,引起消费者购买该商品的欲望,直至促进消费者的购买行动。

广告在传递产品信息方面,是最迅速、最经济、最有效的手段之一。好的产品借助于现代化科学手段的广告,其所发挥的作用不知比人力要高多少倍。好的广告不仅能为企业带来经济效益,还有利于树立企业的社会形象。广告能促进新产品、新技术的发展。广告能使经济效益和社会效益很好地结合起来,二者相辅相成,互相促进,企业整体机能作用就能更好地得到发挥。

提高商品的知名度是企业竞争的重要内容之一,而广告则是提高商品知名度不可缺少的武器。精明的企业家,总是善于利用广告,提高企业和产品的"名声",从而抬高"身价",推动竞争,开拓市场。作为企业经营者和管理者,广告的作用不可忽视!

第8章
积极创新：无创新不发展，创新是创业团队的生命线

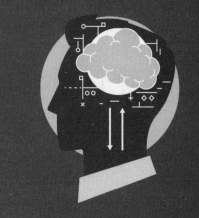

　　常创常新，常创常胜，创新无极限，永远在路上。创新是一个企业生存和发展的内核动力。作为管理者只有勇于创新，善于创新，才能打破常规，突破传统，才能开辟出与众不同的新天地，才能在激烈的竞争中立于不败之地。

71. 巴菲特定律：想发财，开新路

> **知识小提示**
>
> 巴菲特定律是由美国"股神"巴菲特提出的，该定律源于他的投资理念。巴菲特投资有自己的独特主张和判断，他有一句著名论断是：在其他人都投了资的地方去投资你是不会发财的。

该定律告诉我们，在别人都没有投资的地方去投资，你才有可能发财。做人、做事情也一样，不要刻意去效仿他人，走别人走过的路，相反要勇于走自己的路。

零售大王小镇开超市，《天线宝宝》创新获成功

萨姆·沃尔顿号称世界零售大王。1945年开店，1985年被《福布斯》杂志评为美国第一富豪，建立起全球最大的商业零售王国。1991年，萨姆因其卓越的创业精神、冒险精神和辛勤劳动被布什总统授予"总统自由勋章"。沃尔顿创业之初，零售业市场上的大公司将目标市场瞄准大城镇，没有人考虑去5万人口以下的小镇开店。萨姆·沃尔顿敏锐地把握住了这一有利商机，他认为在美国的小镇里同样存在着许多商业机会。随着城市的发展，市区日渐拥挤，市中心的人口开始向市郊转移，而且这一趋势将继续下去，这给小镇的零售业发展带来了良好的契机；同时，汽车走入普通家庭增加了消费者的流动能力，突破了地区性人口的限制。

萨姆·沃尔顿将"低价销售、保证满意"作为企业的经营宗旨，采取的策略就是首先进军小镇，占领小镇市场，再逐渐向全国推进，以形成星火燎原之势，具体实施时则以州为单位，抢占几个小镇"据点"，然后一县一县地填满，直到整个州的市场饱和，再向另一个州扩展。就这样，从一个县到一个州，从一个州到一个地区，再从一个地区推进全国。沃尔顿成功地利用了小城镇这个被其他零售商店所遗忘的细分市场，同时又避开了其他零售商的

激烈竞争。在沃尔顿采用该战略之初，许多零售业同行将沃尔－玛特描绘成一群偶发奇想而进军小镇的"乡巴佬"，然而正是这群"乡巴佬"迅速发展成燎原之势，在潜移默化中占领了全国市场。萨姆的战略大获全胜。

1995年，维塞尔曼创办依斯碧斯娱乐公司时，他独具慧眼地发现，严格地说没有任何一家公司专注于生产婴幼儿的娱乐产品。他意识到，在家长和孩子们的电视节目市场中存在一个巨大的品牌空间。那时已有了《芝麻街》，有了《恐龙巴尼》，但它们都不完全适合那些小脑筋刚开始转、但话却说不清的婴儿观看。他于是果断地开发推出了《天线宝宝》。《天线宝宝》是低幼节目，以动画片为载体，讲述四个可爱的外星人（即天线宝宝）的日常生活，主要的收视对象是从12个月大到5岁的孩子。《天线宝宝》没有明确设定的教育目标，所以它并不是一个教育节目，它只是呈现孩子们在游戏中学习、发展的有趣经验。《天线宝宝》的内容极为简单、安全，而《芝麻街》《恐龙巴尼》等则放入很多的信息。而低龄儿童"什么都不知道，就只会玩"，因此，他们创作《天线宝宝》的出发点不是成心"想要教孩子什么"，而是让孩子们感到认同和好玩。《天线宝宝》最大的成功之处在于它创新性地发掘出了"最年轻的电视观众"这一市场。

 精透解析：瞄准市场空缺，勇于独辟蹊径

巴菲特定律不仅适用于创业者，也适用于职业经理人。巴菲特定律最重要的启示是，对于投资项目的选择一定要慎重，不仅应该事先准确地判断该项目的投资价值，而且最好要到竞争对手少的地方去投资，不要盲目关注一哄而上的投资行业与项目。只有走自己的路，才有望在竞争激烈的经济比赛中胜出。

商场上有这样的说法：同样的一桩生意，第一个做的是天才，第二个做的是庸才，第三个做的是蠢材，第四个做的就要破产了。由此可见跟随者的悲哀。小额投资人更容易加入"跟随者"的队伍而随波逐流、盲目投资。面对日益庞大的市场，每个小投资人都会感觉到某种无助，如同一叶孤舟在大海中航行。由此产生的紧张感很容易导致自我判断能力的丧失。巴菲特曾说："你不可能靠风向标致富。"不能被别人牵着鼻子走，走自己的路，用自己的眼光去判断市场是非常重要的。

创新是一个民族的灵魂，创新是一个企业的生存之道。创新是对未知事物

初创团队不可不知的100个管理心理学效应

的尝试，与创新相伴而来的就是风险，没有任何风险的创新就算不上是创新。对于每一个不满足于现状的企业来说，鼓励创新就象征着企业将创新融入到企业的日常管理当中。根据巴菲特定律，企业要想投资成功：一要发现别人没有发现的市场空缺；二要投资别人都意识到却不屑于投资的市场空缺；三要投资已经形成竞争态势的市场领域，但一定要闯出特色。

72. 米格-25效应：用落后的零件，造一流的飞机

知识小提示

前苏联研制生产的米格-25喷气式战斗机，以其优越的性能广受世界各国青睐，然而，众多飞机制造专家却惊奇地发现：米格-25战斗机所使用的许多零部件与美国战机相比要落后得多，而其整体作战性能却达到甚至超过了美国等其他国家同期生产的战斗机。

造成这种现象的根本原因是，米格公司在设计时从整体考虑，对各零部件进行了更为协调的组合设计，使该机在升降、速度、应激反应等诸方面反超美机而成为当时世界一流。这一因组合协调而产生的意想不到的效果，被后人称之为"米格-25效应"。

案例

调车道6+2>4+4，讲协作法兵以少胜多

美国旧金山的金门大桥横跨1900多米的金门海峡，连接北加利福尼亚与旧金山半岛，大桥建成通车后，大大节省了两地往来的时间，但是新问题随之出现，由于出行车辆很多，金门大桥总会堵车。

原先金门大桥的车道设计为"4+4"模式，即往返车道都为4道，这是非常传统的设计。当地政府为堵车的问题迟迟不能解决感到头疼，如果筹资建

第二座金门大桥，那必定得耗资上亿美金，当地政府决定以重金1000万美元向社会征集解决方案。最终，一个年轻人的方案得到当地政府的认可，他的解决方案是将原来的"4+4"车道改成"6+2"车道，上午左边车道为6道，右边车道为2道，下午则相反，右边为6左边为2。原来，传统的"4+4"车道忽略了高峰期车辆出行的方向：上午市民上班造成左边车道拥挤，下午市民下班造成右边车道拥挤。而"6+2"车道恰到好处地利用了车辆出行的时间差，合理地利用了另一半车辆少的车道。他的方案试行之后立即取得了显著的效果，困扰多时的堵车问题迎刃而解。

恩格斯曾在《反杜林论》中讲过一个法国骑兵与马木留克骑兵作战的例子，引用拿破仑的自述说："两个马木留克兵绝对能打赢三个法国兵；一百个法国兵与一百个马木留克兵势均力敌；三百个法国兵大都能战胜三百个马木留克兵；而一千个法国兵则总能打败一千五百个马木留克兵。"骑术不精但纪律很强的法国兵，与善于格斗但纪律涣散的马木留克兵作战，若分散而战，3个"法兵"战不过2个"马兵"；若百人相对，则势均力敌；而千名"法兵"必能击败一千五百名"马兵"。说明"法兵"在大规模协同作战时，发挥了协调作战的整体功能，说明系统的要素和结构状况，对系统的整体功能起着决定性作用。

 精透解析：内部挖潜调结构，优化组合出效益

米格-25效应警示我们，事物的内部结构是否合理，对其整体功能的发挥影响很大。像木炭和钻石，同样的碳原子因为结构不同构成了完全不同硬度的东西。结构合理，会产生"整体大于部分之和"的功效；结构不合理，整体功能就会小于结构各部分功能相加之和，甚至出现负值。

我国战国时期有一个著名的田忌赛马的故事。同样的马，只是调整了出场比赛顺序，比赛结果完全相反。这就是利用了调整优化组合的原理。

管理者在管理活动中，要注重内部挖潜，向优化组合要效益。要集思广益，重视不同个体的不同心理、情绪、智能，以及个人眼中所见、脑中所想的不同世界，吸收有益的东西，弥补各自的不足，整合资源，方能充分挖掘、激发整体协同效应，发挥整体大于部分之和的重要作用。

73. 不值得定律：想法决定做法，做法决定成败

知识小提示

不值得定律最直观的表达为：你认为不值得做的事情，就一定做不好。这个定律反映出人们的一种做事心理，一个人如果从事的是一份自认为不值得的事情，那么成功率小，即使成功也不会觉得有多大的成就感。

不值得定律给了我们一个重要的反思和启示：想法决定做法，做法决定成败，想法是决定能否做成功一件事情的基础性因素。正如前面提到的巴菲特、米格-25，正是有了不一样的想法，才取得了不一样的结果。

 案例

提拔程序员两败俱伤，批评假采访一生受益

张刚是计算机专业的硕士生，毕业后去了一家大型软件公司做程序设计工作。工作没多久，他就凭借深厚的专业基础和出色的工作能力，为公司开发出了一套大型财务管理软件，得到了初创团队同事的称赞和领导的肯定，被提升为研发部经理。张刚精通技术，带领研发部取得了不凡的业绩。公司老总认为张刚是个人才，就把他提升为行政副总经理，负责全公司的管理工作。

接到任命通知后，张刚并不高兴，因为他深深知道自己的特长是技术而不是管理，如果去做纯粹的管理工作，不但会使自己的特长无法发挥，还会使自己的专业技能荒废掉，尤其重要的是自己并不喜欢做管理。可是，碍于领导的权威和面子，张刚还是接受了这份对于他来说不值得做的事情。果然，接下来的一个月他虽然做了很大的努力，但结果却令人失望，上司也开始对他施加压力。张刚不但感到工作压抑，毫无乐趣，还越来越讨厌工作和这个职位，甚至想到了跳槽。软件公司和张刚个人都受到了负面影响。

美国著名的电视新闻节目主持人沃尔特·克朗凯特，很小的时候就对新闻感兴趣。沃尔特·克朗凯特14岁时成了校报《校园新闻》的小记者。每周

学校会请休斯敦一家日报社的新闻编辑弗雷德·伯尼先生来给小记者们讲授1个小时的新闻课程,并指导校报的编辑工作。

有一次,克朗凯特被安排写一篇关于学校田径教练卡普·哈丁的文章。可是,那天正是克朗凯特一个好朋友的生日,他必须去参加朋友的生日聚会,克朗凯特只好胡乱对付了一篇稿子交了上去。

第二天,克朗凯特被弗雷德叫到办公室。弗雷德很生气地说:"克朗凯特,你的文章糟糕极了,根本就不像一篇采访稿件,该问的没问,该写的没写,你甚至连被采访者是干什么的都没弄清。克朗凯特,你应该记住,如果有什么事情值得去做,就得把它做好。"如果有什么事情值得去做,就得把它做好——这句话成了克朗凯特的座右铭,一直鞭策了他70多年,正是因为这句话,克朗凯特才对新闻事业忠贞不渝,并取得了不菲的业绩。

 精透解析:不值得的不做,值得做的做好

每个人的精力是有限的,不值得做的事,千万别去做,更不值得把它做好。不要接烫手的山芋,这些无法处理又扔不出去的事会让你身心疲劳,得不偿失。不要接管别人的猴子,接手属于其他人的当然责任更是一件出力不落好的事情。

观念变则态度变、态度变则行为变、行为变则结果变,一个人要树立良好的世界观与人生价值观,丰富自己的人生阅历,不断补充知识,增强辨识能力,多做换位思考,客观地看待事情,善于听取他人意见,才能理性地看待值得与不值得这个问题,就不会凡事先想到个人利益与得失,而会想到公平、正义、他人与社会,只有这样你才会觉得有很多事都值得做。

不值得定律给管理者的启示是:要善于培养和满足员工的成就感,激发员工的工作热情,适时调整员工岗位,乐于倾听员工的心声,让员工选择自己喜欢做的事,及时耐心指导员工工作。这样员工就会觉得所从事的工作是值得做的,这样他就会拿出全部的热情去把工作做好。

有职场达人根据不值得定律总结了五点"金科玉律":自己认为不值得,领导认为值得做的事,必须十二分努力做好;自己当时认为不值得,长期来看应该是值得的事,坚决做好;自己认为不值得,社会认为值得的事,认真做好;自己认为值得,领导认为不值得的事,偷偷做好;自己认为值得,环境认为还不值得的事,暂缓做好,虽然有失公允,但也有可借鉴之处。

74. 柯美雅定律：世上无完物，创新是常态

> **知识小提示**
>
> 美国社会心理学家柯美雅提出，世上没有十全十美的东西，所以任何东西都有创新的余地。这一理论被称为柯美雅定律，启示管理者要不拘于常规，勇于变革，才能激发出创造力。

柯美雅定律指出，任何事物都不是十全十美的，这就注定任何事物都是不断发展变化的，都有创新的空间和余地。你不创新，别人就会创新，而目前这个市场就是谁先创新，谁就能取得竞争主动权。

创新，是一个企业必须具有的一种精神，一个企业、一个团队无论大小，如果领导者没有创新精神，那该企业或团队就无法取得长足的发展。

案例

上下吹风海尔畅销，一年革新日产回生

海尔非常重视创新精神。自空调诞生以来，送风一直采用直吹的方式。壁挂式空调问世后，虽然增加了摆动的出风板，但仍然是向斜下的对角方向直接送风。由于空调风长期直吹人体，导致了一系列的空调病。海尔空调研发人员观察到了这一点，不囿于常规，制造出了可以上下出风的新式空调，消费者可以根据自己的需求自由选择出风方式，结果这款空调刚推出便销售一空。创新精神让海尔不仅赢得了消费者，也成了行业的佼佼者。

1999年，日产公司亏损6600多亿日元，面临年底宣告破产的风险。9月份，雷诺斥资收购了它39%的股份，由巴西人卡洛斯来管理。来的只有他一个人，他经过不到两个月的时间就设定了一个叫做NRP的为期三年的变革计划。本来预计在2001年3月转亏为盈，但仅到2000年8月，日产就赚了2600多亿日元。卡洛斯在很短的时间里让整个日产企业文化完全脱胎换骨。记者采访时，雷诺说：企业生存和发展的核心命题就是可持续发展，唯一的选择或者是永恒的主题就是持续不断地变革与创新。

第8章 积极创新:无创新不发展,创新是创业团队的生命线

 精透解析:敢于打破常规,善于改革变通

企业每一个成长的过程都是一次创新过程。要在文化、技术、管理、战略、结构上共同开展,以减少组织肌体的熵值效应,任何一方的偏废都是有悖组织的变革精神的。而且,组织文化和技术上的创新往往是最集中,最有开创意义的,一个组织的战略或者体制上创新,往往起于一项技术上的突破,或者文化上的一场革命,其中文化上的创新往往是深刻的,它可以改变企业团队成员的精神状态和价值取向,进而改良他们的行为。

因此,对企业管理者而言,创新是生存与发展的生命线,也是企业利润来源的保证,唯有不败的创新才能孵化出不败的产品,唯有不败的产品才能造就不败的企业。同一件事,用不同的思维角度去想,就会有不同的结果。做事情、想问题要打破常规,懂得变通。一个懂得变通的人,无论何时何地都会有成功相伴;一个懂得创新的企业,总可以在竞争中立于不败之地。

75. 达维多夫定律:敢为人先,做真正的先驱者

知识小提示

前苏联心理学家达维多夫提出达维多夫定律:没有创新精神的人永远都只能是一个执行者。只有敢为人先的人,才最有资格成为真正的先驱者。该定律强调只有努力创新,才会很好地发展前进,墨守成规、不思进取,最终将导致失败。

微软创新以软制硬,电梯外装酒店节省

微软之所以处处领先,靠的就是创新。从前,几乎所有人都认为只有硬

169

初创团队不可不知的100个管理心理学效应

件才能赚钱，比尔·盖茨是第一个看到软件前景的人，而且"以软制硬"，把其软件系统应用到所有的行业或公司。

微软开发的电脑软件的普遍使用，改变了科技界，也改变了人们的工作、生活方式。微软还是第一家提供股票选择权给所有员工作为报酬的公司。结果，创造了无数百万富翁甚至亿万富翁，也巩固了员工的忠诚度，减少了员工的流动性。这一方法被别的企业竞相采用，也取得了巨大的成功。微软是世界上最大的电脑软件供应商。人们把盖茨称为"对本世纪影响最大的商界领袖"。2013年微软在世界500强企业排行榜中排名110位，2014年排名第104位。

圣地亚哥的艾尔·柯齐酒店因为电梯不敷使用，因而请来了诸多专家商量对策。经过一番研商后。专家们一致认为，要多添一部电梯，最好的办法是每层楼打一个大洞，地下室多装一个马达。定案之后，两位专家到前厅坐下来商谈细节问题。恰巧让一位正在扫地的清洁工听到他们的计划。

清洁工对他们说："每层楼都打个大洞，不是会弄得乱七八糟，到处尘土飞扬吗？"

工程师答道："这是很难免的。到时候还有劳你多多帮忙。"

清洁工又说："我看，你们动工时最好把酒店关闭一段时间。"

经理解释："关不得，你关门一段时间，别人还以为倒闭了。所以，我们打算一面动工，一面继续营业。不多添一部电梯，酒店以后也很难做下去。"

清洁工挺直腰杆，双手握住拖把柄，说道："如果我是你的话，我会把电梯装在酒店外头。"

在场的经理和两位专家一听到这个建议，眼前为之一亮。他们经过研究，听从了清洁工的建议，率先创造了近代建筑史上的新纪录——把电梯装在室外。一个颇富创意的点子，为商家省了大把的钱。

 精透解析：营造改革氛围，培养创新人才

创新是一个民族的不竭动力，更是一个企业的生命源泉。没有开拓精神，不敢冒风险，就走不出新路，干不出新的事业。企业家与一般管理者最大的区别，在于具有创新精神和魄力。创新需要理论积累，但创新更需要实践。

改进也是创新。创新绝不仅仅局限于重大的科技突破，创新不分大小，小小创新也蕴含着大大商机。要最大限度地发挥人的潜能,就不要受制于自缚手脚的想法。成功者相信梦想,也欣赏清新、简单但很有创意的好主意。

企业是市场竞争的主体,要想提高企业的市场竞争力,关键是为企业培养大批创新型人才。在企业管理中,管理者应用达维多夫定律,应注意以下几个方面。

1. 重视员工的创新素质培养

企业要想不断创新,就要加强员工的管理,为企业培养出一批创新型人才。创新型人才是指具有创新性思维,并能够创造性地解决问题的人才。创新不是急功近利,而是要从基础做起。因此,企业在培养创新型人才时,需要员工有一定的务实精神,让员工从基层干起,踏踏实实,一步一个脚印。还应该培养员工不怕挫折、不屈不挠、不计名利、不计个人得失的奉献精神。没有奉献精神,员工的创新活动就会遭遇很大阻碍。

2. 给员工提供宽松的创新环境

"金无足赤,人无完人",每个人身上都存在着一定的优点与缺点,如果只看到员工身上的缺点,就不能发挥员工在专业知识方面的特长,就会给企业造成人才方面的损失。管理者应本着德才兼备但不因瑕掩瑜的原则,大胆起用专业知识丰富、创新能力强,但身上有一些缺点的人才。管理者要正视员工身上的缺点,宽容地对待员工,努力发挥员工的创新热情和创新潜力;信任员工,鼓励员工敢想、敢干,并给员工提供足够的资金、足够的时间、足够的精力。存在风险时,企业领导要主动承担必要责任,消除员工的顾虑。

3. 允许员工在创新中失败

创新与改革相似,是走前人没有走过的路,做前人没有做过的事。在创新的过程中,挫折和失败是在所难免的。对于员工创新取得的成就要大力支持,对于员工暂时的失败要给予充分的理解与宽容,并帮助员工从挫折中吸取教训,从失败中求得成功。允许员工在创新中失败,但是不允许员工在工作中不创新。营造宽松的工作环境,让员工在创新的过程中毫无后顾之忧,大胆发挥,最大限度发挥员工的积极性与创造力。

4. 鼓励员工提出新建议

管理者要认真听取员工的意见和建议,并努力给员工提供一个畅所欲言的舞台,搜集各部门的意见,及时进行改进。管理者要高度重视而不要压制来自基层的建议,因为发展潜力就隐藏在基层的建议中间。即使基层员工的意见不能得到采纳，至少管理者知道基层在想什么，在做什么；很多创新来自基层，而不仅仅来源于管理者，来自一线的员工，他们从事实际工作，更清楚问题出在哪里。管理者也可以召开创新研讨会，给所有员工提供一个充分发挥自己能力的机会，促进员工之间的讨论与学习，增强员工、管理者之间的相互认识、理解、尊重，共同为发展出谋划策。

76. 本田定理：不断充电，加强自我学习

知识小提示

本田定理的提出者是日本本田公司创始人本田宗一郎。其内容是：没有学问做根基的生意，只能视为投机事业，也无法真正体验生意的妙趣。本田定理强调，学问是管理者的最大资本，企业管理者要重视学习的力量，重视知识的力量。

知识经济时代，只有具有一定的文化素养和专业技术水平的才有可能胜任企业的工作要求。一个优秀的、有着较高文化素养和专业技术水平的领导者，不但决定着其在工作中的分析、判断、组织、指挥、疏通、协调等各方面的能力，而且也直接影响着企业的长远发展。

那么，如何提高自己的文化素养和工作技能呢？除了在工作实践中逐步提高和自我学习外，更重要的是重视技术、知识，加大对学习的投入。

案例

李健熙诚恳学技术，张瑞敏饱学兴海尔

三星电子是韩国公认的销售额和净利润第一的企业，在国际上的地位也持续升温，成为全球瞩目的对象。三星能有今天是与工程师出身的董事长李健熙分不开的。一直以来，李健熙把经营好三星电子当成了一项事业，并在

诸多方面总结出了一些自己的心得体会。而不断地学习采用先进技术则是其重要的成功之道。

李健熙曾经说过这样的一段话:"三星能有今天,我想是因为有技术作为后盾。虽然今天我们和世界一流企业之间都共同开发技术也共同行销,但是在早期别说是技术指导,就连花钱买技术都很不容易。再加上当时的韩国经营者总认为技术工作者只是工匠,并不怎么放在眼里,我只好站出来,就像对待客户一样,诚恳地向日本或美国的技术工作者一点一点地请教。幸好,我从小就对新事物充满好奇,喜欢追根究底,所以一直很期待听到新的技术、好的技术。只要一有空,就会到先进的国家学习,向技术人员请教,再传授给我们的技术人员。"根植技术经营不仅是李健熙所一贯提倡的,也是他自任董事长以来坚持这样做的。根据他的观点,作为经营者仅仅重视技术是不够的,还要重视"根植技术经营"理念的实际操作。也就是说,技术人员不仅要精通技术,还要了解经营,这样才能理解根植技术经营的理念。

张瑞敏创造了中国电器的神话,海尔产品已全线进入美国、德国、日本、法国、澳大利亚等经济发达国家。张瑞敏被英国《金融时报》评为"全球30位最受尊敬的企业家"。他制定的公式是:日本管理(团队意识和吃苦精神)+美国管理(个性舒展和创新竞争)+中国传统文化中的管理精髓=海尔管理模式。张瑞敏具有的现代企业管理知识和超人的智慧让人叹服,这与他坚持读书学习是分不开的。

张瑞敏读了不少书,是企业家中少有的"饱学之士"。他还写得一手好文章,逻辑严谨,文字颇佳。"海尔是海"——张瑞敏曾以此为题著文,抒发了"有容乃大,无欲则刚"的博大情怀,也显露了心中拥着惊涛骇浪、雷霆万钧的非凡气魄。他时时事事就是这么一个人:静而不止,智而不诈,勇而不刚,诚而不僵;他所驾驭的海尔就是这么一个企业:不跟"热点",不凑热闹,不追求"轰动效应",不朝令夕改,静处从容,无所畏惧,直面市场。业界评论张瑞敏:他是一个集古今智慧的思想者,一个儒化的企业家,一个有东方式修养的现代人。

精透解析:经营是门学问,学习是把钥匙

有的人把经商比喻成赌博,因为很多时候你都必须孤注一掷才可能获得某些成功,而且往往是一招不慎,满盘皆输。但经商又不等于投机,虽然我们也

初创团队不可不知的100个管理心理学效应

看到有些人因为偶然把握住一次的机会而声名大噪。但上帝永远只会垂青有准备的人。如果没有学问做根基，即使你现在已经取得了很大的成功，那这种成功也只会是瞬间的、短暂的。只有那些把经营作为一门学问来抓的企业，才可能保持长久的生命力。

作为一名称职的经营者，需要做很多的事情，例如进行市场调研、制定企业发展战略、组织内的人力资源管理、生产车间的现场运作管理、组织内部的机构设计等。这些决策需要考虑众多的影响因素，不是光拍脑袋就可以想出来的，更多的是需要有知识和理论做依托，根据企业的实际情况进行研究，然后确定出合理的方案。这也就需要一个组织和组织的管理者不断适应外界的环境变化，不断地进行学习，并始终将企业的经营看成是一种学问和艺术去钻研。

处处留心皆学问。管理者要将学习作为永恒的主题。学问是自身的最大资本，也是企业的最大财富。

77. 达维多定律：自我否定，推陈出新

知识小提示

达维多定律是由英特尔公司高级行销主管和副总裁威廉·达维多提出的。达维多认为，任何企业在本产业中必须不断更新自己的产品。一家企业如果要在市场上占据主导地位，就必须第一个开发出新一代产品。该定律告诉我们，只有不断研制新产品，及时淘汰旧产品，使新产品尽早投入市场，才能产生新的市场，使企业在竞争中不断处于领先。

案例

自我淘汰太阳领先，产品创新海尔畅销

美国的太阳微系统公司是一家以不断淘汰自己产品和不断创新取胜的公

司。它以企业的运作速度为核心成功地确立了自己的整个竞争战略。自从1982年创立以来,公司通过一系列的火速创新以及雷厉风行的企业运作机制逐渐发展壮大。目前,该公司的年销售额已达50亿美元。

为了加快自己淘汰旧产品的速度,太阳微系统公司采用了另一条与众不同的法则:一开发出新技术就马上转让给别人,以激励自己不断创新。考虑到竞争对手将很快掌握自己的最新技术,太阳微系统将以更大的动力、更快的速度创新以确保自己的优势地位。

海尔为我们提供了在传统行业家电市场上,优势企业通过不断创新而保持自己优势地位的案例。海尔彩电从创立之日起,就创造了许多让人想不到的产品。

——拉幕式彩电,海尔称之为"晶视2000"。这种彩电开机时,精彩的好戏从屏幕中间徐徐拉开,关机时,如戏台落幕,从两侧向中间合拢关闭,让电视开关具有舞台的艺术性。它的最大好处还在于开机软启动,避免了图像的闪烁对人眼的伤害;关机零闪烁,避免了强光束对屏幕中心的冲击,可以延长显像管寿命近一倍,所以又有人称其为"长寿彩电"。这种彩电问世后,一向以工业设计和数字技术居国际一流而自豪的德国人也赞叹不已。

——可以升级的彩电,海尔称之为"全媒体、全数字"彩电。过去的彩电都是将电视机的功能固定在一块线路板上,而海尔令人意想不到的采用了与计算机相同的模块化设计,不但可以使各个功能模块实现交互式双向信息交流,而且还可以随着技术的更新发展和人们的需求来更换模块,使其功能站在潮流的最前头。

——家庭影院彩电,海尔称之为"AV战神"。这一款彩电首次实现了真正的AV立体声系统,营造出可与专业音响媲美的全空间多维环绕立体效果,刚一出场,在北京、武汉等地日销量就达数百台。

 精透解析:抢占先机,以新制胜

在一个市场细分的年代,"想不到"的产品其实就是个性化的产品。在千变万化的市场需求中,不同的人群有不同的需求,瞄准这种千差万别的需求是海尔人创新的方向。正是因为把握了这个方向,海尔才保持了自己的持续领先地位。

企业要想获得成功,就要在竞争中抢占先机,先入为主;要想持续保持领先，就要时刻否定自己，超越自己。只有先进入市场，才能获得较大的市场以及较高的利润。市场是在不断变化的，竞争也是日益激烈的，要想在市场上站稳脚跟，时刻领先对手，就要不断淘汰旧产品，研制新产品。企业中形成一种淘汰—创新—获利—再淘汰—再创新—再获利的良性循环，用产品的不断更新，为企业注入新的动力与活力，在技术上遥遥领先竞争对手，增强企业的实力，使企业在竞争中击败对手。

企业在成长过程中总会遇到挫折与失败，与其让别人打倒你的产品，不如转变思维，自己主动卧倒，自己淘汰自己，进行技术创新，不断推出新产品。自己淘汰自己是一个困难和痛苦的过程，但只有如此，才能在竞争中处于不败之地。

在实际管理中，管理者应用达维多定律，要把握先入为主的原则。一位成功的企业家说过，一项新事物，在10个人当中，有一两个人赞成，就可以开始着手做了；有5个人赞成时，就已经迟了一步；如果有八个人赞成时，那就太晚了。很多企业在决策时，一味地考虑多数人的意见，忽略少数人的意见，这样不仅不利于公司的发展，还打击了员工创新的积极性；要不失时宜地将企业的新产品推向市场，尽管企业的新产品还存在一些缺点，但是竞争就是抢抓先机，先入为主。产品不一定是性能最好的，速度最快的，但产品一定要是最新的，哪怕淘汰自己市场上卖得正好的产品。必须善以新制胜，以奇制胜，以异制胜，夺先机之时，赢先机之利，方能制先机之胜。

78. 卡贝定律：先放弃，再争取

知识小提示

卡贝定律又叫卡贝定理，由美国电话电报公司前总裁卡贝提出：放弃是创新的钥匙，放弃有时比争取更有意义。这一理论教诲人们：在未学会放弃之前，你将很难懂得什么是争取。

汤姆克弃旧图新，松下放弃大电脑

1945年，服部正次就任日本钟表企业精工舍第三任总经理。服部正次决定放弃机械表制造，在新产品的开发上做文章，成功地研制出了一种新产品——石英电子表！1970年，石英电子表开始投放市场，立即引起了钟表界，乃至整个世界的轰动。

到20世纪70年代后期，精工舍的手表销售量就跃居世界首位。日本手表的走红，使世界钟表王国瑞士苦不堪言——两家最大的钟表集团1982年和1983年共亏损54亿瑞士法郎，全国1/3的钟表工厂倒闭……瑞士钟表业遭遇了前所未有的危机。为扭转衰势，瑞士组建了阿斯钟表康采恩，并聘请汤姆克担任总裁。汤姆克出手就是弃旧图新——摒弃对电子表不屑一顾的封闭观念，虚心学习竞争对手的长处，追赶进而引领石英表与电子表的新技术潮流。瑞士国内很多人不敢苟同：堂堂的机械表制造业的老大竟然向石英表低头，没有面子！汤姆克大声疾呼："死死抱定昨日的辉煌不放，是没有出路的。"汤姆克带领员工迅速推出了一批新式石英表，其中最具竞争力的就是薄型斯沃奇表——这个品牌的手表后来被誉为振兴瑞士钟表业的"旗手"。这种圆形长针日历表，表身精美轻巧，带有香蕉、草莓等多种不同香味，抗震性能强、防水性能好，每只售价才30美元。该表问世后，销量扶摇直上。但汤姆克并不满足，他又一次采取了"弃旧图新"行动，大批量、标准化地生产瑞士名表。

汤姆克对欧米茄、天梭等表的产品组合进行全面整顿，放弃"多品种、小批量"战略，缩小产品线的宽度，坚决淘汰一批利润不高的品种；扩大生产的批量，从而极大地降低了生产成本，使手表质量因标准化的提高而得以稳定，同时大力发展石英电子表，使得欧米茄电子表占到整个欧米茄表产量的50%以上，天梭电子表占到整个天梭表产量的60%以上。汤姆克的"弃旧图新，领导潮流"，终于使得瑞士钟表业东山再起：20世纪80年代中期的世界市场占有率又恢复到了40%，成功地超过日本、中国香港，又夺回了失落的"钟表王国"的王冠，再次称霸世界钟表业。

1964年，松下花费5年时间，投入10亿日元资金研发大型电子计算机，但研发将要进入最后阶段的时候，突然宣布不再做大型电子计算机。因为松下幸之助考虑到大型电脑市场竞争十分激烈，一招不慎，就可能使整个公司

初创团队不可不知的100个管理心理学效应

> 陷入危机之中，等到那个时候再行撤退，可能就为时已晚。放弃大型电子计算机，是为了把其他的产品做得更好。事实证明，这个撤退的决定是正确的，之后的市场正是按照松下的预测行进，像西门子、RCA这种世界性的公司，都陆续放弃了大型电脑的生产。有所为，有所不为，有所放弃，有所坚持，让松下越做越大，越做越强。

 精透解析：品味舍得，善于放弃

瑞士军事理论家菲米尼有一句名言："一次良好的撤退，应与一次伟大的胜利一样受到奖赏"。"塞翁失马，焉知非福"。舍与得相辅相成，有舍才有得，没有舍就没有得。"舍弃"是一种手段，"获得"才是目的。"舍弃"的是次要的、局部的、暂时的利益，"获得"的是主要的、全局的、长远的利益。这种舍弃是有计划有目标的主动舍弃。

古人说："将欲取之，必先予之。"孟子曾说："鱼，我所欲也，熊掌，亦我所欲也，二者不可得兼，舍鱼取熊掌者也。"当代著名作家贾平凹说："会活的人，或者说取得成功的人，其实懂得了两个字：舍得。不舍不得，小舍小得，大舍大得。"在条件不具备时，勉强去夺取或保有某种利益，往往吃力不讨好。如果努力争取的东西与目标无关，或者目前拥有的东西已成为负累，或者劣势大于优势，那么还不如放弃。当你放弃了本不该在你身上的东西，你可能会突然发现，你已经拥有了你曾争取过而又未得到的东西。

放弃是一种胆略与气魄，是一种理智与智慧。放弃是创新的钥匙，放弃旧的，才能更有精力去发现新的。

有一句电视广告词："智慧人生，品味舍得"。舍中有得，得中有舍。舍兮得所倚，得兮舍所伏。塞翁失马，焉知非福；塞翁得马，焉知非祸。矛盾的对立面在一定条件下相互转化。看似舍，实为得；貌似得，实乃舍。所以要不以得喜，不以舍悲，不以一得而忘形，更不以一舍而丧志。人生一世，时时事事处处贯穿着舍与得。一定要看淡舍得，从容面对，坦然看待。一定要看重舍得，缜密思考，慎重抉择。

学会舍得，舍得身外的名利和虚荣，舍得一时的风光和潇洒，舍得诱人的利益和荣誉。只有懂得舍的人，才能获得卓越的成就。只有懂得舍得的企业，才能获得长远的发展。

第8章 积极创新：无创新不发展，创新是创业团队的生命线

有所为，有所不为，有所放弃，有所坚持。有一种放弃是争取，有一种撤退是进攻。卡贝定律提醒人们不要贪多求全，做人一样，做管理一样，做企业也一样，应当放弃的产品和市场要勇于放弃。当一件事情存在诸多不确定性，而往往又有很大的诱惑时，一定要冷静，不要急于下结论，及时放弃错误的、负累的东西，放弃小利的诱惑，舍去昨天的辉煌而在今天的创新中取胜，这是一种大智慧。

79. 比伦定律：失败是机会，鼓励勇尝试

知识小提示

美国考皮尔公司前总裁F.比伦提出比伦定律：失败也是一种机会。若是你在一年中不曾有过失败的记载，你就未曾勇于尝试各种应该把握的机会。比伦定律辩证地认知失败，把失败看作是成功的前奏。这一定律告诉管理者，万象世界，成败相依，失败不可怕，要大胆鼓励尝试。

案例

宝洁慎用无错员工，盖茨偏爱失败助手

在行业圈子里，流传着宝洁公司的这样一个规定：如果员工三个月没有犯错误，就会被视为不合格员工。对此，宝洁公司全球董事长白波先生的解释是：那说明他什么也没干，对这样的员工当然要谨慎使用。

IBM公司在1914年几乎破产，1921年又险遭厄运，20世纪90年代初再次遭遇低谷。但是，在一次次纠错中，他们最终都战胜了暂时的困难。有一次，IBM公司的一位高级负责人由于工作严重失误，造成了1000万美元的损失，他为此异常紧张，以为要被开除或至少受到重大处分。后来，董事长把

他叫去，通知他调任，而且还有所提升。他惊讶地问董事长为什么没把他开除，得到的回答却是：要是我开除你，那又何必在你身上花1000万美元的学费？

美国微软公司自1975年成立以来，虽然取得了巨大的成绩，但也经历过多次失败。这也是为什么比尔·盖茨如此看重失败经验的原因。盖茨常常雇佣在其他公司有失败经验的人做其助手，借用他们的经验避免重蹈覆辙。盖茨最为欣赏的人是福特汽车创始人福特和通用汽车创始人斯隆。盖茨办公室有一张福特的照片，作为激励，也作为警惕——福特梦想做出便宜好用的交通工具，创造出汽车世纪，但最后固执地坚持原来的信念而不能持续进步，二十年后霸主地位被后起的通用取代。悬挂一张福特照片，既是对福特普及汽车全民化的崇敬，又是对福特失败的一种反思。

 精透解析：失败造就成功，贵在总结提高

失败是成功之母，失败是一个机会，失败是一笔财富。美国管理学家彼得·杜拉克认为，无论是谁，做什么工作，都是在尝试错误中学会的，经历的错误越多，人越能进步，这是因为他能从中学到许多经验。杜拉克甚至认为，没有犯过错误的人，绝不能将他升为主管。日本企业家本田先生也说："很多人都梦想成功。可是我认为，只有经过反复的失败和反思，才会达到成功。实际上，成功只代表你的努力的1%，它只能是另外99%的被称为失败的东西的结晶。"

管理者要允许失败，但不允许不尝试。不要害怕失败而犹豫不决，害怕犯错而缩手缩脚。明智的管理者把失败当成财富，不会为失败而后悔，通过失败掌握了行不通的道路，反言之也就是掌握了成功的方法，也就是把握了后来的机会。

成功的方法有很多种，但只有失败离成功最近。在实际管理中应用比伦定律，应注意正视失败、总结教训、在失败中成长。

"宝剑锋从磨砺出，梅花香自苦寒来"，企业从失败中获得经验与知识，并将这些知识和经验都运用到今后的工作中去，才能在工作中获得突破性进展。为了企业的发展，管理者要鼓励每一个员工，在工作中放开手脚，不要害怕失败，在失败中不断成长，提高自己、完善自己。一个员工的进步虽然有限，但是所有员工的进步加起来，就足以产生强大的动力，带领公司走向成功，取得辉煌的成就。

80. 海尔格言：让实践来检验，一切服从于效果

> **知识小提示**
>
> 海尔通过"三个管理原则""九个控制要素"具体运用"日事日毕、日清日高"管理模式。
>
> 三个管理原则，一是闭环原则：凡事要善始善终，有P、D、C、A四个步骤，即plan（计划）、do（实施）、check（检查）、action（循环原则，螺旋上升）。二是比较分析原则：纵向与自己的过去比，横向与同行业国际先进水平比，没有比较就没有发展。三是不断优化原则：根据木桶理论，找出薄弱项，并及时整改，提高系统水平。
>
> 九个控制要素又可以拿5W3H1S来概括。5W是指why（目的）、what（标准）、where（地点）、who（责任人）、when（进度）等；3H是指how（方法）、how much（数量）、how much cost（成本）；1S是说safety（安全）。
>
> 管理是企业文化的重要内容，也是企业成功的必要条件。在检验管理效果上，海尔的口号是"练为战，不为看"，让实践来检验，一切服从于效果。

案例

讲质量怒砸电冰箱，练为战管理重效果

20世纪80年代中期，海尔从德国引进了世界一流的冰箱生产线。一年后，有用户反映海尔冰箱存在质量问题。海尔公司在给用户换货后，对全厂冰箱进行了检查，发现库存的76台冰箱虽然不影响冰箱的制冷功能，但外观有划痕。时任厂长的张瑞敏将这些冰箱当众砸毁，并提出"有缺陷的产品就是不合格产品"的观点，工人们心疼地掉下眼泪，在社会上引起极大地震动。

这把大锤为海尔品牌名誉全国，走向世界打下了铁一样的基础。1999年9月28日，张瑞敏在上海《财富》论坛上说："这把大锤对海尔今天走向世界，是立了大功的！"张瑞敏义无反顾地举起大锤砸向冰箱，同时把海尔砸成了世界名牌。

精透解析：高标严管，创新争先

在上述事例中，张瑞敏一把大锤，砸出了产品的一流质量，砸出了员工的过硬作风，砸出了中国名企，砸出了世界名牌。海尔集团和张瑞敏的格言、行为和理念，表达了海尔的核心价值观，代表了海尔的基本信仰和准则，为所有员工指明了共同的方向，为他们的日常行为提供了指导方针。这些格言无休止地在海尔传播和扩散，不断积累起来，最终深入人心，形成了其强烈而又独具特色的企业文化。这些格言在社会上广泛传播，进一步塑造树立了海尔品牌的良好形象。

管理者学习借鉴海尔格言，坚持高境界、高标准、高效率、高效益，对提高自身的管理水平和素质，加强团队建设，强化质量管理，打造团队和品牌形象，必将会有极大的裨益。

在对员工的管理上，海尔定了三条规定：在位要受控，升迁靠竞争，届满要轮岗。"在位要受控"有两个含义：一是干部主观上要能够自我控制、自我约束，有自律意识；二是集团要建立控制体系，控制工作方向、工作目标，避免犯方向性错误，再就是控制财务，避免违法违纪。"升迁靠竞争"是指有关职能部门应建立一个更为明确的竞争体系，通过搭建"赛马场"为每个员工营造创新的空间，公平竞争，任人唯贤，让优秀的人才能够顺着这个体系上来，让每个人既感到有压力，又能够尽情施展才华，不至于埋没人才。

"届满应轮岗"是指主要干部在一个部门的时间应有任期，届满之后轮换部门。在用工制度上，实行一套优秀员工、合格员工、试用员工"三工并存，动态转换"的机制。这样做是防止干部和员工长期在一个部门工作，思路僵化，缺乏创造力与活力，导致部门工作没有新局面。轮流制对于年轻的干部还可增加锻炼机会，成为多面手，为企业今后的发展培养更多的人力资源。

在对企业人才分析上，可将人才大致由低到高进行分类：一是人材，这类人想干，也具备一些基本素质，但需要雕琢，企业要有投入，其本人也有要成材的愿望。二是人才，这类人能够迅速融入工作，能够立刻上手。三是人财，这类人通过努力能为企业带来巨大财富。对海尔来说，好用的人就是"人才"。

"人才"的雏形，应该是"人材"。这是"人才"的毛坯，是"原材料"，需要企业花费时间去雕琢。但在如今堪称"生死时速"的激烈市场竞争中，企业没有这个时间。"人才"的发展是"人财"，能为企业创造财富。"人材"和"人才"都不是企业的最终目的；我们要寻求的是能为企业创造财富和价值的"人财"！企业要想兴旺发达，就要充分发现、使用"人财"。

81. 吉德林法则：先找症结，再解难题

知识小提示

美国通用汽车公司管理顾问查尔斯·吉德林提出：把难题清清楚楚地写出来，便已经解决了一半。只有先认清问题，才能很好地解决问题。这种观点在管理学上被称为吉德林法则。

案例

巧造势输小赢大，勇改革扭亏为盈

英国的麦克斯亚郡曾有一个妇女向法院控告，说她丈夫迷恋足球已经到了不能容忍的地步，严重影响了他们的夫妻关系。她要求生产足球的厂商——宇宙足球厂赔偿她精神损失费10万英镑。在我们看来，这一指控毫无道理。但在结果宣判之前，种种迹象表明，这位妇女的要求得到了大多数陪审团成员的支持。想到马上就要支付巨额的赔偿费，宇宙足球厂的老板很是忧虑。这时，宇宙足球厂的公关顾问认为，对公司来说，问题的关键就是这位妇女的控告让公司损失了大笔的钱，要是能通过这次控告重新赚回损失的钱，问题不就迎刃而解了吗？于是，他向公司建议：与其在法庭上与陪审团进行无谓的陈述，还不如利用这一离谱的案例，为公司大造声势，向人们证明宇宙厂生产的足球魅力之大。于是，他们与各媒体进行了沟通，让他们对这场官司进行大肆渲染。果然，这场官司经传媒的不断轰炸后，宇宙足球厂名声大振，产品销量一下子就翻了四倍。与损失10万英镑比起来，宇宙足球厂算是因小祸而得了大福。

20世纪80～90年代，美国大陆航空公司业绩连连下滑，年年亏损，18%的飞行负债经营。为扭转这种不利局面，公司新任总裁戈登仔细分析问题的症结，寻找解决办法。戈登调查发现，出售最低价格的机票这一下策并不能使大陆航空的现状发生转变，更无法使大陆航空成为出类拔萃的航空公司。

大陆航空虽然想以增加座位的方式和每天无数次地奔波往返于城市之间的方法，来保持机票的低价格出售，但事实证明，有些城市其实并没有这么大的客流量，并不需要往返数次的班机，亏损自然难以避免。戈登还看到，在格林斯伯勒至格林费尔之间的航线中，大陆航空虽然占有90%的市场份额，但却仍然亏损，原因是航班极不合理，乘客想要去别的重要城市很不方便。如果开拓飞往纽瓦克的市场，大陆航空公司所占的市场份额就足以支持开通飞往克利夫兰和休斯敦的航线，而这条航线对乘客来说最方便，肯定会受欢迎。

想清楚了这些，戈登立即行动，停飞了一些负债飞行的航线，减少了一些并不合理的航线，开拓了一些有连锁效应的新航线，并适当提高机票价格。后来的事实证明，大陆航空的班次虽然减少了，赚的钱却比以前更多。通过戈登一系列的提出问题、分析问题、解决问题的过程，大陆航空很快扭亏为盈，成为了一家颇有竞争力的航空公司。

 精透解析：坦然面对细分析，危机里面挖契机

思想是行动的先导。要想解决问题，必须清楚问题出在哪里。看到了问题的症结所在，也就找到了解决问题的办法了。所以，遇到问题后首要的就是要分析问题，先找症结，再解难题；先找病症，再开药方。上述美国大陆航空公司的做法，值得学习借鉴。

在现实生活中，一个组织总会遇到危机，一不留神就会走上下行的坡道。打击究竟会产生怎样的影响，最终决定权是在你手中。遇到难题，不管你要怎样解决它，成功的前提是看清难题的关键在哪里。找到了问题的关键，处理起来就会得心应手，事半功倍。只要能够从坏中看好，采取有效的措施扭转这个趋势，耐心地找准一个方向，就一定会有转机。这样不仅能解一时之围，更能找出病症并彻底消除隐患，使组织更好地存续发展。

出现危机并不可怕，可怕的是被危机冲昏了头脑而自暴自弃。危机也不一定就是坏事，有时它反而会成为事业发展的契机。管理者只要能树立忧患意识，并在危机来临时快速作出反应，就如宇宙足球厂一样，就一定能扭转危局，反败为胜。要记住：所有的坏事情，只有在我们认为它是不好的情况下，才会真正成为不幸事件。

82. 路径依赖定律：一旦选择，不愿回头

> **知识小提示**
>
> 路径依赖定律，又称路径思维定律、路径依赖性，是由美国经济学家道格拉斯·诺思提出的。该定律强调，由于惯性，一旦选择进入某种路径，惯性的力量会使这一选择不断自我强化，就会对这种路径产生依赖。

"路径依赖"理论被总结出来之后，人们把它广泛应用在选择和习惯的各个方面。在一定程度上，人们的一切选择都会受到路径依赖的可怕影响，人们过去做出的选择决定了他们现在可能的选择，人们关于习惯的一切理论都可以用"路径依赖"来解释。由于用"路径依赖"理论成功地阐释了经济制度的演进，道格拉斯·诺思于1993年获得诺贝尔经济学奖。

案例

马腔决定火箭宽度，戴尔做成电脑大鳄

现代铁路两条铁轨之间的标准距离是四英尺又八点五英寸。原来，早期的铁路是由建电车的人设计的，而四英尺又八点五英寸正是电车所用的轮距标准。那么，电车的标准又是从哪里来的呢？最先造电车的人以前是造马车的，所以电车的标准是沿用马车的轮距标准。马车又为什么要用这个轮距标准呢？英国马路辙迹的宽度是四英尺又八点五英寸，所以，如果马车用其他轮距，它的轮子很快会在英国的老路上撞坏。这些辙迹又是从何而来的呢？从古罗马人那里来的。

因为整个欧洲，包括英国的长途老路都是由罗马人为他的军队所铺设的，而四英尺又八点五英寸正是罗马战车的宽度。任何其他轮宽的战车在这些路上行驶的话，轮子的寿命都不会很长。可以再问，罗马人为什么以四英尺又八点五英寸为战车的轮距宽度呢？原因很简单，这是牵引一辆战车的两匹马屁股的宽度。故事到此还没有结束。美国航天飞机燃料箱的两旁有两个火箭推进器，因为这些推进器造好之后要用火车运送，路上又要通过一些隧道，

而这些隧道的宽度只比火车轨道宽一点，因此火箭助推器的宽度是由铁轨的宽度所决定的。所以，最后的结论是：路径依赖导致了美国航天飞机火箭助推器的宽度，竟然是两千年前便由两匹马屁股的宽度所决定的。

在国际IT行业中，戴尔电脑是一个财富的神话。戴尔计算机公司从1984年成立时的1000美元，发展到2001年销售额达到310亿美元，是一段颇富传奇色彩的经历。戴尔公司有两大法宝："直接销售模式"和"市场细分"方式。而据戴尔创始人迈克尔·戴尔透露，他早在少年时就已经奠定了这两大法宝的基础。戴尔12岁那年，进行了人生的第一次生意冒险——为了省钱，酷爱集邮的他不想再从拍卖会上卖邮票，而是通过说服自己一个同样喜欢集邮的邻居把邮票委托给他，然后在专业刊物上刊登卖邮票的广告。出乎意料的，他赚到了2000美元，第一次尝到了抛弃中间人，"直接接触"的好处。有了第一次，就再也忘不掉了。后来，戴尔的创业一直和这种"直接销售"模式分不开。上初中时，戴尔就已经开始做电脑生意了。

他自己买来零部件，组装后再卖掉。在这个过程中，他发现一台售价3000美元的IBM个人电脑，零部件只要六七百美元就能买到。而当时大部分经营电脑的人并不太懂电脑，不能为顾客提供技术支持，更不可能按顾客的需要提供合适的电脑。这就让戴尔产生了灵感：抛弃中间商，自己改装电脑，不但有价格上的优势，还有品质和服务上的优势，能够根据顾客的直接要求提供不同功能的电脑。这样，后来风靡世界的"直接销售"和"市场细分"模式就诞生了。

其内核就是：真正按照顾客的要求来设计制造产品，并把它在尽可能短的时间内直接送到顾客手上。此后，戴尔便凭借着他发现的这种模式，一路做下去。从1984年戴尔退学开设自己的公司，到2002年排名《财富》杂志全球500强中的第131位，2011年上升至第6位。自1995年起，戴尔公司一直名列《财富》杂志评选的"最受仰慕的公司"。其间不到20年时间，戴尔公司成了全世界最著名的公司之一。正是初次做生意时的正确路径选择，奠定了后来戴尔事业成功的基础。

 精透解析：重视初始选择，果敢进行改革

孔子曰："少成若天性，习惯如自然。"在现实生活中，路径依赖很常见，尤其是在官僚机制的组织结构中，一个单位确定了一个管理模式之后，员工就会遵照这个模式，并逐渐习惯这个模式。但是，由于惯性，很少有人会思索这种行为是否合理、有效。这就要求人们在开始时慎重选择"马屁股"的宽度。做好了你的第一次选择，你就设定了自己的人生。

运用好路径依赖定律，要求初创团队的管理者应该对外部环境的变化非常敏感，并能较早地采取行动，对制度进行改革，要善于利用路径依赖的正面影响，要避免路径依赖产生的负面影响。管理者在实际管理中应该注意以下几个方面。

1. 发现错误的路径

管理者要在工作中及时发现那些不再需要的流程，并将之清除；随时留意工作流程中发生问题的环节，并及时解决问题。在我们的工作中存在很多不必要的流程，这些流程在当初设计的时候，有的仅仅是为了达到一个简单的目的；现在条件改善了，人们之前的一些程序没用了，但是没有人对现有的制度进行改革，很多不必要的流程也一直沿用下来。很多人不清楚为什么要这样做，只是在惯性的作用下，一遍又一遍地重复着乏味的工作。及时发现这样的路径，并尽快从这样的路径中解脱出来，才能在竞争中不断打败对手，时时处于领先地位。

2. 跳出错误的路径

一旦选择了一条道路，我们就很难再重新作出抉择，因为重新选择的成本太高了。有很多时候我们在作出了一个选择之后，就再也回不了头了。面对一个错误的选择，管理者只有勇敢地面对，及时舍弃旧的制度，重新规划新的体制，勇敢地跳出来。

3. 选择正确的路径

每个人都有自己的思维模式，这种模式对以后的人生会产生很大影响。人们过去的选择决定了他们现在的选择，人们现在的选择会决定他们以后的选择。在你作出你的第一次选择时，你的人生就确定了。同样，初创团队在作出任何选择的时候都要谨慎，以避免路径依赖的负面影响对我们的工作产生不必要的影响。因此，管理者在最开始的时候就要为初创团队找准一个正确的路径，在作出选择的时候，要根据多方面的资料与信息综合考虑。可以向有经验的员工多请教，通过大量的调查与对比，作出合理的判断，选择正确的路径。

4.推广正确的路径

在一个初创团队的发展中，经常需要剔除一些废旧的制度，推广一些新政策，但是团队中普遍存在一种惰性心理，人们不愿意去改变原有的制度，员工对新制度总是采取怀疑的态度。管理者要做好解释，并制定保障新制度推广的强有力措施，勇于继续不断地推广新的有利的制度和举措。

第9章

关注细节：以工匠精神，认真做好团队中的每一件小事

老子云："天下难事，必作于易，天下大事，必作于细。"小事成就大事，细节决定成败。管理者在管理中要注重细节，目标要细，要求要细，措施要细，责任要细。只有注重细节，才能构筑理想的大厦，走向成功的殿堂，带出一流的队伍，做出非凡的业绩。

初创团队不可不知的100个管理心理学效应

83. 破窗效应：窗户一旦有了洞，你扔我扔大家扔

知识小提示

1969年，美国斯坦福大学心理学家菲利普·辛巴杜进行了一项实验：他找来两辆一模一样的汽车，把其中的一辆停在加州帕洛阿尔托的中产阶级社区，而将另一辆停在相对杂乱的纽约布朗克斯区。停在布朗克斯的那辆，他把车牌摘掉，顶棚打开，结果当天就被偷走了。而放在帕洛阿尔托的那一辆，一个星期也无人理睬，后来，辛巴杜用锤子把那辆车的玻璃敲了个大洞，结果仅仅过了几个小时，它就不见了。

在日常生活中，我们也经常有这样的体会：一间房子的窗户破了，没有及时修补，用不了多久，其他窗户上的玻璃也会莫名其妙地被人打破；一面墙上如果出现一些涂鸦没有及时清洗掉，很快墙上就被人涂抹得乱七八糟、不堪入目；在一个干净整洁的地方，很少有人随地乱扔垃圾，而一旦地上有垃圾出现，人们就会无所顾忌地随地乱扔。政治学家威尔逊和犯罪学家凯琳，在辛巴杜的实验和日常经验的基础上，提出了破窗效应理论，认为：如果有人打坏了一幢建筑物的窗户玻璃，而这扇窗户又得不到及时地维修，别人就可能受到暗示性的纵容去打坏更多的窗户。结果，这种公众麻木不仁的氛围，就会滋生更多的犯罪。

 案例

车厢干净乘客自觉，地铁整洁治安好转

小王是一位出租车司机，每天早出晚归，迎送过往乘客。每晚收车的时候，出租车内简直就像垃圾场一样，地板上的烟头和纸屑随处可见，座套上污迹斑斑。每次为了清理车内的污渍，他都累得腰酸背疼。后来，他萌生了一个念头：如果他时刻让车内保持清洁，乘客也许就会不忍心随处乱扔了。于是，每天出车前，他都将车内收拾得干净明亮，每位乘客下车后，他都要认真查看一下车内，拣起零星散落的烟蒂，抹平座套上的褶皱。这样，每一

位乘客坐在整洁干净的车内，也都非常讲究卫生，不再随地乱扔东西了。这样，小王的出租车一直到晚上仍然保持着一尘不染的洁净。

美国纽约原以脏、乱、差闻名，环境恶劣，犯罪猖獗。1994年，新任警察局长布拉顿在破窗理论的启发下，开始从小处着手治理城市。他开始从地铁的车厢进行治理：车厢干净了，站台就会变得很洁净，随后街道和社区也变得井井有条，最后整座城市焕然一新，成为全美环境最好的都市之一。针对纽约地铁的较高犯罪率，布拉顿采取全力打击逃票的措施。结果发现，每七名逃票者中，就有一名是通缉犯；每二十名逃票者中，就有一名携带凶器。后来，地铁站的犯罪率骤然下降，纽约的治安大为好转。

精透解析：及时打击露头鸟，斩断恶性循环链

在管理中，管理者必须高度警觉那些看起来微不足道，但触犯了初创团队核心价值的小过错，如果不及时修好第一扇被打碎的窗玻璃，不仅会给初创团队带来巨大损失，甚至还会颠覆初创团队的文化和理念。千里之堤，溃于蚁穴。生活中经常会出现一些被人忽视的小问题，如果不及时处理，很可能会带来无法弥补的损失；相反，如果能够及时制止苗头性的问题，就能遏制错误的蔓延，防止出现不可预料的后果。在管理中，要注意防微杜渐，解决苗头性的问题，及时制止小错误，严防大家效尤，引导初创团队向良性循环发展。

人能够改造环境，环境也能够塑造人。环境具有强烈的暗示性和诱导性，在良好的人文环境下，犯罪行为也会得到收敛，环境脏乱差，文明的举动也会受到负面的影响。所以，管理者一定要及时发现并斩断恶性循环的链条，预防破窗效应恶性循环的出现和蔓延，努力引导良性循环。

在第一块玻璃被打破以后，如何更好地预防制止连锁反应呢？西方福莱灵克公关咨询公司提供了一个3W+4R+8F的公式，值得管理者学习借鉴。

3W是指在一场危机中，沟通者需要尽快知道三件事：我们知道了什么（what did we know）；我们什么时候知道的（when did we know about it）；我们对此做了什么（what did we do about it）。危机发生后，企业寻求问题答案并做出有效反应解决问题之间的时间间隔，将决定危机处理的成败与否。

4R是指在收集到正确的信息之后，要把危机的处理当作一个过程来执行。企业要表达遗憾（Regret），保证解决措施到位，防止未来相同事件发生

（Reform）并且提供赔偿（Restitution），直到安全解决危机（Recovery）。

8F则是执行3W与4R中应该遵循的八大原则：①事实（Factual）：向公众说明事实的真相。②第一（First）：率先对问题做出反应。③迅速（Fast）：处理危机时要迅速果断。④坦率（Frank）：沟通情况时不要躲躲闪闪。⑤感觉（Feeling）：与公众分享你的感受。⑥论坛（Forum）。⑦灵活性（Flexibiliry）。⑧反馈（Feedback）。

84. 墨菲定律：坏事可能出现，它就必然出现

知识小提示

墨菲定律是美国一名空军上尉工程师爱德华·墨菲作出的著名论断，亦称莫非定律、莫非定理或摩菲定理，是西方世界常用的俚语。墨菲定律主要内容是：事情如果有变坏的可能，不管这种可能性有多小，它总会发生。

根据墨菲定律推出四条理论：①任何事都没有表面看起来那么简单；②所有的事都会比你预计的时间长；③会出错的事总会出错；④如果你担心某种情况发生，那么它就更有可能发生。

墨菲定律告诉我们，容易犯错误是人类与生俱来的弱点，不论科技多发达，事故都会发生。而且我们解决问题的手段越高明，面临的麻烦就越严重。所以，一定要注重事前预防，如果真的发生不幸或者损失，要从容应对，关键在于总结所犯的错误，而不是企图掩盖它。

案例

十六个仪表全装错，一月前碎镜照扎脚

爱德华·墨菲（Edward A. Murphy）是美国爱德华兹空军基地的上尉工程师。他曾参加美国空军于1949年进行的MX981实验。这个实验的目的

是为了测定人类对加速度的承受极限。其中有一个实验项目是将16个火箭加速度计悬空装置在受试者上方，当时有两种方法可以将加速度计固定在支架上，而不可思议的是，竟然有人有条不紊地将16个加速度计全部装在错误的位置。于是墨菲就嘲笑这个人："如果一件事情有可能被弄糟，让他去做就一定会弄糟。"这句笑话在美国迅速流传并扩散到世界各地。在流传扩散的过程中，演变成各种各样的形式。其中一个最极端的形式是："如果坏事有可能发生，不管这种可能性多么小。它总会发生，并可能引起更大的损失。"在事后的一次记者招待会上，这一理论被称为墨菲法则。墨菲法则在技术界不胫而走，因为它道出了一个铁的事实：技术风险能够由可能性变为突发性的事实。

在生活和工作中，我们也经常遇到这样的现象：赶着去参加重要活动想打出租车时，却发现出租车不是有客就是不搭理你；而平常不需要出租车时，大街上又到处都跑着空车；一个月前不小心打碎了浴室的镜子，仔细检查和冲刷后，好长时间也不敢光着脚走路，等过了一段时间确定没有危险了，不幸的事还是照样发生，还是被碎玻璃扎伤了脚。

精透解析：在慎微下应对，在失败里提高

很多事情往往是以小见大，一个简单的墨菲定律，其实可以让我们理解生活、工作和人生的许多重大意义。

墨菲定律在生活中随处可见其身影：每当一切顺利，就有事情出错；东西总是在看不见的地方找到；经验是一种在需要之前没有的东西；谬误常常比真理还要显得庄重；老板忍受不了一贯正确的员工。开会常常是省下几分钟，浪费了几小时；意外钱财会带来相同金额的意外损失；坏掉的零件总是最贵的那个；所有机械装置都会在最尴尬的时间失灵；邮件发出以后，才会发现错别字；无论谎言被揭穿多少次，还是会有一定比例的人相信；为了清洁一种东西，另一种东西肯定会变脏；只要你一换道，那条堵住你的车道就会动起来；你抗拒什么，就会变成什么；如果遇到难题，就把它交给懒人，他会想出简单的处理办法等。

墨菲定律乍一看上去，似乎有种宿命论和悲观主义的色彩，任何事情都有变坏的可能性，既然它一定会变坏，似乎我们只能坐等悲剧的发生了，并不是！我们应该从积极的方面来理解和运用墨菲定律。

（1）重视小概率事件。墨菲定律的提出正是基于小概率事件的突然发生。通常人们认为概率既然这么小，那就基本上不会发生，从而泰然若之。可是恰恰是这种小概率事件，一旦发生了，就会造成无可挽回的重大损失。

（2）做好各种应对策略。做好预案，有备无患。

（3）以积极心态面对，不要惧怕失败。墨菲定律暗示，当你意识到某件事情可能会变糟的时候，它就更可能真的变糟。失败是成功之母，错误是正确的先锋。以积极的心态制定战略，以消极的思考制定战术，才能提高你成功的概率。

（4）在失败中前进和提高。美国3M公司有句话："为了发现王子，你必须与无数个青蛙接吻。""青蛙"意味着失败，但失败往往是成功的开始。事情如果变坏了，那就让它变坏吧，重要的是如何从中吸取教训、总结经验，以便提高下一次成功的可能性。失败不可怕，可怕的是没有从失败中总结教训，反而增加了自己的不自信。从某种意义上来讲，在失败和困境中不断提高比在顺境中不断提高更加可贵。在失败中倒下的人是可悲的，在失败中前进和提高的人才是令人尊敬的。

85. 首因效应：第一印象难改变，做事慎行第一次

知识小提示

首因效应，是人与人第一次交往时给人留下的印象，在对方的头脑中形成并占据着主导地位的效应。首因效应也叫首次效应、优先效应或第一印象效应，它是指当人们第一次与某物或某人接触时会留下深刻印象，个体在社会认知过程中，通过"第一印象"最先输入的信息对客体以后的认知产生的影响作用。第一印象作用最强，持续的时间也长，比以后得到的信息对于事物整个印象产生的作用更强。

心理学研究发现，与一个人初次会面，45秒内就能产生第一印象。这一最初的印象对他人的社会知觉产生较强的影响，并且在对方的头脑中形成并占据

着主导地位。有专家指出:"保持和复现,在很大程度上依赖于有关的心理活动第一次出现时注意和兴趣的强度。"并且这种先入为主的第一印象是人的普遍的主观性倾向,会直接影响到以后的一系列行为。

王成邋邋险落聘

王成赶到一家公司参加应聘,主考官是公司的刘总。临到考试时间快要结束,王成才满头大汗地赶到了考场,刘总瞭了一眼坐在自己面前的王成,只见他大滴的汗珠子从额头上冒出来,满脸通红,上身一件红格子衬衣,加上满头乱糟糟的头发,给人一种疲疲沓沓的感觉。老总仔细地打量了他一阵,疑惑地问道:"你是研究生毕业?"似乎对他的学历表示怀疑。王成很尴尬地点点头回答:"是的。"接着,心存疑虑的刘总向他提出了几个专业性很强的问题,王成渐渐静下心来,回答得头头是道。最终,刘总再三考虑,总算决定录用他。第二天,当王成来上班时,刘总把他叫到办公室,对他说:"本来,在我第一眼看到你的时候,我就不打算录用你,你知道为什么吗?"刘总说:"当时你的那副尊容实在让人不敢恭维,不像个研究生,倒像个自由散漫的社会小青年,你给我的第一印象不太好。要不是你后来在回答问题时很出色,你一定会被淘汰。"王成听罢,这才红着脸说明原因:"昨天我来面试时,在大街上看见有人遇上车祸,我就帮司机把伤员抬上的士,和另外一个路人把伤员送去医院。由于救人弄脏了衣服,我赶紧回家去换衣服,不巧我衣服还没干,就把弟弟的衬衫穿来了,加上拼命地赶路,所以一副狼狈相。"刘总点点头说:"难得你有助人为乐的好品德。不过,以后这样场合,千万要注意自己的第一印象啊!"

 精透解析:初次相见四注意,烧好开局三把火

首因效应在人际交往和管理活动中对人的影响较大。在交友、招聘、求职、管理等社交活动中,我们应当注意利用这种效应,展示良好的形象,为以后的交流管理打下良好的基础,为将来的成功搭好台阶。这就需要加强在谈吐、举止、修养、礼节、知识、管理等各方面的素质,不然则会导致另外一种效应的负面影响,那就是近因效应。

既然在人际交往中有这样一个首因效应在起作用,我们就可以充分利用它来帮助我们完成漂亮的自我推销,重要的首次见面应该注意四个方面。①是面带微笑,这样可能获得热情、善良、友好、诚挚的印象;②应使自己显得整洁,整洁容易留下严谨、自爱、有修养的第一印象,尽管这种印象并不准确,可对我们的推销总是有益处;③使自己显得可爱可敬,这一点必须由我们的言谈、举止、礼仪等来完成;④尽量发挥自己的聪明才智,在对方的心中留下深刻的第一印象,但也要注意不要流入卖弄之嫌,这种印象会左右对方未来很长时间对你的判断。只要能准确地把握这些方面,定能给自己的事业开创良好的人际关系氛围。

在初创团队和人员管理方面,也要注意首因效应的应用。一位新领导,大家都在关注,第一次的行为非常重要,一定要非常注意如何烧好头三把火。第一次会议、第一次讲话、第一次批评、第一次表扬,都要充分准备,全面考虑。做得好了,在员工心中引起良性互动,产生良性循环;做得不好,会在员工心中引起麻痹、松懈甚至逆反心理,产生恶性循环。

86. 250定律:重视每个客户,一个影响一大片

知识小提示

美国著名推销员乔·吉拉德在商战中总结出了"250定律"。他认为每一位顾客身后,大体有250名亲朋好友,如果你赢得了一位顾客的好感,就意味着赢得了250个人的好感;反之,如果你得罪了一名顾客,也就意味着得罪了250名顾客。如果一个推销员在年初的一个星期里见到50个人,其中只要有两个顾客对他的态度感到不愉快,到了年底,由于连锁影响就可能有5000个人不愿意和这个推销员打交道,他们就都知道一件事:不要跟这位推销员做生意。这就是乔·吉拉德的250定律。这一定律有力地诠释了"顾客就是上帝"的真谛。

靠全方位维护顾客，创吉尼斯销售纪录

乔·吉拉德是世界上最伟大的销售员，他连续12年荣登世界吉斯尼纪录大全世界销售第一的宝座，他所保持的世界汽车销售纪录：连续12年平均每天销售6辆车，连续15年成为世界上售出新汽车最多的人，保持的销售记录至今无人能破。

乔·吉拉德也是全球最受欢迎的演讲大师，曾为众多世界500强企业精英传授他的宝贵经验，来自世界各地数以百万的人们被他的演讲所感动，被他的事迹所激励。

然而，就是这样一位伟大的推销专家，在三十五岁以前，他可以说是个全盘的失败者，他患有相当严重的口吃，换过几十个工作仍一事无成，甚至曾经当过小偷，开过赌场。那么，陷于困境走投无路的乔·吉拉德是如何在短短三年内爬上世界第一，并被吉尼斯世界纪录称为"世界上最伟大的推销员"的呢？他坚持了哪些信条呢？他是怎样做到的呢？在工作中，乔·吉拉德始终坚持四个原则：虚心学习、努力执着、注重服务与真诚分享。乔·吉拉德时时处处想着工作，他到处递送名片，在餐馆就餐付账时，他要把名片夹在账单中；在运动场上，他把名片大把抛向空中。

他详细建立自己的顾客档案，记下有关顾客和潜在顾客的所有资料。乔·吉拉德认为，客户的孩子、嗜好、学历、职务、成就、旅行过的地方、年龄、文化背景及其他任何与他们有关的事情，这些都是有用的推销情报。所有这些资料都可以帮助你接近顾客。

乔有一句名言："我相信推销活动真正的开始在成交之后，而不是之前。"乔·吉拉德非常注重售后维护，巩固老顾客，吸引新顾客。由于他的耐心、细致、真诚，购买了他的车的顾客，都会帮他推荐新的顾客。他认为，在每位顾客的背后，都或许站着250个人，这是与他关系比较亲近的人：同事、邻居、亲戚、朋友。在任何情况下，都不要得罪哪怕是一个顾客。你只要赶走一个顾客，就等于赶走了潜在的250个顾客。你赢得了一个顾客，就等于赢得了250个顾客。在乔·吉拉德的推销生涯中，他总是把1当成250来看待，将250定律牢记在心，抱定顾客至上的态度，时刻控制着自己的情绪，不在任何情况下不因任何原因而怠慢任何一位顾客。这就是乔·吉拉德能成为推销之王的秘诀所在。

初创团队不可不知的100个管理心理学效应

 精透解析：善待所有人事，创造连环机遇

社会其实就是一个大家庭，人们不断交流互换信息。由于人们都有模仿和从众心理，每一个人的语言和行动都会或多或少地影响另外一些人。因此，250定律的确是拓展业务、扩大影响、广结朋友、广结善缘、创造机遇、走向成功的不二法门。

特别是做推销工作，更需要别人的帮助。乔·吉拉德的很多生意都是由"猎犬"（那些会让别人到他那里买东西的顾客）帮助的结果。乔·吉拉德的一句名言就是"买过我汽车的顾客都会帮我推销"。要认真热心对待每一位顾客，更要维护好已有的顾客。要让所有接触过的人，都为自己进好言，说好话。有一个人抨击你的产品和服务，你就可能会失去250个顾客。

三人成虎，人言可畏。善待一个人，就多一个朋友，多一条路；得罪一个人，就多一个敌人，多一堵墙。点亮一盏灯，照亮一大片；打碎一盏灯，黑暗一大片。必须认真对待身边的每一个人，因为每一个人的身后都有一个相对稳定、数量不小的群体。运用好250定律，在日常生活和社会交往中，同样大有裨益。

87. 奥卡姆剃刀定律：剃除一切累赘，简单最为有效

知识小提示

奥卡姆剃刀定律，又称奥康的剃刀、奥卡姆剃刀原理，是由14世纪逻辑学家、圣方济各会修士奥卡姆的威廉（William of Occam，约1285～1349年）提出。这个原理称为"如无必要，勿增实体"，即"简单有效原理"，主张避重趋轻，避繁逐简，以简御繁，避虚就实。

奥卡姆的威廉对当时无休无止的关于"共相""本质"之类的争吵感到厌倦，于是著书立说，宣传唯名论，只承认确实存在的东西，认为那些空洞无物

的普遍性要领都是无用的累赘，应当被无情地"剃除"。他所主张的"思维经济原则"概括起来就是："如无必要，勿增实体。"因为他是奥卡姆人，人们为了纪念他就把这句话称为"奥卡姆剃刀"。

这把剃刀出鞘后，剃秃了几百年间争论不休的经院哲学和基督教神学，使科学、哲学从神学中分离出来，引发了欧洲的文艺复兴和宗教改革。同时，这把剃刀曾使很多人感到威胁，被认为是异端邪说，威廉本人也受到伤害。然而，这并未损害这把刀的刀刃，经过数百年反而越来越锋利，并早已超越了原来狭窄的领域而具有广泛的、丰富的、深刻的意义。

案例

通用推行简单化变革，退货先免制造部经理

全球第一CEO杰克·韦尔奇在接手通用电气时发现，在通用电气辉煌的背后，通用已经变成了一家追求规模、崇尚等级层次、迷信官僚管理的复杂的企业组织。于是，他开始了通用20年的简单化变革。杰克·韦尔奇常常说，"做生意是很简单的"和"我和街边小贩并无不同"。他认为："要想在这个竞争日趋激烈的世界生存，像通用这样的大公司必须停止像大公司那样行动和思考问题，应当开始像小公司一样考虑问题。"因为小公司有更好的沟通，没有官僚体制的束缚；小公司只做重要的事，关注客户和产品，行动快速；小公司有较少的层级；小公司浪费少等。

有一家材料制造公司，拥有主要由世界著名企业构成的客户群。不料，在一段时间里该公司接连出现了严重的产品质量问题，客户纷纷退货，并按程序发出停止供货通知书。因而，该公司内部意见纷纭，人心惶惶，公司处于全面紧张之中。面对这样的情形，总经理马上采取了一个简单而坚决的做法——调换制造部经理，全力制定改善方案。结果，在很短的时间里，质量问题得到解决，人际关系也被理顺，客户又高兴地发来了新订单。

企业一名副总经理觉得制造部经理可能被冤枉了，因为问题发生的原因和责任还没有分辨清楚就把人家免职了。总经理解释说：当遇到麻烦复杂的问题时，简单而直接地进入解决问题的程序可能会更好。因为管理的天职就是解决问题；假如在问题面前管理者过分强调明是非、究责任，四面出击，反而会把问题复杂化，使人际关系紧张，从而耽误了解决问题的最佳时机。弄不好还会助长相互推诿、逃避责任的不良风气。至于问题的真正责任者是不是制造部经理，在解决问题的过程中，自然能分辨出来，以后视情况使用即可。

精透解析：管理无技巧，越简单越好

简单是金。文学泰斗托尔斯泰在《致德·波波雷金》中指出："散文作家确保艺术精华的方法——为了区别纯金，就要删掉沙粒。"雕塑艺术大师罗丹在《罗丹论艺术》中讲道："雕刻是怎样的呢？你抡起斧头来，大刀阔斧，把不要的东西统统砍除就是了。"今天，奥卡姆剃刀向复杂的管理发出了挑战，指出许多东西是有害无益的，我们正在被这些自己制造的麻烦压垮。事实上，我们的组织正不断膨胀，制度越来越烦琐，文件越来越多，但效率却越来越低。这迫使我们使用奥卡姆剃刀，采用简单管理，化繁为简，将复杂的事物变简单。

复杂容易使人迷失，只有简单化后才利于人们理解和操作。从这个意义上讲，管理之道就是简化之道，简化才意味着对事务真正的掌控。生活需要简单法则，工作需要简单法则，管理更需要简单法则。

简单管理本身却不简单。把事情变复杂很简单，把事情变简单很复杂。奥卡姆剃刀定律要求我们在处理事情时，要把握事情的实质，解决最根本的问题，尤其要顺应自然。不要把事情人为地复杂化，这样才能把事情处理好。商业管理上的最大错误就是人们把问题过于复杂化，忘记了成功的关键要素是常识和简单。管理无技巧，越简单越好。如果说四两拨千斤是中国功夫的精髓，那么化繁为简就是管理实践的最高境界。

为了防止组织在目标设置与执行过程中因种种原因出现目标的曲解与置换，就要运用奥卡姆剃刀定律"无情地剔除所有累赘"，精兵简政，不断简化组织结构；关注组织的核心价值，始终将组织资源集中于自己的专长；简化流程，避免不必要的文书作业。

88. 特伯定律：死数字不可靠，活情况才重要

知识小提示

美国经济学家W.S.特伯，曾提出过一个"在数字中找不到安全"的论断。后来应用到企业管理中，被称为特伯定律。特伯定律告诉人们，数字是死的，情况是活的，市场是变化的，只靠数字忽视变化会导致决策失误。

案例

张瑞敏务实决策，洗衣机兼洗土豆

业界流传着一个"海尔洗衣机洗土豆"的佳话。四川的一位农民消费者，在购买海尔洗衣机后，向海尔工作人员投诉，声称洗衣机质量不好，容易发生故障。当工作人员赶到该用户家中维修时，发现洗衣机的排出管中全是泥沙，这位农民消费者竟然使用洗衣机洗土豆。"用洗衣机洗土豆"这种做法让工作人员哭笑不得，但他还是修好了洗衣机，并将消费者反馈意见提交给了公司。

海尔集团董事局主席张瑞敏经过分析后，认为这是一次商机，要求海尔技术人员一定要生产出可以清洗土豆的洗衣机。这个消息一经传出，就引起了轩然大波，"生产可以洗土豆的洗衣机？会有人购买吗？""调查报告数据可从未显示过，市场上会有这种洗衣机的需求。"张瑞敏的构想遭到了很多人的质疑。

最后，经过技术人员研发，可以清洗土豆的洗衣机真的上市了。这种"土豆"洗衣机上市后，没有像猜疑者想象的那样滞销，反而大受欢迎。张瑞敏这种不以数据为主导，注重市场实际需求的管理方法，不仅为海尔创下了极大的经济收益，同时也使海尔"全心全意为消费者服务"的品牌形象更加深入人心。

精透解析：莫唯数字做决策，紧跟变化拓市场

很多管理者在管理企业时，仅以市场数据为指导，不经过整体市场情况的实际分析，就轻易作出规划决策，这是名副其实"用数字说话"的做法。《韩非子》中记载了一个"郑人买履"的寓言故事，讽刺了那种拘泥于教条心理、依赖数据、做事死板、不会变通的人。有一个郑国人想去买鞋子，事先量了自己脚的尺码，然后把量好的尺码放在自己的座位上。到了集市，已经拿到了鞋子，才想起忘了带上尺码。于是返回家中拿尺码。等他返回的时候，集市已经散了，最终没有买到鞋子。有人问："为什么不用自己的脚试一试鞋呢？"他回答说："宁可相信尺码，也不相信自己的脚。"

商场如战场，情况瞬息万变。数字是固定的，企业所面临的市场形势却是一直变化的，以不变的数字作为唯一依据，盲目分析复杂变化的市场形势，只会导致管理者失去判断，制定的企业发展策略不符合实际，而被市场淘汰。管理者要建立"数字是死的，而情况是活的""可以重数字，绝不可唯数字"的认识，这也是特伯定律提出的目的。在这方面，海尔的决策值得管理者学习借鉴。

数字只是参考，市场变化是关键。管理者不能跟着数字跑，要培养自己敏锐的洞察力，找出数字后面所潜藏的市场商机，参考数字，挖掘事实，运筹帷幄，全面分析，以变求变，抢占先机，为企业发展开拓出更加广阔的市场。

89. 100-1=0定律：纵有千般好，一错全归零

知识小提示

100-1=0定律最初来源于一项监狱的职责纪律：不管以前干得多好，如果在众多犯人里逃掉一个，便是永远的失职。后来，这个规定被管理学家们引入到了企业管理和商品营销中（包括服务行业），得以广泛应用和流传。这一定律告诉管理者：要防止因1%的错误导致100%的失败，职员一次劣质服务带来的坏影响可以抵消100次优质服务。对顾客而言，服务质量只有好坏之分，不存在较好较差的比较等级。好就是全部，不好就是零。100个顾客中有99个顾客对服务和产品满意，但只要有1个顾客对其持否定态度，企业的美誉就立即归零。

案例

动用飞机奔驰保售后，忽视细节地铁长亏损

在奔驰汽车售后服务中有这样一个事例：有一次，一个法国农场主驾驶着一辆奔驰货车从农场出发去德国。当车行驶到了一个荒村时，发动机出了故障。农场主又气又恼，大骂一贯以高质量宣传自己的奔驰骗人。这时，他抱着试一试的心情，用车上的小型发报机向奔驰汽车的总部发出了求救信号。没想到，几个小时后，天空就传来了飞机声。原来，奔驰汽车修理厂的检修工人在工程师的带领下，乘飞机来为他提供维修服务。一下飞机，维修人员的第一句话就说："对不起，让您久等了。但现在不需要很久了。"他们一边安慰农场主，一边开始了紧张的维修工作。不一会儿，车就修好了。

"多少钱？"看见修好了，法国农场主问道。"我们乐意为您提供免费服务！"工程师回答。农场主本来以为他们会收取一笔不菲的维修金，听到这些简直大吃一惊，"可你们是乘飞机来维修的呀？""但是是因为我们的产品出了问题才这样的。"工程师一脸歉意，"是我们的质量检验没做好，才使您遇到了这些麻烦，我们理应给您提供免费服务的。"法国农场主很受感动，连连

夸赞他们，夸赞奔驰公司。后来，奔驰公司为这位农场主免费换了一辆崭新的同类型货车。过硬的质量和优质的服务造就了奔驰今天当之无愧的汽车王国的地位。

我国某大城市建设地铁一号线时，完全借鉴了德国人的设计。设计二号线时，设计师取消了一些自认为是不必要的细节设施。例如，一号线地铁通道外出口处有三级台阶，设计师认为这三级台阶影响行走，就在建设二号线时取消了。一次下大雨，一号线因为出口处有三级台阶阻挡雨水，地铁安然无恙。二号线被雨水直灌进去，机车等设施被淹，造成了巨大的经济损失。小小的三级台阶，看似不起眼的细节设施，导致了截然不同的后果。

 精透解析：小事成就大事，细节决定完美

根据系统论的原理，任何一个系统都是由相互作用和相互依赖的若干组成部分结合成的具有特定功能的有机整体。服务就是这样的一个系统，它的每个环节都相互作用、相互依赖，一荣俱荣、一损俱损。顾客对整个服务工作中的任何一项不满意，都会对整体的服务质量带来否定。

1%的错误往往会导致100%的失败。小事成就大事，细节成就完美。统计结果表明：如果全球市场中的1个消费者对某产品或服务的质量满意，会告诉另外6个人；如果不满意，则会告诉22个人。事实上，任何企业要想在市场上获得成功，就一定要不遗余力地重视细节的改进、改进、再改进。

在生产和服务过程中，一定要保证产品质量，提高服务质量，避免出现差错，不让顾客失望和不满。产品就是人品，它是企业形象的载体，企业文化的象征，它关系到产品能否深入人心，能否赢得消费者的信赖与支持；次品就是敌人，它损坏企业形象，阻碍企业发展。因此企业应生产高质量的产品，并像维护自己的人品一样维护产品形象。管理者要增强员工的服务意识，使员工在销售过程和售后服务的过程中热情、周到、细心，真心实意地为顾客服务，让顾客买得放心，用得舒心。

要感谢挑剔的顾客，挑剔的顾客也是对企业的一种促进。挑剔顾客提出的各种要求迫使商家不断进行改进，这无疑是对企业发展的一种提高和促进。

90. 沃尔森法则：情报透，赚钱多

知识小提示

沃尔森法则是美国企业家S.M.沃尔森提出的。内容为把信息和情报放在第一位，金钱就会滚滚而来。这一法则告诉我们：你能得到多少，往往取决于你能知道多少。

案例

捕商机雨伞改尿布，突降价上海抓大单

日本尼西奇公司原是一家生产雨伞的小企业。一次偶然的机会，董事长多博川看到了一份最近的人口普查报告。从人口普查资料获悉，日本每年有250万婴儿出生，他立即意识到尿布这个小商品有着巨大的潜在市场，按每个婴儿每年最低消费2条计算，一年就是500万条，再加上广阔的国际市场，潜力是巨大的。于是立即决定转产被大企业不屑一顾的尿布，结果畅销全国，走俏世界。公司的尿布销量一度占世界的1/3，多博川本人也因此成为享誉世界的"尿布大王"。

20世纪某年春季，全国钟表订货会在山东济南召开。订货会开了两天，商家只是看货问价，就是不订货。然而，第三天一大早，所有上海表突然降30%以上，有的品种竟降到了一半。各厂大员们措手不及，纷纷打电话回厂请示，又是开会研究，又是报告请示，待决定降价时，已过去了好几天。晚了，上海人早把生意给做完了。凭借自己对订货商家只看不买的游移态度，上海表厂马上想出了以降价应对的策略，并快速付诸实施，最终实现了钟表订货会的一枝独秀。其他厂家由于反应迟钝，就只有事后反悔的份了。

精透解析：相信息而动，随机遇应变

信息就是商机，信息就是效益，所以在商场上，情报信息战是一场没有硝烟的战争。知己知彼，百战不殆。不打无准备之仗，磨刀不误砍柴工，干任何一件事都要把调查研究放在第一位。

在上面的事例中，尼西奇公司和上海表厂能够取得成功，得益于他对市场的敏锐观察力和及时出击的战略。获取情报重要，快速对情报作出反应更重要，这就要求商家要善于根据新情况、新问题，及时调整原来的思路和方案，采取相应的对策，做到市场变我也变。

要在变幻莫测的市场竞争中立于不败之地，你就必须准确快速地获悉各种情报：市场有什么新动向？竞争对手有什么新举措……在获得了这些情报后，果敢迅速地采取行动。许多管理者在市场发生变化，面临新的商机时（这是对商家最重要的情报），要么反应迟钝，错失良机；要么墨守成规，不屑一顾，把一次次成功的机会让给了别人。因此，要切记随机应变，把握住每次机会，幸运之神就会降临到你的身上。

有关统计资料显示，因为掌握信息可以帮助企业在决策与人才建设方面提供更为科学准确的资讯，所以很多高明的企业家都肯花钱投资搞信息收集、传输、处理的工作网。许多世界级大公司用于信息技术研究的资金，平均占它们总支出的三分之一还多。所以，投资金花力气做好前期市场调研，是必须的，也是值得的。

91. 王永庆法则：节省等于净赚，吝啬创造财富

知识小提示

台湾地区企业界精神领袖台塑总裁王永庆在多个场合多次反复强调这样一句话："节省一元钱等于净赚一元钱"。他的这个思想被台塑集团员工奉为经典，并被国内外企业管理者称为"王永庆法则"。该法则告诉我们：赚钱要依赖别人，节省只取决于自己。要厉行节约每一分钱，吝啬也能创造财富。

案例

盖茨节用每分钱，沃尔玛俭阔有度

比尔·盖茨和一位朋友同车前往希尔顿饭店开会，由于去迟了，找不到车位。他的朋友建议把车停在饭店的贵宾车位，盖茨不同意。他的朋友说"我来付"。盖茨还是不同意。原因很简单，贵宾车位要多付12美元停车费，盖茨认为那是"超值收费"。作为一位天才的商人，盖茨认为：花钱像炒菜一样，要恰到好处。盐少了，菜淡而无味，盐多了，苦咸难咽。哪怕只是几元钱甚至几分钱，也要让每一分钱发挥出最大的效益。一年夏天，32位世界级企业家（总资产超过英国一年的国民经济总收入）举办一次"夏日派对"，盖茨应邀出席这个盛会，身穿的一套服装，是他在泰国普吉岛休假时花了不到10美元买的，甚至抵不上别人干洗一次衣服的费用。盖茨说，一个人只有当他用好了他的每一分钱，他才能做到事业有成，生活幸福。

沃尔玛是美国世界级连锁企业，以营业额计算为全球最大的公司。2014年，沃尔玛公司以4762.94亿美元的销售额力压众多石油公司而再次荣登《财富》世界500强榜首。沃尔玛的成功，离不开它的严格管理，离不开"俭"；沃尔玛的知名，又源于它的高效益和出手的"阔"。沃尔玛的"俭"的是从一张纸做起的。如果你没有复印纸，想找秘书要，对方一定是轻描淡写的一句："地上盒子里有纸，裁一下就行了。"如果你再强调要打印纸，对方一定会回答："我们从来没有专门用来复印的纸，用的都是废报告的背面。"

据报道,"2001年沃尔玛中国年会"与会的来自全国各地的经理级以上代表所住的,只不过是能够洗澡的普通招待所。沃尔玛的节俭不只是针对员工的,企业老总坚持率先垂范。尽管沃尔玛的创始人山姆·沃尔顿是亿万富翁,但他节俭的习惯从未改变,没购置过一所豪宅,经常开着自己的旧货车进出小镇,每次理发都只花5美元——当地理发的最低价,外出时经常和别人同住一个房间。

沃尔玛的办公室都十分简陋且狭小,即使是城市总部的办公室也是如此。除了办公设施简陋外,沃尔玛还有一个很重要的措施,就是一旦商场进入销售旺季,从经理开始所有的管理人员全都要到销售一线,他们担当起搬运工、安装工、营业员和收银员等角色,以节省人力成本。这样的场景只会发生在一些小型公司里,而且这种行为常常被人视为"不正规管理模式",但在沃尔玛这样的大集团中却司空见惯。沃尔玛人也有"阔气"的时候。摆"阔"主要体现在兴办公益事业上。山姆·沃尔顿不仅在全国范围内设立了多项奖学金,而且这个"小气鬼"还向美国的五所大学捐出数亿美元。

 精透解析:节俭就是理财,增收节支并重

节俭是一种美德。所谓的"节俭"是对浪费的节省,杜绝任何形式的浪费,一定要将好钢用在刀刃上,最大限度地去发挥各种资源的价值。

赚钱要依赖别人,节省只取决于自己。在现实生活中,人们大多看重的是财富的创造,对于节俭似乎注意不够,有时甚至认为这是小家子气。殊不知,节俭也是理财的一部分,是在进行成本管理。即使世界最大的企业老板,也把节省作为自律的一项要求。许多人都知道吝啬可以创造财富,但是很少有人能像沃尔玛那样一以贯之,并且让吝啬成为公司的一种经营理念。学会了节俭每一分不必花费的钱,也就学会了对财富的运用和创造。

增收与节支是增加财富和有效利用资产的两个渠道,管理者一定要做到增收节支并重。

92. 格雷欣法则：用人千万不可"喜新厌旧"

知识小提示

格雷欣法则（Gresham's Law）是一条经济法则，也称劣币驱逐良币法则，意为在双本位货币制度的情况下，两种货币同时流通时，如果其中之一发生贬值，其实际价值相对低于另一种货币的价值，实际价值高于法定价值的"良币"将被普遍收藏起来，逐步从市场上消失，最终被驱逐出流通领域，实际价值低于法定价值的"劣币"将在市场上泛滥成灾，导致货币流通不稳定。

在实行金银复本位制条件下，金银有一定的兑换比率，当金银的市场比价与法定比价不一致时，市场比价比法定比价高的金属货币（良币）将逐渐减少，而市场比价比法定比价低的金属货币（劣币）将逐渐增加，形成良币退藏，劣币充斥的现象。

大多数人都有过这样的经历，当钱包里既有新钱又有旧钱的时候，大家都愿意把旧钱花出去买东西，留下"新票"。道理很简单，出于对新钱的偏好。这种偏好，催生了格雷欣法则，尤其带来的喜新厌旧，就是格雷欣法则所指的劣币驱逐良币现象。

这种现象在很多领域存在。比如，官场上，清官可能会受到贪官的排挤；医院里，拒收"红包"的医生被看成另类。如果没有良好的道德环境和有效的约束体制，劣币驱逐良币、稗子战胜水稻就将大行其道。这都会影响优秀人才的工作积极性，阻滞事业的发展，对社会造成恶劣影响。

意大利伟大的作家、思想家卡尔维诺写道：在一个人人都偷窃的国家里，唯一不去偷窃的人就会成为众矢之的，成为被攻击的目标。因为在黑羊群中出现了一只白羊，这只白羊就是"另类"，一定会被驱逐出去。

案例

不收红包"海归"被解聘

冯国是一位从国外学成归来的"海归"医生，就职于某家大医院。他不仅医术高超,而且医德高尚,工作兢兢业业、尽职尽责,从不"笑纳"病人私下递上来的红包。很快,他的声望一天高过一天。这引起了一些医生的嫉妒和抱怨,特别是医术一般却喜欢收病人红包的医生。在工作中,这些医生们处处刁难冯国,有时故意设圈套让冯国跳,看他的笑话。在年底评议中,几个医生联合将冯国评为不称职,要求院方解除冯国的聘用合同。冯国被解聘后,远走他乡另谋工作。

 精透解析:让贡献待遇对称,助良币驱逐劣币

初创团队在薪酬或人力资源管理方面均可能发生与格雷欣所见类似情形,实际生活中的例子亦屡见不鲜。由于旧人事与薪酬制度惯性等,一些低素质员工薪酬超出高素质员工,从而导致低素质员工对高素质员工的"驱逐";一些低素质员工与高素质员工薪酬大体相当,从而导致低素质员工对高素质员工的"驱逐";虽然高素质员工薪酬超出低素质员工,但与员工的相对价值和工作贡献不成比例。

所以,在人才使用和工作管理中,要想方设法避免出现"劣币驱逐良币"现象,让干事的有市场、有位子、有面子,不能让不干事的得便宜。要建立起教育、奖励、惩罚机制,建立起公平、公正、公开的环境氛围,不但不能出现"劣币驱逐良币"现象,还要逐步形成"良币驱逐劣币"现象,这样才能充分发挥优秀人才的作用,促进企业发展。

第10章
倡导竞争：唯有竞争，才能避免团队陷入一潭死水

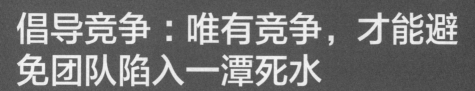

　　一个企业长期处于安逸的环境中就会缺乏活力与竞争力，尤其是那些自恃发展比较顺利的企业，容易产生自满情绪。因此，要想时刻保持危机感和紧迫感，就有必要主动寻找竞争对手，参与市场竞争，为自己制造紧张感和压力，有了压力，就知道该加快步伐，去迎头追赶。

93. 犬獒效应：撕咬产生藏獒，竞争成就强者

知识小提示

当年幼的藏犬刚长出牙齿并能撕咬时，主人就把它们放到一个没有食物和水的封闭环境里，让它们互相撕咬，最后幸存下来的犬才能被称为"獒"，这是一个优胜劣汰的过程，通常十只藏犬中只能留下一只。可见这是多么残酷的竞争，但幸存下来的将是真正的强者。

如今，在激烈的市场竞争中，企业同样面临着藏犬一样的处境，为了生存和发展，需要积极面对竞争。让企业在竞争中生存，困境是造就强者的学校，这就是"犬獒效应"。

案例

今天工作不竞争，明天竞争找工作

在深圳三九集团，实行一种非升即走制度：不同管理职务的任职都有一定的期限，工作人员超过其任职期限仍未晋升高一级职务者，就要按规定离开本企业。这就从制度上保证了人才流动的经常化、正常化，能够不断腾出空缺职位，不断补充新人，保持长久竞争力。山西南风化工集团则实行一种全员竞争上岗制度，对未担任领导职务的人员实行全员竞争上岗。全员竞争上岗使企业的人才成了富有活力的"流水"，在南风集团职工中叫得最响亮的口号是"今天工作不努力，明天努力找工作"。

精透解析：竞争即机遇，主动迎上去

人们常说："竞争与机遇同在"。面对竞争，谁积极主动，谁就容易把握主动权，率先抢占先机，实现飞跃式发展。对于个人而言，我们应该谨记狄更斯

说过的这句话："机会不会上门来找你，只有你去找机会。"

有一项针对美国公司首席执行官的调查，发现他们最欣赏那些主动尝试和挑战新工作的员工。无论做得好不好，这些员工都比那些被动接受上级指令的员工更令人欣赏，因为他们不求安稳，有勇气挑战新事物，积极上进，而且能从尝试中学到东西。

可是有些人想过安稳的日子，他们不去主动接受挑战，不去积极争取。面对危机，不懂得积极应对，而是一味等待，结果只能是葬送自己的美好前程。

市场经济是天然的竞争经济，在市场经济条件下，只有竞争才有高效率，竞争才能出效益。如果没有竞争，每个行业都会成为一潭死水，事业就缺乏生机与活力。为了保证企业能在激烈竞争中生存下来，许多企业都积极倡导内部竞争，以保证员工队伍随时保持忧患意识和进取的动力。

面对日益激烈的竞争，安于现状是没有出路的，只有增强竞争意识，主动迎接挑战，才是生存发展之道。竞争是一种刺激，一种激励，也意味着新的选择和新的机遇。竞争产生动力，竞争提高战斗力，竞争导致优胜劣汰。只有经受竞争的考验，我们才能成为强者。

94. 鲶鱼效应：鲶鱼激活沙丁鱼，引入竞争振士气

知识小提示

挪威人爱吃沙丁鱼。在海上捕得沙丁鱼后，如果能让它活着抵港，卖价就会比死鱼高好几倍。但是，由于沙丁鱼生性懒惰，不爱运动，返航的路途又很长，因此捕捞到的沙丁鱼往往一回到码头就死了，即使有些活的，也是奄奄一息。只有一位渔民的沙丁鱼总是活的，而且很生猛，所以他赚的钱也比别人多。该渔民严守秘密，直到他死后，人们才打开他的鱼槽，发现只不过是多了一条鲶鱼。

原来鲶鱼以鱼为主要食物，装入鱼槽后，沙丁鱼发现这一异己分子后，就紧张起来，加速游动，如此一来，沙丁鱼便活着回到港口。这种被对手激活的现象称作"鲶鱼效应"。运用这一效应，通过个体的"中途介入"，通过引入外界的竞争者来激活内部的活力，对群体起到竞争作用，它符合人才管理的运行机制。只要在一个团队中引进能干的人才，其他的员工就会感到紧张和压力，由此整个团队就会充满活力。

案例

本田善用外部鲶鱼，吉列较劲剃刀升级

有一次，日本本田公司的本田先生对欧美企业进行考察，发现许多企业的人员基本上由三种类型组成：一是不可缺少的干才，约占二成；二是以公司为家的勤劳人才，约占六成；三是终日东游西荡，拖企业后腿的蠢材，占二成。而自己公司的人员中，缺乏进取心和敬业精神的人员也许还要多些。

那么如何使前两种人增多，使其更具有敬业精神，而使第三种人减少呢？如果对第三种类型的人员实行完全淘汰，一方面会受到工会方面的压力；另一方面，又会使企业蒙受损失。其实，这些人也能完成工作，只是与公司的要求和发展有一定差距，如果全部淘汰，这显然是行不通。

后来，本田先生受到鲶鱼故事的启发，决定进行人事方面的改革。他首

先从销售部入手，因为销售部经理的观念与公司的精神相距太远，而且他的守旧思想已经严重影响了他的下属。必须找一条"鲶鱼"来，尽早打破销售部只会维持现状的沉闷气氛，否则公司的发展将会受到严重影响。经过周密的计划和努力，本田先生终于把松和公司销售部副经理、年仅35岁的武太郎挖了过来。武太郎接任本田公司销售部经理后，凭着自己丰富的市场营销经验和过人的学识，以及惊人的毅力和工作热情，受到了销售部全体员工的好评，员工的工作热情被极大地调动起来，活力大为增强。公司的销售出现了转机，月销售额直线上升，公司在欧美市场的知名度不断提高。本田先生对武太郎上任以来的工作非常满意，这不仅在于他的工作表现，而且销售部作为企业的龙头部门带动了其他部门经理人员的工作热情和活力。本田深为自己有效地利用了"鲶鱼效应"而得意。

从此，本田公司每年都重点从外部"中途聘用"一些精干的、思维敏捷的、30岁左右的生力军，有时甚至聘请常务董事一级的"大鲶鱼"。这样一来，公司上下的"沙丁鱼"都有了触电式的感觉，业绩蒸蒸日上。

美国人金·吉列长着一脸大胡子，隔两三天就要刮一次脸。当时的剃须刀很不好使，用不了几次就会变钝，磨得太锋利又容易割破脸，致使鲜血淋漓。吉列在烦恼之余没有唉声叹气，而是想到能否发明一种安全剃须刀。他乐此不疲，孜孜以求，吉列剃须刀终于应运而生。吉列还在20世纪初创办了金·吉列剃须刀公司。

当金·吉列产品在市场上大红大紫时，一家名叫盖斯门公司的小企业悄悄地与金·吉列较上了劲。它与别的竞争者做法不一样，没有公开打擂要抢在金·吉列公司之前，而是不动声色地尾随其后，组织力量在市场上进行广泛深入的调查，收集金·吉列剃须刀的缺陷。在此基础上，盖斯门公司耗时17年，研制出一种双面使用、锋利安全的刀片。更为奇妙的是，它不但可以安装在本公司生产的刀架上，而且还能在金·吉列公司生产的刀架上使用。既然有那么多优点，新刀片投放市场后当然备受顾客青睐。

金·吉列公司由此失去了许多老用户。金·吉列公司当然不会善罢甘休，很快开发出新的产品。这时候，盖斯门公司的决策者们巧妙地避开正面的刀片之战，而在刀架上狠下功夫。不久，该公司又推出了一种新式刀架。面对盖斯门公司咄咄逼人的攻势，金·吉列公司凭借自己财大气粗的实力，不再"小打小闹"，干脆将原来剃须刀的设计全部推翻，重新设计，研制出一种全新的剃须刀。

然而盖斯门公司也不甘示弱，勇于迎接挑战，发明了与之相抗衡的产品。

就是在这种互为压力、激烈竞争的环境下，经过几番较量和"厮杀"，金·吉列公司在全球剃须刀市场的占有率从开始的90%降至25%，以盖斯门公司为代表的后来者则瓜分了市场的75%。纵观盖斯门公司发展壮大的整个历程，不难发现，强有力的竞争对手对公司所起的重要作用。

 精透解析：用好带动刺激，激发比学赶超

鲶鱼效应是激发员工活力的有效措施之一。有意识地引入一些"鲶鱼"式人才，通过他们挑战性的工作来打破昔日的平静，不仅可以激活整个团体，还能有效地解决原有员工知识不足的缺陷。给那些故步自封、因循守旧的懒惰员工和官僚带来竞争压力，才能唤起"沙丁鱼"们的生存意识和竞争求胜之心。有时候迫使一个人坚持下去的，往往既非朋友，也非顺境，而是那些可能置人于死地的对手。

在组织人力资源管理上，"鲶鱼效应"的一个作用表现为带动作用。因为那些"鲶鱼"有着较高的个人素质、较强的业务能力和较强的个人感召力，周围的人群总是在关注着他们，不管他们手中有没有权力，他们的积极性、主动性都会通过言行去影响和感化周围的人群，使周围的人群在不知不觉中能够仿效并追随。"鲶鱼效应"的另一个作用表现为刺激作用。"鲶鱼"的活动能力会打破现有的平衡，他们的积极向上、领导对他们的关注和支持以及他们待遇上的巨大变化，会给周围的人群带来压力，会刺激周围人群的自尊心，在"你能我也能"的强烈意识支配下，引导得当，则会出现"比、学、赶、超"的良好局面。

"鲶鱼效应"一直为很多企业所推崇，但这种引进外部力量刺激内部成员的做法也存在着一定的弊端。一旦引入的"鲶鱼"引起原有成员的不满，那么他不但不会产生"鲶鱼效应"，还会把团队仅存的一点战斗力给破坏掉，甚至适得其反，把原来的员工变成了一条条"休克鱼"。"鲶鱼效应"固然可以提升一个团队的战斗力，但也可以毁掉团队的战斗力。是否要采取鲶鱼效应来刺激团队战斗力的爆发，还需要团队领袖对实际情况进行具体分析和决策。

发挥"鲶鱼效应"的关键是，要准确地判断你的员工是否安分守己，不思进取。如果恰恰相反，你所在的部门有一个或几个生龙活虎、锐意进取的员工，本身就有一个良好的"鲶鱼效应"，而这时仍然我行我素地坚持引进"鲶鱼"，就可能发生"能人扎堆"，"鲶鱼"与"鲶鱼"互斗，"鲶鱼"与"沙丁鱼"互斗，内部起哄，猜疑增加，人力资源管理效率低下，酿成"鲶鱼副效应"。

通过引进外部"鲶鱼"和开发挖掘企业内部"鲶鱼"相结合的办法,企业管理者就能充分利用"鲶鱼效应"保持团队的活力。

95. 生态位法则:选准位置,不战而胜

> **知识小提示**
>
> 生态位法则也称"格乌司原理""价值链法则",是由俄罗斯科学家格乌司做草履虫试验时发现的。比喻管理,只要选对了方向,找准了定位,就能达到不战而胜的目的。格乌司做了一个试验:把一种叫双小核草履虫和一种叫大草履虫的生物,分别放在两个相同浓度的细菌培养基中,几天后,他发现这两种生物的种群数量增长都呈S型曲线。接着,他把这两种生物又放入同一环境中培养,并控制一定的食物。16天后,培养基中只有双小核草履虫自由地活着,而大草履虫却消逝得无影无踪。
>
> 在培养过程中,他没有发现有一种虫子攻击另一种虫子的现象,也未见两种虫子分泌出什么有害物质,只发现双小核草履虫在与大草履虫竞争同一食物时增长比较快,将大草履虫赶出了培养基。于是,又做了相反的一种试验,把大草履虫与另一种袋状草履虫放在同一个环境中进行培养,结果两者都能存活下来,并且达到一个稳定的平衡水平,这两种虫子虽然也竞争同一食物,但袋状草履虫占据食物中不被大草履虫竞争的那一部分。
>
> 人们把他这种发现称为"格乌司原理",也叫"生态位现象"。生态位现象对所有生命现象而言是具有普遍性的一般原理,它说明物竞天择,一切生物都生活在自己的"生态位"上。每一个物种在某个生态因子的轴上,都有一个能够生存的范围,范围的两端是该物种生存的耐受极限。能够生存范围的跨度称为生态幅,又称生态位。

只有生态位重叠的生命系统才产生争夺生态位的竞争,竞争是争夺最适宜的生态区。在大自然中,各种生物都有自己的"生态位",亲缘关系接近的,

具有同样生活习性的物种,不会在同一地方竞争同一生存空间。生态位应用在职场竞争的方略就是,坚决避开同质化,寻找和创造差异,做到与众不同,突出自己的特色,出奇制胜。也就是避开硬碰硬地较量和死打硬拼式的恶性竞争,而在职场的虚空中游刃有余,独占鳌头。这是一种不战而胜的艺术。

调整思路重新定位,康柏电脑再占市场

康柏公司曾经是个人电脑质量最好的生产公司,以产品的高技术、高质量著称。为确保产品的稳定可靠,主要元部件自产,整机出厂前进行96小时连续运转测试,微机装箱后从三层楼上摔下来不出问题,一开箱就可使用。20世纪80年代,购买计算机的主要是企业的工程科技和管理人员以及科研机构的科学家。康柏"高科技、高质量、高价格、高服务"正确的生态位选择取得了极大的成功,公司成立8年后,销售额达到35亿美元,创造了企业成长速度的世界纪录。

20世纪80年代末开始,计算机行业生态发生根本性的变化,计算机硬、软件的技术标准趋向统一,计算机整机和元器件的价格开始大幅度下跌,计算机价格的下降,市场范围不断扩大,行业价值链的战略环节从科研开发转向生产制造和销售。

以戴尔(Dell)公司为代表的、大量的计算机组装厂商迅速涌现,这种组装产品在技术上并不是最先进的,但对于大多数用户已经足够了。康柏坚持保持在原来的生态位上便渐渐成为问题。1991年一季度公司历史上第一次出现了亏损:康柏这一时期的失败,是由于以作为计算机专家的总裁凯宁为首的技术专家层,不了解新情况下消费者的实用要求和实用的主观价值生态环境,过分强调高技术和可靠性,完全忽视了在新的生态环境下普及型计算机的竞争优势。

幸而,康柏董事会当机立断,进行企业再造,实行产品生态位调控,免去首席执行官凯宁的职务,由原副总裁瑞法任首席执行官,并直接领导低档机生产与销售的独立分部,产品销量迅速增长,第二年销售额达310亿美元。康柏企业再造的成功一是选好了转移的生态位;二是成立独立分部,化解了原醉心于高技术、高质量核心技术人员的阻力。

精透解析：寻求差异竞争，实现错位发展

生态位现象对所有生命现象而言是具有普遍性的一般原理，同样适用于人类，因为生物所具有的各种属性人类都具有。强者只有在自己的生态位上才是强者，弱者也只能在自己的生态位上才能自由自在地存活下来。每一个人或每一个企业都可能有其独特的生态位，离开了自己的生态位，优势可能丧失殆尽。人与企业依据能力大小和实力强弱被自然地排列在生态位上。错开生态位的主要途径是运用自身的优势形成自己的特点。当一个人的人生定位，一个企业的市场定位与竞争对手雷同时，必然就会面对激烈的竞争，只有从战略上选择正确的"生态位"，才能避免正面碰撞，甚至两败俱伤，才能游刃有余，以最小的力量取得最大最佳的效果。

错开生态位的主要途径是运用自身的优势形成自己的特点。武汉一条长不足1000米的大街上就有好几家酒店，这些酒店生意都不错。这是为什么呢？这是因为他们都形成了自己的特色，彼此错开了生态位。例如"艳阳天"以气势庞大为特色，"醉江月"以物美价廉为特色，"大中华"以瓦罐汤为特色，"世外桃园"以休闲娱乐为特色……在同一条街上，由于他们各自形成了自己的特色，使自己的生态位不与同行重叠，使这条餐饮大街的市场总容量发展到了最大。

每个人都必须找到适合自己的生态位，即根据自己的爱好、特长、经验、行业趋势、社会资源等确定自己的位置。人们在总结成功与失败的经验时，往往喜欢从资金、产品、市场来寻找原因，很少有老板是从生态位的角度来寻找原因的。这里所说的"生态位"包括两个方面，一是自己所处的生态环境，二是自己所需要的生态环境。所谓"生态位环境"，即自然环境和社会环境，自然环境为气候、食物、土壤和地形；社会环境为文化、观念、道德、政策等。生态环境影响着一个人的性格，性格又对人的创业有直接影响。

同时，"生态位法则"对我们今天研究企业的发展战略及竞争谋略也有着很重要的作用。按格乌司原理，一个物种只有一个生态位，但并不排斥其他物种的侵占，如一山不容二虎，并不是说A山的老虎不能到B山，老虎饿了哪里都能去，不过去了就会发生一场生死搏斗，这种现象在商界叫市场竞争。企业的产品在刚开始进入某个特定市场时，往往没有竞争对手，形成原始生态位或竞争前生态位或虚生态位。但是，只要市场是开放的、均衡的，很快就会有其他竞争者大举进入该市场，形成生态位的部分重叠。如果市场容量极大，大家尚能暂时相安无事，但随着市场份额的相对缩小，竞争就会日趋激烈。企业无

初创团队不可不知的100个管理心理学效应

论大小强弱,都要像狮子与羚羊一样训练快速奔跑,否则你就会被吃掉。

可以这么说,吃老鼠的猫即使成了老虎,充其量也只能吃狼吃狗,决不能吃狮子吞大象,这就是"生态位现象"。一个企业成败的原因有很多,"生态位"应该是主要的原因之一,因为它要求的是人与自然、人与社会的和谐发展。一个暂时没有能力与大企业抗衡的中小企业,就不要去充当老虎的角色,而要甘心做一个猴子:猴子的优势是灵活。温州、宁波等地的中小企业,他们的经营思维就是:"既然是小船,就不要到大海中去同大船争着捕小鱼,而要在小河里捕大鱼。"与其在一个很大的市场占有很小的市场份额、赚取较少的利润,还不如在一个较小的市场内有很大的市场份额、赚取较高的利润。这也是被称为"隐形冠军"的很多美国公司的生存之道。

96. 吉尔伯特法则:危险没人管,才是真危险

知识小提示

英国人力培训专家B.吉尔伯特提出:工作危机最确凿的信号,是没有人跟你说该怎样做。这就是吉尔伯特法则,它告诉管理者,真正危险的事,是没人跟你谈危险。

案例

垫圈问题未被重视,航天飞机机毁人亡

1986年1月28日,美国佛罗里达州卡纳维拉尔角的肯尼迪航天中心,"挑战者"号航天飞机升空75秒钟后爆燃,7名宇航员无一幸存,震惊世界。

据调查,"挑战者"号爆炸的直接原因非常简单,是因为一个橡胶垫圈失灵,引燃外挂燃料储备箱,导致了机毁人亡的悲剧。

令人痛心的是,此前几年关于垫圈不符合应用标准的报告一再被提出,

> 这其中既有来自设计者,也有来自工程技术人员,甚至包括生产厂家。这些有关信息却迟迟未能传递到航天局决策中心。这些关系上百亿美元和宇航员身家性命的报告,却如泥牛入海。经过漫长的公文旅行,直到1982年底,有关O型垫圈的报告才算摆上了决策中心的台面,并被列为"一级紧急问题"的单子中。更为奇怪的是,直到1986年"挑战者"号第10次升空之时,仍未得到解决。这期间,每次航天飞机发射前,垫圈问题都要照例提出,每次航天飞机都照常起飞,这就决定了"挑战者"号的悲惨命运。

 ## 精透解析:虚心寻求指点,勇敢应对危机

吉尔伯特法则告诉我们一个道理:作为下属或者员工,当有人教训和指点的时候都是福气,都意味着关心。怕就怕没有人说你什么,也没有人教你怎么做。这等于说你没人管了,游离于纪律、规章的制约之外,看似自由,其实危机四伏。

"旁观者清,当局者迷",一个人要想进步或取得工作成效必须争取别人对你的指点,要想争取别人对你的指点,你必须要虚心请教,对不同观点要有针对性吸收。三人同行,必有我师。既然人的生命是活在别人的眼睛里的,那么别人的眼睛就对你具有批评、指正的权力,你必须谦虚倾听别人的意见和管理,并对缺点和危机积极应对整改。

纵容自己就是毁灭自己。一个人不要过早地选择宁静,否则他就永远不能成熟。当一个人面临巨大的压力、非常的变故和重大的责任时,那些潜伏在他生命深处的种种能力,会得以突然涌现,在危机中迸发,并促使他能够以非凡的意志做成平时不能做的大事。

现代社会,最大的危机是没有危机感,最大的陷阱是满足。没有危机意识,不注意潜在的危机,有时则会带来灾难性的后果。人要学会用望远镜看世界,而不是用近视眼看世界。顺境时要想着为自己找个退路,逆境时要懂得为自己找出路。巨大的变故和危机,对庸人而言可能是毁灭性的打击,但对那些伟大人物而言,却是激发他们潜能的火药!所以,千万不要惧怕危机和压力,要勇敢地接受挑战。

97. 温水煮蛙效应：沸水逃生温水死，安逸环境须警惕

知识小提示

温水煮蛙效应，又称青蛙效应、温水青蛙原理，是指把一只青蛙扔进开水里，它因感受到巨大的痛苦便会用力一蹬，跃出水面，从而获得生存的机会。当把一只青蛙放在一盆温水里并逐渐加热时，由于青蛙已慢慢适应了那惬意的水温，所以当温度已升高到一定程度时，青蛙便再也没有力量跃出水面了。于是，青蛙便在舒适之中被烫死了。

温水煮蛙效应源自十九世纪末美国康奈尔大学曾进行过的一次著名的青蛙试验。温水煮蛙效应告诉人们，竞争环境的改变大多是渐进式的，一个人或企业应居安思危，适度加压，使处危境而不知危境的人猛醒，使放慢脚步的人加快脚步，不断超越自己，超越过去，否则就会像青蛙一样在安逸中被慢慢煮死。

案例

贪优越助理满足，恋安逸阿美落伍

阿美大学毕业后，被师姐介绍到一家公关公司当助理。这是一家国际化大公司，工资待遇很不错，福利有保证，工作环境也很好。初出校门的阿美很满足，在助理的岗位上无忧无虑地工作着。与同时进入其他行业工作的同学和朋友相比，阿美觉得自己的起点相当高。而和国内一些不知名的广告公司、公关公司相比，国际化企业无论是人事制度还是工作方式都更加专业，更重要的是工作难度并不大：不需要开拓市场，不需要直接面对客户解决难题，也不需要对哪个方案负责任。阿美自认为很稳定。

转眼三年多过去了，当阿美发现身边的朋友都在一步一步走上管理岗位的时候，自己却仍然在一线做着小助理的工作，这时候她才开始慢慢意识到：一直从事着简单的工作，表现自己的机会自然也少了很多，学习到新东西的机会也不多。再加上自己一直安于这样的状况，并不主动积极地去争取，

> 这几年来的收获甚至比当初进了小公司一工作就需要三头六臂、独当一面的同学要少得多。待遇当初和他们相比还有优势，现在看起来，却差了一截。阿美感到了危机，却已经落在了后面。

 精透解析：居安思危，防微杜渐

孟子说："生于忧患，死于安乐。"比尔·盖茨有一句名言："微软离破产永远只有18个月。"一个团队不要满足于眼前的既得利益，不要沉湎于过去的胜利和美好愿望之中。对于今天的企业来说，最大的风险就是没有危机意识。竞争环境的改变大多是渐热式的，要及时发现微小的变化，如果漠视正在形成的危机和一步步逼近的失败，最后就会像青蛙一般在安逸中死去。

要避免温水煮蛙效应，首先要求其最高管理层具备危机意识，要善于将这种危机意识向所有的员工灌输，做好危机预案，做到防微杜渐、临危不乱。

人天生就是有惰性的，总愿意安于现状，不到迫不得已多半不愿意去改变已有的生活。若一个人沉迷于这种无变化、安逸的生活时，就往往忽略了周遭环境等变化，当危机到来时就像青蛙一样只能坐以待毙。我们应该从青蛙效应中领悟到未雨绸缪、居安思危、树立危机意识的重要性。在生活和职业上都是如此，逆水行舟，不进则退。当我们遇上猛烈的挫折和困难时，常常激发出自己的潜能，反而克敌制胜，取得成功；可一旦趋向平静，便耽于安逸、享乐、奢靡、挥霍的生活，从而不断遭遇失败。

98. 零和游戏定律：竞争不是争你高我低，而是共赢

知识小提示

零和游戏定律，又被称为游戏理论或零和博弈，是指一项游戏中，游戏者有输有赢，一方所赢正是另一方所输，而游戏的总成绩永远为零。参与博弈的各方，在严格竞争下，一方的收益必然意味着另一方的损失，二者的大小完全相等，博弈各方的收益和损失相加总和永远为"零"，整个社会的利益并不会因此而增加一分。零和游戏定律启示管理者，在社会发展和商业竞争中，要勇于跳出"零和"的圈子，寻找实现"正和""双赢"的机会和突破口，变"损人利己"为"利己利人"，通过谈判合作达到皆大欢喜的结果。

案例

利润分享获双赢，员工拧成一股绳

福特汽车公司是世界上最大的汽车生产商之一。福特先生被尊为"为世界装上轮子"的人。汽车工业革命开始之后，福特就成功地运用双赢的方法取得了企业的高速发展。1914年7月，福特公司推出与员工"利润分享"计划，将福特公司售出的30万辆车中，每辆车让利给业务员50美元。

这一计划让管理人员大惑不解，公司为此付出1500万美元的资金。福特向这些人解释说，只有通过这样的计划，才能激励员工，不断为公司创造效益，这样公司就可以获得人才，降低劳动成本。通过"利润分享"计划，使福特公司在历史上第一次真正盈利。

"5美元"的日薪制是福特实施双赢战略、讨好员工的又一个经典举措。公司也因此会聚了大批技术精良、积极进取的人才，公司整体生产效率不断提高，获得越来越多的利润。由于工资高，员工在工作中更加努力，使得公司产量迅速增加，获得的利润远远超过提薪的费用。

福特推行的两大利润分享计划，将公司和员工紧密地联系在一起，企业取得了惊人的效益。1914年，公司的利润为3000万美元，到了1916年，公司的利润就达到6000万美元，其利润增长之快让许多人瞠目结舌，佩服不已。

精透解析：互惠互利，合作双赢

零和游戏之所以受到人们的普遍关注重视，是因为在我们的日常生活中总能找到零和游戏类似的现象。比如我们大肆挖掘煤炭、石油，留给子孙后代的资源越来越少；我们为打败了竞争对手而扬扬得意，对手却因我们的胜利弄得破产倒闭甚至家破人亡等。这一切都昭示着胜利者的后面隐藏着失败者的苦涩。

随着时代的发展，人们逐渐意识到自己的胜利不应该建立在别人的失败之上，通过合作实现双赢才是最佳的结局。零和游戏原理正在逐渐为"双赢"观念所取代。

战争的最高境界是和平，竞争的最高境界是合作。只有互惠互利，实现双赢，才是竞争对手寻求共同利益的最好方法。管理者要善于、敢于突破"零和"的局限，寻找实现"正和""双赢"的契机和突破口，防止负面影响抵消正面成果。例如批评下属如何做到既使其接受，又不产生抵触情绪；开展竞争如何使自己获胜，而不让对手受到致命打击，这些都是管理者应该认真思考的问题。

特别是企业管理者，要想获得长久的发展，就要建立双赢、共赢的合作理念，双方都拿出合作的诚意，不耍小聪明，不总占别人便宜，否则，双赢的目标达不到，最终自己也会吃亏。双赢可以发生在企业与企业之间，也可以发生在企业与员工之间，企业管理者要对员工设计合理的激励制度，将劳动贡献与薪酬直接挂钩，不拘一格选拔人才、使用人才、培养人才；将人力资源变为人力资本，保证企业价值实现的同时，使员工自身的优势和特长得到充分发挥，促进整体素质的提高和价值的实现，从而实现个人与企业的双赢。

99. 快鱼法则：迅速反应快起步，致胜关键在速度

知识小提示

快鱼法则即快鱼吃慢鱼。钱伯斯在谈到新经济规律时说，现代竞争已"不是大鱼吃小鱼，而是快的吃慢的。"这就是快鱼法则。"快鱼吃慢鱼"是思科CEO钱伯斯的观点，他认为"在互联网经济下，大公司不一定打败小公司，但是快的一定会打败慢的。互联网与工业革命的不同点之一是，你不必占有大量资金，哪里有机会，资本就很快会在哪里重新组合。速度会转换为市场份额、利润率和经验"。"快鱼吃慢鱼"强调了对市场机会和客户需求的快速反应，但绝不是追求盲目扩张和仓促出击。正相反，真正的快鱼追求的不仅是快，更是"准"，因为只有准确地把握住市场的脉搏，了解未来技术或服务的方向后，快速出击进行收购才是必要且有效的。

案例

连夜设计建会展馆，率先生产赚国旗钱

某市政府要承办一项全国的展览活动，需要在半年的时间内建起一座相当规模的会展中心。时间非常紧张，甚至很多专家也认为不可能建成。市领导下达了死命令，要求建设部门日夜加班，要确保会展中心提前竣工，准时投入使用。

A建筑公司获悉了这一消息后，组织技术力量全力以赴，连续奋战几昼夜，以最快的速度拿出了比较成熟的方案和设计图。当建设部门正在焦急地征求意见设计方案时，见到了A公司的方案，非常惊喜和满意。在其他建筑公司还没有反应过来的情况下，A公司已经拿下了这个项目。A公司凭借着过硬的施工质量和不可思议的速度，顺利完成了会展中心的建设，取得了良好的经济效益，树立了良好的社会形象。

日本企业提前准备，以快制胜。在加拿大将枫叶旗定为国旗的决议在议会通过的第三天，日本生产的枫叶小国旗和玩具就出现在加拿大市场，销售异常火爆，而占据地利的加拿大厂商还在慢腾腾地设计中，丢失了这一良机。

精透解析：立说立行，以快制胜

在市场经济发达的国家，企业的兼并经过了三个阶段：第一个阶段是大鱼吃小鱼，亦即弱肉强食；第二个阶段是"快鱼吃慢鱼"，技术先进的企业吃掉落后的企业；第三个阶段是鲨鱼吃鲨鱼，亦即强强联合。如今市场竞争异常激烈，市场风云瞬息万变，市场信息流的传播速度大大加快，谁能抢先一步获得信息、抢先一步做出应对，谁就能捷足先登，独占商机。因此，在这"快者为王"的时代，速度已成为企业的基本生存法则。企业必须突出一个"快"字，追求以快制慢，努力迅速应对市场变化。市场反应速度决定着企业的命运，只有能够迅速应对市场者，才能成为市场逐鹿的佼佼者。

自行车在路上跑，石头在水上漂，火箭在天上飞……原来都是速度！麦当劳开遍全球，海尔集团稳定前进，鸿海集团称霸业界……原来也是速度！当速度成为竞争中决定性力量的时候，以速度迎击规模将会成为提升企业核心竞争能力的重要指标。时间就是金钱，速度就是生命。加速助跑，为的是龙门一跃，风驰电掣，只求抢占先机。

众所周知，作为市场战略，时间对于资金、生产效率、产品质量、创新观念等，更具有紧迫性和实效性。因此，"快鱼吃慢鱼"意即抢先战略，是赢得市场竞争最后胜利的首要条件。实践早已证明，在其他因素相同或基本相同的情况下，谁先抢占商机，谁就会取得最后的胜利，抢先的速度已成为竞争取胜的关键。闪电般的行动必然会战胜动作迟缓的对手，使"慢鱼"在没有硝烟的战场上败下阵来。实施"抢先战略"，意在"先"，贵在"抢"，因为"商机"是短暂的、有限的，是转瞬即逝的。正所谓"机不可失，时不再来"。

其实，快鱼法则不只体现在市场竞争中，在企业内部管理中仍然表现出重要性，即提高工作效率。同样一件事，第一个人用一小时做好，第二个人用半小时做好，那后者就是"快鱼"，他就能在有效工作时间里做更多的事情，他就是优胜者。从整体来讲，如果一个团队中的每一个员工，都有一种"快鱼"的紧迫感，摒弃丝毫的懈怠和推托态度与行为，多一些责任，少一些借口，最终都能取得骄人的成绩，我们的事业也就会实现飞速的发展，获得更大的成功。

100. 猴子大象法则：竞争的优劣势是相互转化的

> **知识小提示**
>
> 猴子大象法则大意是：大象可以踩死猴子，但猴子也可以骚扰大象，给大象带来诸多麻烦。这个法则给我们这样的启示，竞争中，看似占尽优势的一方胜算很大，但不一定能取得最终胜利。

在竞争中，双方的优劣势是相互转化的，针对不同的竞争对手，你的优势可能会变为劣势。大象有体重，但猴子更灵活，对于猴子而言，大象的体重优势恰恰是劣势。胖子与瘦子打架，各有长短，胖子可以轻松摔倒瘦子，但瘦子躲闪及时，同样可以轻松扳倒胖子，此类例子屡见不鲜，这条法则应用到企业经营管理上是同样的道理，大象用来比喻规模庞大的公司，猴子用来比喻行动灵活的小公司。无论是如同大象一样的规模庞大的公司，还是如同猴子一样行动灵活的小公司，任何一家公司要想成功，最重要的是在市场竞争上，但在竞争过程中各有所长，未必谁能取胜。

案例

哈勒尔巧走三步棋，大公司退出大市场

哈勒尔在1967年时凭借买断的"配方409"清洁喷液的批发权，已占据美国清洁剂5%的市场，几乎50%的清洁喷液市场。哈勒尔公司以及它的老板哈勒尔先生过得异常舒服。那年的某一天，家用产品之王——宝洁公司开始眼红。它推出了一款叫"新奇"的清洁喷液。哈勒尔的生意遭遇到大的问题——显然，它不是宝洁的竞争对手。

按照宝洁的习惯做法，它在创造、命名、包装、试销和促销"新奇"这个产品时，要投入大量的资金，还要通过问卷调查、个别和集体访问作出心理和数字统计，也要耗费大量市场研究费用。宝洁在丹佛市进行这项产品试销时，郑重其事，声势浩大。与此同时，在全国展开大笔资金投入的广告攻势。结果在丹佛的试销小组报告："所向披靡，大获全胜"，因此，宝洁在喜

洋洋的气氛下，信心十足，虚荣心也得到全面满足。

哈勒尔感到了恐惧——他得到的信息表明，他即将被踢出清洁喷液的市场，他要垮掉——他必须冷静下来，设置对抗的"阴谋"。哈勒尔决定采取三步：① 扰乱敌方的视线；② 打击敌方主管人员的信心；③ 限制敌方产品在市场上的销售量，从而使宝洁因为产品销量不佳难以抵补已投入的大量资金而撤除这个"新奇"产品项目。

首先，宝洁在丹佛试销时，哈勒尔从丹佛撤出自己的"配方409"。当时有两种形式可供选择：第一种，全部把自己的产品从货架上搬走；第二种，先中止在丹佛的广告和促销，然后停止供货，渐渐使商店无货可补。大家注意：计谋在"计理"上讲究层深，一般设到第二层，胜算在80%以上。以上两种撤货形式实际分别是哈勒尔第一步"阴谋"的第一、第二两层。哈勒尔选择了第二层，因为如果选择第一层，很容易让敌人发觉。他静悄悄地、迅速地完成了这个"游击战"。

哈勒尔成功了。仅仅是试销，已经让宝洁飘飘然，不可一世。然后，实行第二步。在宝洁"新奇"大面积上市，正准备开展全国范围内的"席卷攻势"时，哈勒尔将"配方409"以原来价格的50%倾销，本来宝洁主管人员认为"哈勒尔已不在市场了"，此时却感到措手不及。同时实施第三步，哈勒尔用广告来大肆广而告之："优惠期有限！"结果一般的清洁喷液消费者在很短的时间内几乎购买了可用半年以上的"配方409"清洁喷液。——也就是说，宝洁的"新奇"再好，甚至即便也跟进销价，但消费者在半年内也用不着再买此类商品了！产品上市就严重滞销，宝洁内部开始认为"新奇"是项"错误的产品"，在议论纷纷中，不得不撤销了"新奇"的生产销售计划。

精透解析：大小各有长短，各应扬长避短

这个法则说明，在竞争中，谁也没有绝对把握取胜，双方应该相互尊重、互留空间、和平共处。因为当大企业在市场上呼风唤雨时，有许多名不见经传的小微型企业正逐步崛起，尽管他们没有大企业一呼百诺的惊人人力、物力和雄厚财力，但俗话说，船小调头快，凭着"小""灵活"等优势，也可取得胜利，能缔造令人惊艳的大成就。

与大企业相比，小企业的优势就在于"灵活"。在经营中，中小企业最贴

近市场，它能以最快的速度和较低的成本调整自己的经营方向，以适应千变万化的市场需求。

在上面的事例中，哈勒尔赢得很险。小公司都这样，但它这只精灵的猴子知道大公司的心理：自信，花费大量的开发、销售费用，不密切注意小公司的动静。它成功地躲开宝洁这只大象的脚步声，然后，迅速打击大象的信心，把这块市场上的草木全吃光，大象看到没有食物，尽管远途跋涉而来，也只能离开这里。

在目前信息普及的社会里，蓬勃发展的微型企业已和超大规模企业共同构成了企业规模的两极化平衡。在大企业的横向扩张下，不但大者恒大，而且这些大企业多以制造业等强调财力、成本的业态为主，相对的，微型企业以创意、研发与强调顾客服务的客制化产业为主，也因此微型企业源源不绝的创新与创意，已为全球经济发展带来无穷的活力。所以说，猴子不能漠视大象，大象也绝不能小看猴子。